국가의 법적 기본질서로서의 헌법

Die verfassung als rechtliche Grundordnung des Staates

국가의 법적
기본질서로서의 헌법

Die verfassung als rechtliche
Grundordnung des Staates

초판 1쇄 인쇄 2011년 2월 22일
초판 1쇄 발행 2011년 2월 25일

지은이 _ 베르너 캐기
옮긴이 _ 홍성방
펴낸이 _ 배정민
펴낸곳 _ 유로서적

편집 _ 공감IN
디자인 _ 천현주

등록 _ 2002년 8월 24일 제 10-2439호
주소 _ 서울시 금천구 가산동 329-32
        대륭테크노타운 12차 416호
TEL _ (02)2029-6661
FAX _ (02)2029-6663
E-mail _ bookeuro@bookeuro.com

ISBN 978-89-91324-44-2

홍성방 교수의 법학 번역 시리즈 1

국가의 법적 기본질서로서의 헌법

근대헌법에서 제 발전 경향에 관한 연구

베르너 캐기 지음
홍성방 옮김

Untersuchungen über die
Entwicklungstendenzen
im modernen Verfassungsrecht

유로
BOOKEURO
PUBLISHING

서문

이 논문은 1940/41년에 쓰여지고 1942년 대학교수자격 청구논문으로 제출되었으며, 1945년 취리히의 폴리그라피셴 출판사에서 출판되었다. 이 논문은 여러 해 전에 절판되었다. 여러 방면의 사람들에게서 계속하여 새롭게 개정하라는 격려가 있었지만 선뜻 개정작업을 결정할 수 없었다. 그 대신 비센샤프틀리헤 출판사에서 개정되지 않은 신판을 출판하자는 우호적인 제의로 약간의 망설임 끝에 승낙하였다.

혼란스럽고 방향감각을 잃은 전후시대에 이 논문이 곳곳에서 할 일을 해도 되었다는 것은 전후에 그리고 그 이후 자주 여러 방면에서 입증되었다. 법치국가적 민주주의를 방어하기 위하여 - 전혀 다른 방향을 가리키는 것처럼 보였던 강한 조류에 반대하여 - 쓰여진 것은 독일의 붕괴 이후 헌법의 목표와 그에 이르는 길을 분명하게 밝히고 강화하는데 일조하였다 해도 무방할 것이다.

우리가 스위스에서 추구했던 것은 가치라기보다는 오히려 특권과

의무였다. 곤경과 위협이 없었던 것은 아니지만 우리는 1933년 이전
의 독일 법사상이 그에 대하여 근본적으로 기여한 헌법국가라는 커다
란 공동의 유산을 더 자유롭게 고수하고 방어할 수 있었다. 전시의 불
안과 극단적 위협 속에서 저자가 이 책에서 설명했던 것은 그 이후 -
더 커다란 간격을 두고 위협을 받음이 없이 - 많은 사람들에 의하여
더욱 상세하게 연구되고 더욱 철저하게 증명되었다. 또한 저자는 자신
이 이런저런 문제를 후일의 연구[1]들에서 더 훌륭하게 다루었다고 생
각한다.

---

1) 필자는 특히 다음의 연구들을 참조할 것을 바란다. Werner Kägi, Rechtsstaat und
Demokratie (Antinomie und Synthese) in "Demokratie und Rechtsstaat",
Festgabe für Z. Giacometti, Zürich 1953, S. 107ff.,
"Grundprobleme der Demokratie", Darmstadt 1971에 재수록; -, Rechtsfragen
der Volksinitiative zur Partialrevision(Ein Beitrag zur Lehre von den inhaltlichen
Schranken), Berichte zu den Verhandlungen des Schweizerischen
Juristenvereins 1956, Zeitschrift für schweizerisches Recht 1956, S. 739a-885a;
-, Das Massenproblem in der direkten Demokratie, in: "Masse und Demokratie",
Zürich und Stuttgart 1957, S. 85ff.; -, Föderalismus und Freiheit, in: "Erziehung
zur Freiheit", Zürich und Stuttgart, 1959, S. 171ff.; -, Von der klassischen
Dreiteilung zur umfassenden Gewaltenteilung, in: "Verfassungsrecht und
Verfassungswirklichkeit", Festschrift für Hans Huber, Bern 1961, S. 151ff.("Zur
heutigen Problematik der Gewaltentrennung", Darmstadt 1969, S. 286ff.에 재
수록); -, Die Grundordnung unseres Kleinstaates und ihre Herausforderung
in der zweiten Hälfte des 20. Jhdts, in: "Schweizerisches Recht, Besinnung und
Ausblick", 1964, S. 1ff.; -, Vom bleibenden Sinn der Verfassung in einer
veränderten Welt, im Jahrbuch "Die Schweiz" 1967, S. 35ff.; -, Vom Kampf
um das Recht in der Gegenwart, in: "Das Problem des Fortschritts - heute",
Darmstadt 1969, S. 164ff.; -, Die Menschenrechte und ihre Verwirklichung.
Unsere Aufgabe und Mitverantwortung, Aarau 1968.

제1판 서문에는 다음과 문장이 들어 있다. "국법이론은 오늘날 다시금 과거 어느 때보다 기본적인 문제에 직면하고 있다고 생각하고 있다. 국법이론은 스스로 전체의 의미, 국가의 기본질서로서의 헌법에 대하여 명확할 때에만 개별적인 국법상의 문제들을 올바르게 해결할 수 있다. 그리고 국법이론은 우리 시대의 정신적 상황과 발전경향들을 설명할 때에만 자신의 이론적 그리고 실제적 과제에 충실할 수 있다. 그러한 비판적 자아성찰을 통해서만 국법이론은 기회주의에 빠지지 않고 종국적으로 '정치의 시녀'로 전락하지 않을 수 있다. 이 연구는 이러한 불가피한 과제에 기여하려는 것이다."

그러한 과제는 오늘날 여러 관점에서 새롭게 제기되고 있다. 특정의 위협들과 문제제기들은 새로운 것이다. 그러나 통합의 시대에 또한 많은 것이 목표설정에서 새롭다. 그러나 그럼에도 불구하고 핵심에 있어서는 동일한 과제가 그대로 남아 있다. 그리고 또한 위험(예컨대 "역동성")은 자체로서 새로운 슬로건들이 인정하려고 하는 것보다 훨씬 비슷하다. 불확실성 속에서 모든 낡은 경험을 극복하는 시대는 추측컨대 과거의 위기에서 계속적으로 유효할 수 있는 몇몇 경험을 인식할 수 있을 것이다.

그래서 전시에 쓰여진 텍스트가 개정되지 않은 채로 이곳에 그대로 있어도 무방할 것이다. "심오하게"(de profundis) 작성되고 숙고된 것은 확실히 그 시대를 넘어 특정의 의미를 간직한다. 그리고 오래된 착각과 새로운 착각에 대하여 경고하는 것은 그러한 의미 중의 하나에 지나지 않을 것이다. 우리는 또한 오늘날 "사실의 규범력"을 고분고분하게 인정하려는 만연된 태도에 반대하여 "규범의 규범력"을 방어할 과제에 직면하고 있다.

저자를 격려해준 제1판의 독자들과 많은 도움과 함께 커다란 인내를 보여준 비센샤프틀리헤 출판사에 고마움을 표한다.

1970년 8월 취리히에서

베르너 캐기

서문

국법이론은 오늘날 다시금 과거 어느 때보다 기본적인 문제에 직면하고 있다고 생각하고 있다. 국법이론은 스스로 전체의 의미, 국가의 기본질서로서의 헌법에 대하여 명확할 때에만 개별적인 국법상의 문제들을 올바르게 해결할 수 있다. 그리고 국법이론은 우리 시대의 정신적 상황과 발전경향들을 설명할 때에만 자신의 이론적 그리고 실제적 과제에 충실할 수 있다. 그러한 비판적 자아성찰을 통해서만 국법이론은 기회주의에 빠지지 않고 종국적으로 '정치의 시녀'로 전락하지 않을 수 있다.

이 연구는 이러한 불가피한 과제에 기여하려는 것이다. 각주에서 몇 개의 문헌을 첨가한 것을 제외하고는 1940/41년에 작성된 것을 수정 없이 출판하였다. 헌법국가를 극단적으로 위협하던 시기에 쓰여진 것은 아마도 그 이후의 발전을 근거로 명확해진다. 그에 반하여 저자는 어떻든 이 연구의 기초를 이루는 진단과 평가와 관련하여 원칙적인 관점에서 아무것도 정정하지 않아야 한다. 그리고 주제가 가지는 지속적인 현실성에 대해서도 변호할 필요를 느끼지 않는다.

저자는 그 이후 두 편의 다른 논문에서 현대 국법의 근본문제를 다루었다. 즉 저자는 "국법과 국가의 전능(全能)"(Polygraphischer Verlag, Zürich 1945)과 "서구의 법사상에서 국가의 절대화"(1945년 7월 4일 취리히 철학협회에서 행한 강연)를 참조하기 바란다.

취리히 대학, 동 대학의 법학 · 국가학 학부 그리고 요 몇 년 사이 저자를 도와주고 지원해준 모든 관계자들에게 고마움을 표한다.

1945년 7월 취리히에서

W. K.

CONTENTS

| 약어표 |

a) 단행본

Barthélemy/Duez, Traité = Joseph Barthélemy et Paul Dues, Traité de Droit constitutionnel, 1933.

Dicey, Introduction = Dicey, Introduction to the Study of the Law of the Constitution.

Duguit, Traité = Léon Duguit, Traité de Droit Constitutionnel, 5 Bände, 3. Auflage, 1927.

Esmein/Nézard = A. Esmein, Eléments de Droit Constitutionnel(zit. nach der 8. Aufl., besorgt von Paul Nézard).

Fleiner, BStR = Fritz Fleiner, Schweizerisches Bundesstaatsrecht, 1923.

Giacometti, kantStR = Z. Giacometti, Das Staatsrecht der schweizerischen Kantone, 1941.

Gierke, Genossenschaftsrecht = Otto v. Gierke, Das deutsche Genossenschaftsrecht, 4 Bände.

Hauriou, Précis = Maurice Hauriou, Précis de Droit Constitutionnel(zit. nach der 2. Auflage 1929).

HbdDStR = Anschütz/Thoma, Handbuch de deutschen Staatsrechts, 2 Bände, 1930/32.

Phil. Bibl.(Meiner) = Philosophische Bibliothek(Felix Meiner).

Schmitt VL = Carl Schmitt, Verfassungslehre, 1928.

Schmitt L. u. L. = Carl Schmitt, Legalität und Legitimität, 1932.

Smend VR = Rudolf Smend, Verfassung und Verfassungsrecht, 1928.

b) 정기간행물

Annuaire = Annuaire de l'Institut International de Droit Public.

ArchöffR = Archiv des öffentlichen Rechts.

ArchZivPr = Archiv für zivilistische Praxis.

BBl = Bundesblatt der Schweiz. Eidgenossenschaft.

DJZ = Deutsche Juristen-Zeitung.

JöR = Jahrbuch des öffentlichen Rechts.

JW = Juristische Wochenschrift.

NSR = Neue Schweizer Rundschau.

RdC = Recueil des Cours de l'Académie de Droit International.

SJZ = Schweizerische Juristen-Zeitung.

StenBull NatR = Amtliches Stenographisches Bulletin der Bundesversammlung: Nationalrat.

StenBull StR = Amtliches Stenographisches Bulletin der Bundesversammlung: Ständerat.

VVdDStRL = Veröffentlichungen der Vereinigung deutscher Staatsrechtslehrer.

ZgesStW = Zeitschrift für die gesamte Staatswissenschaft.

ZschwR = Zeitschrift für schweizerisches Recht.

ZdAkdR = Zeitschrift für deutsches Recht.

제1장

법적 헌법의 위기

법적 헌법의 위기

| 서론 |

　국가의 규범적 법적 기본질서로서의 헌법은 오늘날 유럽의 국가세계에서 근원적인 위기에 처해 있다. 그러나 지난번 세계대전에서와는 달리 이번은 헌법실무의 위기, 즉 시대의 필요에 의하여 강요된 실정화된 기본질서로부터의 이탈에 불과한 것은 아니다. 오히려 그것은 헌법사상의 위기이다. 그 위기에는 우리의 국법적 상황의 동요가 자리하고 있다. 즉 헌법의 이념이 사망하였고, 헌법의 의미에 대하여 의문이 제기되고 있다.

　그와 더불어 헌법적 문제가 예전과는 결코 비교할 수 없을 정도로 절실하고 불가피하게 국법이론에 부과되어 있다. 그와 동시에 우선 국법이론은 1933년부터 시작되지 않는 이러한 굉장한 위기의 원인과 본질을 착각없이 생생하게 그려내어야 할 것이다. 그러한 위기가 헌법이념의 포괄적 위기로서 분명하게 공개되기 훨씬 이전에 그러한 위기는 개별적인 문제들에서, 그것도 경계에 놓여있는 문제들(국가긴급권, 통치행위, 헌법개정, 헌법변천 등)에서 징조가 나타났다. 경계개념들의 점증적 불명료성, 불확정성, 어떻든 혼란은 헌법의 기본개념 자체가 문제점 있는 것이 되었다는 데 대한 징후일 뿐이다. 새로운 국법이론들 중 많은 것이 우선 그것을 내보이는 것이 아래에서 단초적으로 시도되어야 할 저 위기적인 발전의 배경으로부터, 그 상황구속성 내에서 명백하고 투명하게 될 것이다.

우리 시대의 문화적 진단의 그렇게 많은 종단면과 비슷하게 또한 헌법적 발전도 오직 비관적인 판단만을 허용하는 것으로 생각된다. 다양한 숙명적인 구성요소들의 운명적인 공동작용은 권력의 직접적인 영향 하에 또는 특정의 역사철학을 근거로 국가생활에서 규범적인 것의 몰락을 궁극적인 사실로 감수하고 싶어하는 발전들을 당연한 것으로 치고자 한다. 그에 따르면 법적, 규범적 기본질서로서의 헌법은 "극복된" 범주, 사라져 가는 "시민적" 또는 "부르주아지적" 정신의 단순히 시대의 제약을 받는 객관화, "비영웅적 시대"의 발명품, 과거의 선입견일 수도 있다고 한다. 사람들이 또한 여기에서도 오직 "필연적인 발전"과 "급박한 사정"을 보고 싶어하는 저 대단한 사고를 따르고자 한다면, 국가의 법규범적 기본질서로서의 헌법은 장차 기껏해서 역사적 관찰의 대상일 수밖에 없을지도 모른다.

우리는 이곳에서 사실상의 발전에 대하여 어떤 예언을 해서는 안 된다. 헌법의 이념과 이러한 이념의 의무부과는 어떻든 그와는 무관한 것으로 남는다. 사람들이 법질서를 - 실현되려고 하는 규범적 질서로서 - 철저하게 이론적으로 그리고 실무적으로 숙고하면, 사람들은 관할과 행동의 최고규범들이 불가피하다는 것을 인정할 수밖에 없게 된다. "동시에 모든 민족을 위하여 법개념에 따라 판단하는 실천이성의 절대적 명령인 국가헌법 일반의 이념은 성스럽고 거역할 수 없는 것이

다."(칸트*Kant*)

그리스 도시국가의 역사가 우리에게 이미 가르친 바와 같이 모든 노모스(nomos)는 타락할 수 있다. 그러나 헌법적 사고에 있어 "규범주의"에 대한 오늘날의 비판은 인간이 정립한 법률의 이러한 (지속적) 불충분성을 생각하고 있는 것이 아니라, 다소간 공개적으로 그리고 다소간 과격하게 국가기본법 일반의 의미를 부정하고 있다.

이러한 상황에 직면하여 이 연구는 규범적 헌법의 의미와 고유법칙성을 분명히 하고자 한다. 그와 동시에 이 연구는 특히 최근에 사람들이 "법의 역동성"이라는 표어로 표현하는 습관이 있는 저 현상과 충돌한다. 이러한 "역동성"의 배후에는 가능한 모든 생각, 불명료성 및 의도가 숨어 있다. 사회학적 진술로 이해하면, "역동성"의 개념으로써 정확하게 암시되는 것은 현대의 사회적·국가적 생활의 특징, 그 신속한 변화, 그 가속화된 리듬과 그 점증적 예견불가능성이다. 어떤 의미에서 모든 법적 규범성의 전제로 간주되어야 하는 상황의 정상성은 넓은 범위에서 지장을 받고 있거나 심지어는 의문시되고 있다.

그러나 새로운 언어사용은 "역동적 법"의 개념을 분명히 넓은 의미에서 사용하고 있다. 그러나 이러한 것을 도처에서 정확하게 하지 않고 사람들은 그 개념으로써 금방 법제사적 확인(법률들의 신속한 교체, 헌법의 빈번한 개정)을 생각하다가, 그러나 금방 바로 "새로운" 또는 "미래의" 법 일반의 본질적 속성을 생각한다. 이러한 복합적인 사정은 객관적 해명을 촉구한다. 특히 어느 범위에서 이러한 "역동성"이 헌법규범들이 매우 제한적으로만 적용되어야 하는데 대한 얼버무리기식 대체가 아닌가라는 것이 연구되어야 할 것이다.

비슷한 방법으로 국법의 상황은 마찬가지로 모든 가능한 뉘앙스에서 헌법의 본질의 특징을 언급하는데 사용되는 "정치적 법"의 개념을 체계적으로 분석할 것을 재촉하고 있다. 특히 오늘날 중요한 학문적 과제는 바로 그 불확정성에 의하여 해체작용을 하는 그러한 양식들이 법해석학에 허용되는 것을 금지하거나 또는 그 의미에 속하는 정당화, 즉 명확화에 의해서만 허용되도록 하는 것이다.

그러나 그러한 일을 통하여 규범적인 것의 몰락이 중단되지는 않겠지만 - 이러한 일은 학문의 능력에 속하지 않는다 - 아마도 그 특수한 규범적 의미법칙성 내에서 국가헌법이 법규범 체계로서 분명히 되고 해체적, 상황제약적 또는 바로 궤변적 이론과 기회주의적 이론으로부터 방어되기는 할 것이다.

그러나 여기에서도 현실은 있는 그대로 그리고 전혀 꾸밈없이 인식되어야 한다. 그러나 이러한 현실은 헌법에서 헌법을 해체하고, 규범적인 것을 무기력하게 만들고 문제삼는다. 그러나 또한 우리가 아래에서 이러한 해체의 한층 깊은 원인과 또한 개별적 단계 및 외관들을 체계적으로 서술하는 곳에서도 헌법의 이러한 병리학은 자기목적이 아니라(특정의 위기문헌의 형식에 따른) 또한 이러한 연구들은 항상 국가의 규범적 기본질서로서의 헌법의 의미와 가능성에 대한 물음을 선회한다.

연구의 대상은 일반 헌법학에 대하여 기여하는 형식으로 다루어질 것이다. 헌법은 모든 규범적 관찰을 함에 있어 국법의 근본문제이다. 헌법은 보편타당한 문제로서 "일반국가학"을 위해서도 근본문제로 남아 있다. 비록 이 학문분야가 오늘날에는 거의 "극복된 것"으로 선언된다 하더라도 일반국가학의 의미와 과제에 대해서 이곳에서는 자세하게 변호하지는 않을 것이다. 그러나 오늘날의 헌법에 대한 필요가 모든 국가에 공통된 것처럼 헌법문제는 또한 이러한 의미에서 법, 헌법정책 그리고 문화의 일반적 문제이다.

또한 우리의 경우에도 헌법국가와 헌법의 이념은 위기를 겪고 있다. 이미 1891년에 칼 힐티*Carl Hilty*는 우리 국가의 기본법은 빈번한 개정의 결과 점점 더 "유동적 집행상태"로 이행하고 있다는 것을 우려하는 목소리로 확인한 바 있다. 스위스 국법의 역사학자 에두아르트 히스*Eduard His*는 "스위스적 공리주의"가 또한 우리의 헌법을 위협하고 있다는 것을 확인하고 있다. 그러나 특히 긴급실제와 긴급권실제는 헌법의 의미가 소멸되는 것을 점점 더 명확하게 하였다. 국법학은 이미 30년이 경과하면서 헌법의 본질적 구성부분을 계속적으로 "제거하고 있고", 바로 "만성적인 합법성의 포기"(*Z. Giacometti*)를 기록하였고 사람들은 형식상실과 소멸 중인 원칙성과 관련하여 중대하고 있는 "법의 무정부상태"(anarchie juridique - *William Rappard*)를 언급할 수 있게 되었다. 로버트 합*Robert Haab*은 경고적으로 "위기의 법"으로부터 부지중에 "법의 위기"가 될 수도 있다는 것을 지적하였고, 발터 부르크하르트*Walther Burckhardt*는 우리의 헌법위기의 가장 위협적인 국면의 하나로 심지어 "누구도 더 이상 헌법이 무엇인가를 알지 못하는"[1]데 대한 "만연된 불쾌감"을 확인하기도 하였다.

---

1) Carl Hilty, Die Verfassungen der schweizerischen Eidgenossenschaft(1891) 409; His, Geschichte des neueren schweizerischen Staatsrechts Bd. III 1197; Giacometti, Festgabe für Fleiner 1937 82, SJZ 1934/35 289ff.;

이 연구가 주제를 충분히 논술할 수 없다는 것은 더 자세한 근거를 필요로 하지 않지만, 아마도 그럼에도 불구하고 그 일을 다시 하는 상황은 더 자세한 근거를 필요로 할 것이다. 사람들이 아래의 연구의 방식에 따라 어떤 문제를 노년의 회상에 연기하는 것은 과거에는 올바른 관행일 수 있었다. 오늘날에는 이러한 일이 더 이상 허용되지 않는다. 이 주제는 애써서 찾아지지 않았다. 그것은 스스로 제기되었다. 모든 헌법상의 개별문제들은 반드시 전체로서의 헌법에 대한 문제로 통한다. 사람들이 규범적 헌법의 의미를 확인하여야만, 사람들이 헌법의 상황과 발전경향에 대하여 모종의 개관을 하여야만 사람들은 개별적인 문제들을 올바르게, 즉 바로 전체의 틀 내에서, 보고 해결할 수 있을 것이다.

많은 것을 요구하는 것이 아니라 이러한 필연적인 해명에 최소한 기여하기 위한 것이 이 연구의 단순한 관심사이다.

아래에서 우리는 우선 헌법국가의 현재적 위기로의 외적 발전의 일반적 특징을 약술하고(I), 그리고 나서는 그 내적 원인을 추적할 것이다(II). 의도적으로 우리는 위기로부터 대상을 부각시키고자 한다. 왜냐하면 이러한 방법에 의해서 현대의 국법이 처해 있는 과제의 냉엄함이 가장 분명하게 의식되기 때문이다.

Verfassungsgerichtsbarkeit 88; Haab, Krisenrecht 24; Burckhardt, Schweizer Monatshefte 1938 425ff.; Kommentar zur BV Vorwort VIII; Rappard ZschwR n. F. Bd. 53 283; 또한 W. Burckhardt 297a; Piller 301a; Gagliardi, Geschichte der Schweiz Bd. III 1738f.; Rittmeyer StenBull NatR 1941 36도 참조.

I. 헌법국가의 해체와 위기

18세기 말부터 헌법국가는 전 세계에 확산되었다. 영국에서 수백년의 투쟁을 통해 실제적으로 그리고 정신적으로 결정적 기초를 형성한 헌법국가는 1787년 필라델피아 회의에서 통과된 미합중국헌법에서 근대적 형태를 띠게 되었다. 프랑스를 위해서 스스로 유효한 형태를 만들어낼 수 없었던 프랑스의 국가사상가들과 프랑스 대혁명은 헌법국가의 이념을 대륙에 전파하는 길을 열었다.

1820년에 전 세계적으로 3개의 공화국(스위스, 미합중국 그리고 아이티)과 3개의 입헌군주정(영국, 프랑스 그리고 네덜란드)이 존재했다면,[2] 입헌주의의 경향은 19세기가 경과하는 중에 점점 더 명백하게 드러났다. 헌법의 이념과 그 지주가 되는 제 원리, 즉 자유권, 권력분립, "법률의 지배"(법의 지배, 법의 최고성)는 거의 모든 국가에서 관철되었다. 절대주의의 반동, 황제의 쿠데타 그리고 독재를 사람들은 일시적 발전상의 위기로 간주하였다. 어떻든 민주화와 국가적 권력행사의 법정(法定)이라는 목표는 움직일 수 없을 정도로 확고한 것으로 생각되었다.

1914-18년의 제1차 세계대전 후의 시기도 헌법국가의 이념을 다시 한번 강력하게 추진하였다. 절대군주정은 패자로서 양보할 수밖에 없었다. 유럽의 변방에서만 차르의 전제정이 볼셰비키 전제정으로 이행될 수 있었다.

---

2) Barthélemy, Annuaire 1930 43.

이러한 제 헌법의 동화(同化)는 학문 영역에서 점증적인 "법적 세계상의 통일"(Verdoss)에 반영되었다. 도처에서 관철되는 "헌법국가의 일반적 제 원리"는 그 학문적·이론적 완성에서 "일반국법", "고전적 헌법"(Barthélemy), "코뮌헌법"(Esmein)을 성립시키는 원인이 되었다. 그리고 이에는 전 세계의 저술가들이 기여하였고, 이는 다시금 세계 국가들에서 실정법상의 재료들이 연구하는 데 기반으로 이용되었다. 사람들은 국경을 초월하여 이러한 헌법적 공통어에 의견을 같이하였다. 그를 넘어 사람들은 헌법정책의 공동의 문제를 공동으로 토론하였다. 공법의 "일반적 제 원리"("grands principes du Droit Public")는 점점 더 일반적인 효력을 보유하게 되었다. 그리고 그와 같은 일은 개별 국가들에서 오직 그 실정법적 실현에 비례해서뿐만 아니라 또한 부분적으로는 직접적으로, "문화국가의 제 원리"로서, "법치국가의 본질"에 근거를 둔 제 원칙"으로서, "헌법국가의 내재적 제 원리"로서, "헌법적 자연법"으로서 그러하였다.[3]

이렇게 국내적인 헌법의 학대로부터 사람들은 특히 또한 국제법의

---

3) Hauriou, Précis 261; Barthélemy/Duez, Traité 49; Alvarez, Annuaire 1930 335; Triepel VVdDStRL Heft 3 50 하단; Mirkene-Guetzévitch, Annuaire 1931 II 286f.; Seelle, RdC 1933 IV 693 참조. 또한 1941년 6월 22일 NZZ 957호에 게재된 필자의 논문 "Ueber die Krise des vergleichenden Staatsrechtes"; John Fischer Williams RdC 1923 I 356도 참조. 예컨대 매우 낙관적인 것으로는 Goldscheid, Naturrecht, Verhandlunngen des 5. Deutschen Soziologentages 163(이성의 주권에 대하여 모든 주권을 불어 없애기 시작하는 오늘날!). 또한 Wieser, Das Gesetz der Macht III, 254ff., 278ff.("감소하는 권력의 법칙")도 참조. 현대의 비이성주의에 의한 국제적 법질서의 위해(危害)에 대하여는 Brierly RdC 1936 IV 233f. 새로운 "한심한 역행의 국면"에 대하여는 Seelle, Annuaire 1938 359.

강화를 기대하였다. 헌법국가는 국제사회의 더욱 견고한 조직의 구성 요소로, 심지어는 법을 근거로 한 미래의 최대국가(Civitas Maxima), 세계국가의 전단계로 생각되었다. 국제법과 마찬가지로 국법의 기초 는 법관(法觀)의 동화와 더불어 견고해지는 것으로 생각되었다.

법적 세계상의 이러한 통일은 어떻든 1920년대가 경과하는 중에 역사적으로 유례없는 정도에 도달하였다. 그래서 예컨대 한스 그멜린 *Hans Gmelin*은 1923년 그의 비교국법개관에서 다음과 같이 요약적 으로 확정할 수 있었다. 유럽대륙 제 국가의 헌법은 매우 다양함에도 불구하고 통일적 현상을 나타내고 있다. 이러한 모든 국가의 헌법들은 - 소련을 제외한다면 - 민주적 기반에 근거하고 있다. 칼 슈미트 *Carl Schmitt*는 1927년 12월에 탈고한 "헌법학"에서 여전히 "시민적 법치 국가의 헌법이상은 - 볼셰비키 러시아와 파시스트 이탈리아를 제외한 다면 - 지구상의 대부분의 국가들에서 여전히 유효하다"는 것을 확인 하고 있다. 그리고 미르키네-구에체비치 *Mirkine-Guetzévitch*는 1931 년에도 일반적 유럽적 헌법발전의 결정적 경향은 "민주주의 국가, 법 치국가의 진보적 발전"(évolution progressive de l'Etat de droit, de la démocratie)에서, 즉 발전적 "권력의 합리화"에서 인식할 수 있다고 믿었다.

제1차 세계대전 후 헌법국가의 이러한 또 한번의 번영은 단지 외관 상의 번영에 지나지 않았다. 이러한 헌법들 중 많은 것들은 온실에서 자라난 것이어서 냉엄한 현실에서 배겨날 수 없었다. 그밖에도 몇 년 의 공황의 소란은 생존능력을 위한 사실상의 전제요건들을 - 특히 이 제 국민이 되어야 하는 신민들 사이에서! - 창출하기 위한 시간을 허용하지 않았다. 그래서 이들 새로운 기본법들은 광범위하게 죽은 문자로 남게 되었다.

그밖에도 헌법국가의 이러한 확산은 규범적인 것, 법의 규정력이 이미 명확한 쇠퇴 속에서 파악되었다는 것을 또한 기만할 수 없었다. 왜냐하면 전후시기에 - 또는 사람들이 이 살을 에는 듯한 시기를 이제 더 의미에 맞게 1919-1939년의 "전쟁 중간 시"로 표현해야 하듯이 - 많은 국가들에서 비상사태가 정상적인 것으로 되었기 때문이다. 오래된 헌법국가들도 점점 더 "긴급권"에 호소하지 않으면 안 되었다. 통화위기와 경제위기 그리고 그와 결합된 정치적 긴장이 여러 국가를 다시금 결국 새로운 전쟁에 의하여 그때까지 예기치 못한 방법으로 확산되고 첨예화된 비상사태에 몰아넣었을 때까지, 여전히 전시입법은 철저하게 정상화되지 않았다.[4] 많은 국가들이 의식적으로 헌법국가의 이념을 외면하였다. 그리고 그 밖의 국가들에서는 군대의 점령(군정)과 함께(군정이 행해짐으로써) 자율적인 헌법질서는 다소간 광범위하게 정지되었다. 그러나 또한 자유국가들에서도 헌법규범은 국가이성의 강제명령 앞에서 점점 더 후퇴할 수밖에 없었다. 최근 몇 년이 경과하는 중에 일어난 헌법국가의 이러한 쇠퇴는 모든 나라에서 또한 그 특수한 원인의 결과이고 특수한 형태로 나타났다.[5] 우리와 관련해서는 단지 이러한 발전의 다소간 일반적인 특징만이 관심의 대상이다.

헌법의 해체는 모든 헌법의 본질적인 구성부분과 관련이 있다.

---

4) 예컨대 연방참사원의 업무보고서에 있는 1914/18년의 전권위임실제의 잔재 참조.

5) 그에 대하여는 Jahrbuch des öffentlichen Rechtes(JöR)과 Annuaire de l'Institut International de Droit Public(Annuaire)에 연재되고 있는 보고 참조.

a. 시민-국가의 관계질서를 확립하는 규범들은 국가과제의 확장과, "권위주의적" 그리고 "전체주의적" 국가로의 경향과 결정적인 관련이 있다. 기본권들은 그 절대적 의미를 상실한다. 헌법개정권력의 무제약성 이론이 기본권으로부터 그 전국가적, 절대적 성격을 박탈함에 따라 기본권의 규범력은 또한 통상적인 입법자와 행정부도 이러한 한계를 무시한다는 의미에서 광범위하게 약화되었다. 기본권은 결국 그 규범적, 법적 의미 일반을 상실한다. 개인들은 여기저기서 다시금 절대적 국가권력의 전적인 무보증상태에 처해진다.

　　b. 근본적인 국가적 권한질서도 마찬가지로 그 강제성을 상실할 우려가 있다. 권력분립 대신 권력이 집중되었다. 헌법변천의 방법에 의하여 이미 오래전부터 점점 더 "행정권"의 비중이 증대하여왔다. 전권위임의 실제와 권력집중적 긴급권에 의하여 권한질서의 객관적(규범적) 의미가 철두철미하게 위태로워진다. 사법(헌법재판)의 균형이 강화되지 않고 그와 반대로 확연하게 약화되는 만큼 그 위험은 더 크다. 법률은 헌법생활의 지배적 중심으로부터 배제되고 그 자리를 권위적인 형식의 "통치행위", "처분"이 대체한다.

　　c. 민주적 국가형태. 즉 국민의 권한에 대한 제 규범도 권위적인 경향에 의하여 불가피하게 손상을 받는다. 생략된 입법이 정상적 입법을 대체한다. 절박성은 "국민투표를 제한하는" 원인이 되었다. 심지어 헌법개정 자체도 국민의 헌법제정권력을 무시하고 행해진다.

　　d. 결국 연방국가에서는 항상 또한 중앙집권을 의미하는 권위적인 경향에 의하여 연방국가적 권한분배, 지방자치 그리고 지방분권의 이론의 여지 없는 법규범적 성격이 의문시된다.

이러한 모든 경향은 오래전부터 감지될 수 있었다. 전쟁과 위기는 이를 촉진시키고 첨예하게 만들었다. 긴급권은 법의 불가피성을 처음으로 참으로 드러내었다. 또한 단순한 표면상의 위기가 아닌 기초의 위기, 법률의 위기, 그 이상의 법사상과 국가사상의 위기가 문제된다는 것도 점점 더 명백하게 된다.

이러한 위기 속에서 또한 "법적 세계상의 통일성"도 붕괴되었고 다시 한번 유럽은 언젠가 파스칼이 팡세(단상 294)에서 설명했고 사람들이 얼마 전까지만 하더라도 결정적으로 극복된 것으로 간주했던 것과 같은 상황에 처해 있다. "극단의 3단계 상승은 모든 판례를 뒤집으며 자오선은 진리를 결정하고 겨우 몇 년 간의 소유로 기초법률들은 변하고 … 강을 경계짓는 정의에 대해 농담한다! 피레네 이쪽에서의 진실은, 저쪽에서는 잘못이다"(Trois degrés d'élévation du pôle renversent toute la jurisprudence; un méridien décide de la vérité; ven peu d'années de possession, les lois fondamentales changent … Plaisante justice qu'une rivière borne! Vérité au deçà des Pyrénées, erreur au delà). "헌법의 동일성"(identité constitutionelle)은 파괴되었다. 그러나 그와 더불어 적나라한 힘의 체계와는 다른 그 국제법의 기초도 파괴되었다.

윌리엄 라파드 *William Rappard*는 이러한 헌법국가의 쇠퇴에 직면하여 바로 다음과 같은 것을 반드시 확인하여야 한다고 생각하였다. "전쟁 발발 이후 인류 전체의 혼란스러운 시대는, 나에게는 모든 성문헌법의 묘지와 같아 보인다"(L'époque troublée que travers l'humanité depuis la guerre a été, me semble-t-il, le cimetière de toutes les constitutione écrites). 우리는 이곳에서 이러한 헌법 사망의 연대기를 도외시할 수 있다. 그 대신 우리는 국가 기본법의 이러한 해체의 더 깊은 원인을 구명하려는 시도를 하고자 한다.

II. 규범적인 것의 쇠퇴

이러한 헌법들 중 많은 것이 침해당하거나 폐제되었다. 그 이유는 이러저러한 권력의지가 그렇게 결정했기 때문이다. 그러나 그럼에도 불구하고 사람들은 유럽 헌법의 황혼은 또한 더 깊은, 객관적인 원인을 가지고 있음을 간과해서는 안 된다. 그 원인을 포괄적으로 구명하기에는 우리가 아직도 발생한 사건과 너무나 가까이에 있다. 그러나 개별적인 발전노선들은 어쨌든 이미 매우 명백하게 드러났기 때문에 요약의 시도를 감행해도 무방할 것이다. 정신과 힘의 투쟁에서 슬로건이 견해에 깊은 영향을 미치려고 시도하고 있기 때문에 차별화된, 객관성을 추구하는 평가는 국법적인 그리고 국법이론적인 상황의 조명을 자처하지 않으면 안 된다.

그와 동시에 우리는 그러한 시도가 가지는 어려움을 분명하게 의식하고 있다. 무엇이 일어나야 하는가에 대한 질문뿐만 아니라 또한 이미 일어난 일에 대한 숙고, 과거와 현재의 해석도 제 의견의 숙명적인 다원주의와 대립을 불러일으킨다는 것은 우리 정신사적 상황의 한 조각 비극이다. 그래서 사람들은 우리의 복잡한 사정을 분석함에 있어서도 금방 어떤 요인들을 강조하다가 금방 다른 요인들을 강조한다. 그렇다. 사적 유물론의 추종자와 그와 가까운 견해를 가지고 있는 지식사회학은 이미 아래의 해석공식을 거부할 것이다. 왜냐하면 그들에게 정신적인 것은 사회적 실존의 단순한 현상일 뿐이고 모든 것은 결국 사회학적 영향력의 입장구속성과 제시의 내막을 폭로하는데 환원되기 때문이다.

이곳에서 "규범적인 것의 쇠퇴", "절대적 명령의 퇴색", "가치의 상대화"를 이야기하는 경우, 이는 사회적·국가적 현실에서의 사실상의 발전, 즉 그 동기부여력의 약화를 암시하고자 하는 것이다. 정확한 의미에서 사람들은 "잘못", "착오" 또는 비슷한 것을 이야기하여야 한다. 진정한 가치, 신적 명령은 그와는 무관하게 남아 있기 때문이다. 그래서 "발전노선"으로 표현되는 것도 당연히 그 발전단계들이 철학적으로 일의적(一義的)으로 표찰이 붙여진 직선적 쇠퇴가 문제된다는 의미에서 오해되지 않아야 한다. 또한 오늘날 강력한 반대운동은 없다. 그러나 사람들이 가치와 규범과 관련하여 공동체를 규정하는 경향들을 이해하고자 한다면, 사람들은 어떻든 규범적인 것의 쇠퇴를 사실로 확인하여야 할 것이다. 규범에의 의지는 점점 더 "권력에의 의지"에 의하여 교체된다. 그러나 이러한 사정을 해석하고 평가함에 있어 견해들은 매우 엇갈리고 있다.

일반적인 것에서 특수적인 것으로 넘어가면서 그로부터 저 숙명적인 결과가 생겨나는 철학적·세계관적 제 요인(a), 이데올로기적·정치적 제 요인(b), 사회학적 제 요인(c) 및 법적 제 요인(d)을 간단하고 생생하게 그려낼 것이다. 법적인 것에 미치는 영향은 개별적으로 연구가 진행되는 중에 명백해질 것이다.

a. 법규범적인 것의 쇠퇴는 우선 인간적 공동생활 일반에 있어서의 규범적인 것의 쇠퇴의 결과이다. 이러한 발전에 사람들이 부여하는 긍정적인 또는 부정적인 평가를 전적으로 도외시한다 하더라도 오래전부터 문화비평은 "영구적"이고 "신성한" 제 질서, 일찍이 절대적이고 불변적인 것으로 간주되던 제 가치와 제 명령이 상대화되고 점차 사라지고 없어지고 있다는 것을 확인할 수밖에 없었다.[6] 중세적 질서에 근거를 두었던 신적 영구법(lex aeterna)의 퇴조와 함께 시작되는 이러한 심각한 발전노선은 19세기의 전환점 이후의 우리의 대상을 위하여 중요한 시기에 최소한 항목별로 약술될 수 있다.

사람들은 과거 150년의 철학적·세계관적 발전을 몇 번이고 되풀이하여 다음과 같은 몇 쌍의 반대어로 요약하려고 노력해왔다. 특히 예컨대 합리주의에서 비합리주의로의 전향(이성의 폐위, "이성의 장례식"); 19세기를 관통하는 "유물론적 세계관의 넓은 조류"에 의한 관념론의 교체; 관념론의 위기, 즉 자연주의, 유물론, 실증주의, 현실주의로의 전향, 생의 철학(활력설)과 실존철학으로의 전향; 상대주의에 빠짐과 그와 정신이 비슷한 주의들(실용주의, 도구주의, 공리주의, 인습주의). 그러나 그 형식성에서 필연적으로 불충분할 수밖에 없는 이러한 모든 판단들은 공통으로 이성의 가치절하, "정신의 명예실추", 진리개념의 해체, 절대적 가치의 퇴색, "이념의 위기", 법률개념의 해체를, 즉

---

6) Huizinga, Im Schatten von morgen 9; Heller, ArchöffR n. F. Bd. 16 324ff.; Emil Brunner, Der christliche Staatsmann, in Festgabe für Max Huber 249.

단어가 의미하는 가장 넓은 의미에서 규범적인 것의 쇠퇴를 언급하고 있다.

절대적인 가치들은 상대주의의, 회의주의의, 결국은 불가지론과 허무주의의 소유가 되어 있다. "이성의 체계"는 "비합리적인 것의 형이상학"에 의하여 교체되고 있다. 쇼펜하우어*Schopenbauer*에 있어 만물의 본질로 생각되는 "생의 의지"는 "근거 없는 의지의 절대적 비이성"이다. 이로부터 계보는 니체*Nietzsche*, 베르그송*Bergson*, 딜타이 *Dilthey*, 클라게스*Klages* 등의 현대의 비합리주의적 생의 철학으로 이어진다.

니체의 작품에서 근대적 헌법발전의 전체를 우리가 분석함에 있어 그 배후를 형성하는 현상, 그 다양한 국면에서 특별히 명백한 규범적인 것의 평가절하와 해체를 우리는 마주하게 된다. 생의 의지, 이념으로부터 의지로의 전환, 관념론에서 주의주의로의 전환은 이곳에서 아폴론적인 것으로부터 디오니시우스적인 것으로의 전환으로 생각된다. 진리는 소멸하였다. "진리인 것은 아무것도 없다. 모든 것이 허용된다." 객관적 진리와 객관적 가치에 대한 모든 추구는 "탈자아"와 동의어를 뜻하며, 단지 의지와 "정상적인 것"이 "강력한 충동"을 결여하고 있다는 데 대한 표현에 지나지 않는다. 그러나 도덕은 "생을 보존하려는 배후의 의도를 가진 몰락의 개인적 성벽(병적 혐오)"에 지나지 않는다. 자체로서 "선과 악을 초월하는 "권력에의 의지"는 그를 제약하는 규범과 질서를 알지 못한다. "더 이상 내 위에 신도 인간도 존재하지 않는다!"

무슨 권리를 가지고 오늘날의 규범에 대한 무관심과 규범에 대한 적대감, 정치적 극단주의와 그의 권력에의 의지가 니체 - 이러한 "결코 원칙이 되고자 하지 않는 예외"를 원용하는지에 대해서 이곳에서는 자세히 살피지 않을 것이다. 그러나 어떻든 그의 작품은 다른 어떤 작품보다 우리 시대의 정신적 상황을 잘 설명하고 있다.[7]

규범적인 것의 쇠퇴는 또한 폭넓은 대중들의 세계관에서도 점점 더 명료하게 드러나고 있다. 그러나 이곳에서는 이미 언급한 철학적 제

---

7) 우리 시대의 정신적 상황에 대하여는 특히 예컨대 J. Huizinga, Im Schatten von morgen, 1935; derselbe: Der Mensch und die Kultur, 1938; Karl Jaspers, Die geistige Situation unserer Zeit, 1932; Denis de Rougement, Mission ou Démission de la Suisse, 우리의 맥락을 위하여는 특히 S. 57ff. 비슷하게 매우 비이론적인, 이론에 적대적인 실무의 시대인 현재를 언급하고 있는 Holstein, Grundlagen des evang. Kirchenrechtes 185; Gonzague de Reynold NSR 1934 182: "불확실과 혼란의 시대"(une époque d'incertitude et de trouble), "지적·도덕적 무질서의 한복판"(en plene anarchie intellectuelle et morale); Gagliardi, Geschichte der Schweiz Bd. III 1739("무질서한 현대의 일반적 방향감각 상실"); Egger, Ueber die Rechtsethik des ZGB 27ff.; Wackernagel, Der Wert des Staates 267("현 시대의 정신적 방향감각 상실"); His, Geschichte des neueren schweizerischen Staatsrechtes Bd. III 1188f.; Hans Barth, Ueber die Grundlagen und die Zersetzung der Gemeinschaft NSR 1936 65ff., 72ff.; 법률개념의 해체에 대하여는 dasselbst 1937 109ff.와 이제는 Flutten und Dämme(정치에서 철학적 사고) 1943; Hedemann, Flucht in die Generalklauseln 37("전후시대의 제 가치의 몰락", "매우 중요한 윤리적 재보의 동요"); 본질적인 맥락을 제시하고 있는 W. Röpke, Der Kult des Kolossalen N.Z.Z. 1941 No. 1122, 1132와 이제는 Die Gesellschaftskrisis der Gegenwart 9ff.; Paul Valéry, Die Politik des Geistes, 1937; Schindler, Staat und Politik als Ausdrucksformen der menschlichen Psyche; Eberhard Grisebach, Was ist Wahrheit in Wirklichkeit? 1941 참조.
이러한 상황의 생성에 대하여는 Ueberweg, Grundriss der Geschichte der Philosophie 5. Teil; 세계관의 자연주의적 전환에 대하여는 XVI; 유물론과 회의론

조류의 직접적인 영향에 의해서라기보다는 오히려 순수한 현세에 근거하고 있는 인생실증주의, 즉 그 속에서 절대적인 것이 퇴색되고 그럼으로써 필연적으로 가치질서를 상대화하고 결국은 역전시키는 저 "자체 내에 근거하는 유한성"(틸리히*Tillich*)에 의하여 그러하다.

그러나 인간적 질서의 동요, 해체 또는 악마화에 표현되고 있는 가

의 등장에 대하여는 XVII, 실용주의의 등장에 대하여는 XXXII, XXXVIf.(과 그곳에 인용된 저작들); Windelband-Heimsoeth, Lehrbuch der Geschichte der Philosophie 제7편과 제8편; Ernst von Aster, Die Philosophie der Gegenwart, 1935, 특히 212ff.; Arthur Liebert, Die Krise des Idealismus, 특히 53ff., 189ff., 는 "객관주의"에서 "주의주의"로의 전환에 대하여는 또한 Bonnard, Mélanges Hauriou 45ff.도 참조; "합리주의로부터의 전향", "유심론으로부터 활력설에로의 이행", "생활감정의 초월성으로부터 내재성으로의 이행", "규범적 사고로부터 내재적 사고로의 이행"에 대하여는 또한 Vierkandt, Deutsche Rechtswissenschaft 1940 90ff.; derselbe, Die Kultur des 19에 Jahrhunderts und der Gegenwart im Handwörterbuch der Soziologie 141ff., 155도 참조. 우리의 맥락을 위하여 중요한 형식파괴 현상에 대한 언급. "제 형식을 파괴하고 단순한 유용성을 독재자로 만드는 것"이 우리 문화에 유보되어 있다; 또한 158f.도 참조.
또한 마르크스주의의 사회비판과 부분적으로는 마르크스에, 부분적으로는 니체에 소급할 수 있는 지식사회학도 규범적인 것의 해체에 중요한 역할을 하고 있다. 특히 "모든 인식의 존재상대성", "모든 이론의 뿌리 깊은 주의주의적 근거", "국면구조"의 전적인 사회적 규정성을 주장하면서 전적인 "사고의 관련화"를 추론하는 K. Mannheim, Wissensoziologie im Handbuch der Soziologie 659ff.의 극단적 방향 참조. "사고의 엄청난 자기상대화"와 "모든 정신적 내용의 끔찍한 파괴"에 대하여는 또한 Heller, Archöff R n. F. Bd. 16, 326, 338도 참조.
그러나 특히 니체, 베르그송, 파레토*Pareto*, 에른스트 융거*Ernst Jünger*의 작품들도 참조.

8) 또한 Max Huber, Nationale Erneuerung 12f., 106ff.; Emil Brunner, Festgabe für Max Huber 1934 249와 이제는 Gerechtigkeit Vf., 3ff.; Heinrich Barth, Der Schweizer und sein Staat 15f., 32; Der Sinn der Demokratie 29f.도 참조.

치와 규범적인 것의 위기의 가장 깊은 근거는 신앙의 위기이다.[8]

b. 이러한 기초 위에서 규범적인 것의 가치평가가 국가생활에서 표현되는 정치적 이데올로기와 국가이념의 변화 또한 분명해진다. "모든 단순한 규범성에 대한 실존적인 것의 우월성"(칼 슈미트)은 점점 더 도그마로 되어가고 있다. 상투적으로 다양한 경향들은 개인주의에서 집단주의로의, 자유주의 국가로부터 전체주의 국가로의, 민주주의 국가에서 권위주의 국가로의, 연방국가에서 중앙집권국가로의, "합리적" 지배형태로부터 "카리스마적" 지배형태로의, 법치국가로부터 권력국가로의 이행으로 이해될 수 있다.

자유주의적 민주주의(와 특히 또한 자유주의적 · 연방주의적 민주주의)는 규범성을 최적화하는 경향이 있다. 국가과제의 제한, 국가권력의 상대화와 분립, 국가에 대한 개인의 권리보호, 중앙국가에 대한 지방(支邦)국가의 권리보호, 국민의 최종적 결정권의 보장은 철저하게 헌법국가와 법치국가로 통하며, 그곳에서도 국가권력은 규범에 구속되어야 한다. 왜냐하면 이러한 지배형태의 정당성 또한 규범적인 것에 - 그 어떤 인간적인 권위가 아닌 - 기인하기 때문이다. 이러한 지배형태의 정당성은 합헌적인, "헌법적인" 정당성이고자 한다.

한편으로는 증대하고 있는 다량의 절박한 국가과제, ("권리보장국가"라는 의미에서) "법치국가"로부터 "경제국가"와 "복지국가"로의 이행과 다른 한편으로는 정당분열과 정당극단화는 헌법국가를 자유주의적 그리고 민주적 기초를 뒤흔드는 위기로 이끌었다. 국가는 헌법에 규정되어 있는 권한질서와 관계질서를 침해함이 없이 더 이상 사회생활의 문제를 해결하는 장인(匠人)이 아니라 사회생활의 고조된 문제점, 중대하는 과제[9]에 처해 있다. "행정부"가 점점 더 권위적인 통치로 되어가고 있다. 또한 헌법국가에서 그렇게 예고되고 있는 것, 그러나 비상사태에서만 예리하게 표현되는 것, 즉 그때그때의 "상황이성"을 지향하는 구체적 결정에 대한 규범적인 것의 양보는 새로운 국가이데올로기에 의하여 바로 원칙으로 고양된다.

그에 따르면 국가는 더 이상 "법률국가"일 수도 없으며 법률국가이려고 하지도 않는다. 국가는 자신의 정당성을 더 이상 일반적, 추상적인 규범으로부터가 아니라 인간적인 권위, 모든 규범적 규정과 제한의 저편에 있는 총통[10]의 "카리스마"로부터 도출한다. 그 속에서 세계관의 발전에서 드러나는 주의주의(Voluntarismus)로의 전향이 표현된다. "오래된 가치의 해체는 그 속에서 최소한의 저항을 대담하게 이용하는 상황을 초래하였다."(에른스트 윙거*Ernst Jünger*)[11]

---

9) 헌법국가의 초기에도 헌법은 오늘날의 논쟁이 즐겨 설명하듯이 "이기적인", "부르주아적인" 개인을 보호하는 의미만을 가졌던 것은 아니다. 아마도 개인의 보호가 본질적인 과제였으나, 사람들은 헌법을 창조함에 있어 간섭주의, 지도경제(économie dirigée) 및 국가사회주의를 생각하지는 않았다.

10) "총통"에 대한 환호는 바로 규범적인 것의 퇴조에 대한 징후이다. 비이성적인 것의 우상은 규범적인 것에 대한 자포자기의 표현이다. 이로부터 또한 현대의 "문화에 싫증난 폭력애호가들"의 작품들도 이해될 수 있다.

11) Ernst Jünger, Der Arbeiter 271; 장례식에 대한 이러한 처리는 또한 이미 Hegel, Grundlinien der Philosophie des Rechts, Phil. Bibliothek Bd. VI, § 141(위의 Meiner 판 325)에 대한 추기에서 암시된 바 있다; 정신의 명예실추의 이면(裏面)으로서의 명예실추의 정신(der esprit de démission als Kehrseite der démission de l'esprit) - 그리고 그와 함께 우리 시대의 결정적 현상들도 문제된다! - 은 Denis de Rougemont, Mission ou Démission de la Suisse에서 제시되었다. 또한 법적 질서에의 의지에서도 이러한 권태에 대하여는 Hedemann, Flucht in die Generalklauseln 60 참조.

이러한 국가에서 모든 규범적인 것은 더 이상 본질적인 것, "침범할 수 없는 것", "근본적인 것", "기본적인 것"이 아니라, 단지 이차적인 것, 도구적인 것, 질서의 수단, 권력관철의 기술에 지나지 않으며, 그 결과 그때그때의 합목적성의 문제일 뿐이다.[12] 국가헌법은 더 이상 국가를 제약하는, 국가에 가입한 제 단체의 자치와 개인의 권리(자유권, 정치적 권리)를 보장하는 진정한 규범의 의미를 가지지 않고 주로 통합의, 위로부터의 국가질서의 의미를 가진다. 이러한 국가이념에 따르면 국가는 더 이상 목적을 위한 수단, "필요에 의한 제도"(야콥 부르크하르트*Jakob Burckhardt*)가 아니라 자기목적, 심지어는 최고의 목적, "현세의 신"이다.

이러한 최고의 것과 완전한 것 앞에서 모든 규범은 중요하지 않게 된다. 이러한 국가는 더 이상 개인이나 규범에 의하여 규정되지 않고 "전체성", "실존", 국가이성에 의하여 규정된다. 그것은 더 이상 "법치국가"가 아니라 "정치적 국가", 권력국가이다. 이러한 국가의 행위는 더 이상 "침범할 수 없는" 헌법규범에 구속되지 않고 기껏해야 강령이나 계획에 의하여 암시된다. 당연한 결과로서 이러한 국가사고는 규범주의를 결정력 결핍의 표현으로 거부하고, 그 속에서 법과 정치의 모순이 "초극"되는 "구체적 질서사고"를 자신의 "특유한" 방법으로 선언한다. "비인간적" 법률의 지배 대신에 총통의 의지가 최고의 법률로서 자리잡는다. 왜냐하면 또한 "계획"도 더 이상 법규범적 의미를 가지는 것이 아니라 단지 집합적 의지, "전체동원"을 달성하고 강화하는 데에

---

12) Ihering, Der Zweck im Recht I 250, 255, 366ff.; Otto Gierke, Deutsches Privatrecht Bd. I, 116f., 121.

만 기여하기 때문이다.[13] 국가는 운동의, 역동성의 비합리주의에 빠진다. 즉 혁명은 "영구적"인 것으로 선언된다.

그러한 근거 위에, 또는 더 훌륭하게 표현한다면, 그러한 무근거 위에 칼 슈미트는 그의 정치적인 것의 이론을 전개하였다. "정치적인 것의 개념"에 대한 저 자그마한, 내용이 풍부한 책은 단지 그것이 허무주의에 대하여 정치적인 것의 이론을 창조했기 때문에 그렇게 커다란 영향력을 행사할 수 있었다. 단지 "대정치의 정점"만을 전달하는, "예외"를 부각시키는, "전쟁의 위기"에 정향된 사고에 대하여 모든 규범적인 것은 중요하지 않은 것으로 될 수밖에 없다. 모든 법(결국 모든 규범 일반과 마찬가지로)은 한편으로는 "커다란 정치적 결정"의 그늘 안에서만 존재하나, 다른 한편으로는 다시금 "결정주의"에 의하여 계속적으로 위태롭게 된다. 파레토, 소렐Sorel, 슈펭글러Spengler에 있어서와 비슷하게 이곳에서도 모든 정치는 의미와는 무관한, 비합리적인, 규범화될 수 없는 권력투쟁에 환원된다.

니체와 그의 제자들의 철학은 그런 식으로, 특히 소박한 이해에서, 국가를 완전하게 해방할 수밖에 없었다. 거대한, 무한히 노력하는 의지는 모든 제약을 물리친다. 모든 것이 권력에의 의지에 의하여 축성된다. "초인"은 "무수한" 어리석은 무리들 위에 무제약적 독재로 군림한다. 제 가치, 또한 국가적 가치의 상대성 위에 절대적 가치로서 "초

---

13) Jünger, Der Arbeiter 269ff. 참조. 실용주의의 정신은 매우 미적으로 독일 제국장관 풍크Funk 박사의 다음과 같은 말에서 밝혀진다: "우리는 필요한 것을 한다. 그렇다면 사람들은 또한 올바른 것을 하는 것이다. 그리고 올바른 것은 또한 선한 것이다"(!!). Deutsche Justiz 1939 1341.

인"의 권력의지가 군림한다. "이성의 자치를 대신하여 초인의 자의가 자리잡았다 - 이는 19세기가 묘사한 칸트로부터 니체로 이어지는 길이었다"(빈델반트 *Windelband*). 20세기는 이로써 국가의 길이 암시되었다는 것을 증명하여야 할 것이다. 다시 한번 파스칼이 그의 팡세(단상 299)에서 진단한 과정이 반복된다: "우리는 정의를 강화한 것이 아니라 힘을 정당화하였다."(Ne pouvant fortifier la justice, on a justifié la force).

c. 그러나 또한 현대의 사회적·국가적 생활도 법적 규범화를 점점 더 좌절시키는 것으로 생각된다. 이곳에서 우리가 규범적인 것의 저 쇠퇴에 영향을 미치는 것으로 인식된다고 생각하는 사회학적 요인들이 약술된다면, 문제가 되는 것은 자명하게 이러한 현실적 요인들과 이미 언급한 정신적 요인들의 명확한 구별일 수 없다. 그러나 우리가 새로운 국가이념들에서 제시한 규범적인 것에 대한 적대감을 이야기하지 않으려는 회의에서 또한 현대의 생활현실은 규범성에 점점 더 저항하고 있다는 사회학적 경험도 유효하다. 그러나 그와 동시에 그것은 다른 한편으로는 바로 자기편에서 "역동성"을 다시금 증대시키고 첨예하게 만드는 규범적인 것의 이러한 해체인 것이다.

사람들은 이곳에서 영향력을 행사하는 다양한 경향들을 바로 예컨대 증대하여 가는 다원화, 사회적 그리고 국가적 존재의 차별화와 역동화와 같은 사회학적 법칙의 형식으로 표현하였다. 항상 사람들이 이러한 요인들을 개별적으로 규정해도 무방하다면, 이러한 요인들의 상호작용의 결과는 어떻든 서로 방관적으로 증대하여 가는 불안과 계산

가능성의 탈락, 정상성(正常性)의 결여, 규범적 이해에 역행하는, 기껏해야 여전히 일반조항이나 "목표정식"을 받아들이는 영구화된 비상사태이다. 사람들은 소위 지난 몇 해의 모든 법정책적 그리고 특히 헌법정책적 논의에서 이러한 사실 - 사람들은 바로 "법률에 대한 사실의 반란"(모린Morin)에 대하여 언급해 왔다 - 을 접해왔다. 비록 사람들이 그러한 "급박한 사정"을 배경으로 한 기회주의에 숨겨져 있을지도 모르는 것을 선별해낼 수 있다 하더라도 그러한 현상은 여전히 명백하게 존재한다. 국가가 작용하여야 할, 그러나 경우에 따라서는 정부가 신속하게 반응해야 할 명령이 심지어는 헌법규범을 무시하고 대처하는 것이 불가피하기 때문에 규범에 따라("법률에 따라") 할 수 없는 상황들이 항상 성립하기 마련이다. 비정상적인 상황이 점점 더 지속적인 상태로 되어가고 있다.

이러한 "역동성"은 헌법국가가 권위주의적 국가들의 신속한 작용에 어느 정도까지 적응하려고 노력함으로써 대외정치로부터 특히 강조되어왔다. 또한 이곳에서도 이러한, 폭넓게 객관적 동기에 의하여 요청되는 "행정부의 방출"은 규범적인 것의 격퇴, 헌법의 해체를 의미한다. 헌법이념들뿐만 아니라 또한 헌법생활의 "현실"도 근본적으로 변화되었다. 현대 생활의 "역동성"은 규범적인 것에 대하여 질문을 던지고 있다.[14]

---

14) 예컨대 BBl 1935 II 547; BBl 1917 Bd. III 645 참조; 또한 이미 BBl 1874 498; Schindler, Die verfassungspolitische Lage(Sep. Abdr. aus der NSR November 1940) 10f., 13; 국제생활에서 "전형적인, 규칙적으로 반복되는 과정"의 결여에 대하여는 Die Schiedsgerichtsbarkeit 1914도 참조. 또한 SJZ 1934/35 305f., 310

d. 사회학적 요인들과 이데올로기적 요인들의 공동작용에서 우리가 인식하는 규범적인 것의 이러한 쇠퇴는 규범적 헌법의 위기를 가져온 원인이 되었다. 입헌주의 초기에만 하더라도 사람들은 여전히 "영구적인", 불변의 헌법에 대한 믿음을 가졌고 가능하면 폭넓은 법률화, 즉 전적인 법률화에 모든 헌법정책의 목표가 있는 것으로 생각하였다. 사람들이 "인간의 지배"에 대한 반대명제로서 헌법국가로의 전환을 표현하였듯이 "법의 지배" 속에서 낡은 국가실제의 자의는 규범에 의하여 제거되어야 할 것이고, 사람들이 이러한 규범적인 국가의 기본질서를 가능한 한 사람들이 그 속에 규범적인 것에 대한 의지가 가장 순수하게 체화된 것으로 생각한 관청, 즉 독립적인 법관의 보호 하에 두도

Spalte 1 상단도 참조; Staat und Politik der Gegenwart als Ausdrucksform der menschlichen Psyche 23; Max Huber, NSR 1934 161: "복잡하고 성급한 우리 시대는 체계적인, 포괄적인 입법을 할 소명이 없다"; Giacometti, Verordnungsrecht und Gesetzesdelegation 8, 36("규율대상인 생활관계의 복잡성과 가변성"); Rappard, ZschwR n. F. Bd. 53 286a; Nawiasky, Schweizerische Rundschau 1940/41 667ff.; Fehr, ZschwR n. F. 59, 63. - Heller, Begriff des Gesetzes 107; Staatslehre 268, 252ff.; Hsü Dau Lin, Verfassungswandlung 159; Schmitt, Legalität und Legitimität 87(상황은 거의 계산될 수 없고 반 규범적이다); Schiffer, DJZ 1929 Sp. 1227; JW 1929, 1858; Bilfinger DJZ 1931 Sp. 1421f.; Hedemann, Flucht in die Generalklauseln 58f.; "헌법생활의 역동성"의 요청에 대하여는 또한 Leibholz ArchöffR n. F. Bd. 22 3, 18; Barthélemy/Duez, Traité 727; Bourquin, JböffR 1930 186; RdC 1938 II 352, 357f., 384, 386; Scelle, Précis I IXf.; Mirkine-Guetzévitsch, Les Nouvelles Tendences du Droit Constitutionnel VI, Note 2; Alvarez, Annuaire 1930 323, 1935 327; Laski, Annuaire 1935 164f., Speyer, Annuaire 1935 318; Burdeau a. a. O. (Anm. 18 참조) 31: 사회적 안정성의 시대는 "법에 유리한 환경"(climat favorable de la loi); 40, 50f.도 참조 - 또한 Huizinga, Im Schatten von morgen 26도 참조.

록 하는 것만이 논리적 필연이었다.

또한 최고 국가기관들의 규범적인 것에의, 즉 행위를 법적으로 이해하려는 이러한 경향은 헌법적 기본가치들, 특히 자유권과 권력분립 원리를 긍정하는 데에서 폭넓은 의견의 일치를 보았다. 그리고 이러한 기본가치들이 실제의 헌법정책에서, 비교헌법사가 보여주는 바와 같이, 19세기가 경과하는 중에 거의 모든 곳에서 관철될 수 있었다는 사실은 그러나 또한 정치적·사회적 관계들이, 모든 위기와 동요에도 불구하고 지나간 세계대전 전의 세기에 주목할만한 안정성을 나타내었다는 사실로부터도 설명된다. 현실의 이러한 정상성은 규범에의 의지에 부합하였다. 그 결과는 정치적인 것의 객관화와 계산가능성에 대한 발전적 경향, 국가적 권력구조의 폭넓은 합리화였다.

오늘날의 헌법의 위기는 이러한 유리한 조건들이 점진적으로 탈락하고 있다는 데서 나타나고 있다. 이러한 탈락은 정립된 헌법규범의 제정은 물론 적용에서도 표현되고 있다. 세계관의 다원화와 이해관계의 세부화는 정치적인 것·국가적인 것의 영역에서 정당분열이 증대하는 원인이 되었다. 구체적인 정치적 일상문제들에 있어서 뿐만 아니라 헌법문제에 있어서도 한결같이 인정받는 가치질서와 일치된 의지의 결여가 눈에 띌 정도로 더 강하게 감지될 수 있게 되었다.[15] 규범을 지탱하는 "일반의지"의 탈락은 반드시 규범적인 것의 약화의 원인이

---

15) "헌법이 헌법계약으로 변화하는 경향"에 대하여는 Carl Schmitt, Hüter der Verfassung 60ff.; 다양한 "서로 모순되는 구성부분"으로 해체되는 데 대하여는 Legalität und Legitimität 97 참조; 또한 "하나의 헌법인 전체와의 (부분개의) 결여된 맥락"에 대하여는 Burckhardt, Kommentar zur BV VIII도 참조.

될 수밖에 없었을 것이다. 사람들이 도대체 해당 자료를 통상적인 입법자가 규율하도록 위임하지 않는 한 명확하게 규정된 법규범의 자리에 자주 "지연적 양식타협" 또는 단순히 강령적인 "목표양식"이 자리잡게 되었다. 입법은 점점 더 단순히 임시적인, 시험적인 성격을 유지한다. 지주적 근본가치들에 대한 생동적인 긍정이 사라진 곳에는 합법성도 눈에 띄게 더욱 의심스러운 것이 된다. 그렇게 되면 헌법은 결국 더 이상 내용적으로 의무를 부과하는 규범이 아니라 기껏해야 권력투쟁에서 관습적 경기규칙에 지나지 않는다. 그러나 헌법의 정립은 헌법정책적 의지 내의 이러한 결여된 일치에 의해서 뿐만 아니라 또한 정치적·국가적 현실의 이미 요약된 "역동성"에 의해서도 곤란하게 된다. 그러나 법률의 빈번한 교체는 결국 그 의무부과력을 약화시킨다는 것은 오래된 경험에서 비롯되는 지혜이다.

또한 법적용에서 위기의 원인이 될 수밖에 없었던 것은 동일한 동기이다. 어떤 것을 근거로 하든 주어진 헌법텍스트의 법문들로부터 비로소 적용할 수 있는 객관적인 법규범들이 획득될 수 있는 공통의 가치관과 질서관이 더 이상 존재하지 않는 곳에서는 또한 법해석에서 그리고 그와 함께 법적용에서 세계관과 가치체계의 다원주의가 나타난다. 의식적으로 상황과 이해관계에 구속되어 법을 해석하게 되면[16] "상

---

16) 예컨대 Jennings, Cabinet Government 12에 있는 오스틴 체임벌린*Austen Chamberlain* 경의 말 참조; 또한 Sten Bull NatR 1941 113; Sten Bull NatR 1935 59도 참조; 헌법사적으로 유명한 예는 미합중국에서 느슨한 구성과 엄격한 해석의 해석방법의 배후에 은폐되어 있는 양대 정당의 적대감이다; Bryce, American Commonwealth Bd. I 389ff. 참조 - 신랄한 풍자로써 이미 벤자민 꽁스땅*Benjamin Constant*은 "자의적 변명에 급급한 석학들"(érudits dans l'apologie de l'arbitraire)

황법학"의 열악한 환경에 처할 수밖에 없고, 이는 국가생활에서 "법의 위엄"의 감소, 규범적인 것의 쇠퇴, 헌법의 명예훼손에 말할 수 없을 정도로 크게 기여하게 된다. "합법성개념의 다원주의"에 의하여 기본법에 대한 존경심은 파괴된다.

이미 설명하였듯이 비록 지난 수십 년의 증가되는 생존문제가 점점 더 입법자의 규율에 저항하였다 하더라도, 늘어나는 헌법의 침해와 헌법의 정지는 오랫동안 엄격한 의미에서 국가이성의 명령, 객관적 필요의 표현이 아니라, 거의 규범의지의 약화의 징후, 무소불능(無所不能)을 추구하는 "정치" 권력의 돌진의 약화의 징후였다. 이러한 모든 요인들은 사람들이 대부분의 국가에서 이미 오래전부터 포괄적인 의미에서 법률의 위기로 인식한 현상의 원인이 되었다. 법률의 기본적인 질적 정의(이성성, 정의 등)의 보편타당성은 이미 자연법적 신념의 소멸과 함께 위태로워졌다. 19세기의 입헌투쟁에 의하여 깊은 영향을 받은 "자유권과 재산정식"을 근거로 한 실질적 법률개념도 오래 전부터 문제시되게 되었다. 그리고 자체로서 최후의, 헌법국가에 있어서 본질적인 속성, 일반적 · 추상적 규정은 점점 더 탈락될 것으로 생각된다. "정치적"("결정주의적") 법률개념이 규범적 · 법치국가적 법률개념을 배제하고 있다. 법률의 이러한 타락은 단순히 형식적 법률이 더 이상 헌법률적으로 규정된 예외가 아니라 법률이 주권적 의지의 표현으로서

을 언급한 바 있다. Collection Compète des Oeuvres Bd. I(1818) p. XXf. - 이러한 입장에 제약을 받는 법학과 개념구성의 직접적으로 냉소적인 실토는 이미 칼 슈미트의 마지막 연설과 논문모음의 제목, 입장과 개념(바이마르 - 제네바 - 베르사이유와의 전투에서)에서 이야기되고 있다.

원칙적으로 모든 내용을 가질 수 있다는 데서 표현된다. 법률은 개별 법일 수 있고, 다소간 포괄적인 특수한 "법역"(法域)을 대상으로 할 수 있으며("특별법"), 또한 일반적일 수도 있다.[17]

이미 1908년에 프랑스인 *Cruet*는 자신의 널리 알려진 저술에서 "법의 무력"(impuissance de lois)을 확인한 바 있으며, 후일에 *Renard*는 더욱 명백해져 가는 경향을 "법의 몰락"(décadence de la loi)이라 진단하였다. 또한 모리스 오리유 *Maurice Hauriou*도 1914/18년의 세계대전 이전에 "입법부의 위기"(crise législative)와 "규범주의의 위기"(crise du normativisme)에 대하여 언급하였다. 그리고 심지어는 전통적인 앵글로 색슨계의 법치국가들도 이러한 발전으로부터 예외일 수 없었다. 그보다 전에 영국에서의 "법의 지배에 대한 존경심의 두드러진 쇠퇴"(marked decline in reverence for the rule of law)에 대한 다이시 *Dicey*의 언급은 세인의 주목을 끌었으며, 특히 1914/18년

---

17) Carré de Malberg, La Loi, expression de la volonté générale, 1931; C. Schmitt VL 138ff.; 156: 이성법률에 대한 자연법적 신앙과 법률에 있어서의 이성은 광범하게 탈락되었다 ; Schindler, Staat und Politik der Gegenwart als Ausdrucksformen der menschlichen Psyche 22 상단, 23; Hans Huber, ZschwR n. F. 59 384f.(AVE와 일반적 법률개념); Oftinger, ZschwR n. F. 57 680aff.("소멸되어가는 중에 있는 법의 보편타당성에 대하여"); Dupeyroux in Mélanges Carré de Malberg 149ff.: "절대적 일반성"의 개념은 오래 전에 탈락되었다. 그러나 "상대적 일반성"도 망상이며 그래서 의당 사라져야 할 것이다; 156 - 증가 중에 있는 "법적 다원주의"(pluralisme juridique)에 대하여는 Burdeau 41, 44 참조; 또한 이미 Gierke, Deutsches Privatrecht BD I 121, Anm. 37; "투쟁법률, 순간법률, 예외법률, 기회법률에 대한 현대의 경향은 자신을 파괴하는 경향, 법적대적 경향뿐만 아니라 또한 문화적대적 경향을 포함하고 있다."; Beck, Die Verfassung der Vereinigten Staaten von Amerika 366f.; Brierly, RdC 1936 IV 234.

의 세계대전 이후에는 미국에서도 사람들은 주제넘은 "법에 대한 경멸" (contempt of laws)에 대하여 환상을 가지지 않았다. 모든 이러한 말들이 유명한 표어가 될 수 있었던 이유는 그것들이 사람들이 오래전부터 그 개별적 측면들을 불만스럽게 생각하고 있던 상황의 결정적인 원인을 갑작스레 분명하게 만들었기 때문이었다.

법률의 이러한 위기는 제1차 세계대전 이후부터 눈에 띄게 더욱 명백하게 나타났다.[18] 법률의 위기의 성격은 결국 개괄적으로 규범적인 것의 쇠퇴의 방사와 다르지 않으므로 앞의 고찰을 토대로 법률의 위기의 성격을 분명히 하더라도 무방할 것이다. "규범주의의 합리성과 이상성에 대한 신념"은 사라지고 있다. 그러나 그에 의하여 형식으로서의 법률도 연루(連累)되었다. "추상적 · 일반적인 것의 마력", "일반적 이념"(idées générales)의 강제력은 눈에 띄게 퇴색되고 있다. 법적 사고에서 "규범주의"는 "결정주의"에 의하여 교체된다. 객관성, 원칙적인 것에 대한 의미는 점점 더 약화된다. 합목적성이 "단순한 합규범성"보다 더 중요하게 된다.[19] 사람들은 바로 "기본적 무원칙성"[20]의 침

---

18) 최근에 Burdeau, sur l'évolution de la notion de loi en droit français, Archiv de Philosophie du Droit 1939 Heft 1/2 8f.는 "법이념 몰락"의 역사를 개관하였다; 41f.에서는 법률의 위기가 국가개념의 위기와 밀접한 관련이 있다는 것을 정당하게 강조하고 있다.

19) Giacometti SJZ 1934 289; Fleiner ZschwR n. F. Bd. 53 23a, 230a 하단; Burdeau a. a. O. 33.

20) Carl Schmitt, DJZ 1931 Sp. 8; "붕괴현상으로서의 법의 황폐"에 대하여는 Triepel VVDStRL Heft 1, 9; Giacometti NSR 1934 146: "연방의회의 혼란한 국법실제"; Rappard, ZschwR Bd. 53 283a(법적 무정부상태 anarchie juridique); Goldschmidt JW 1924 245f.; W. Kahl DJZ 1929 Sp. 1368; Benjamin Constant,

입과 "법교육의 황폐"를 언급하였다. 국가기관들은 점점 더 용이하게 "단순히 형식적인" 숙고를 무시한다. 사람들이 오랫동안 최소한 합법성의 외관을 유지하고자 했다면, 최근 몇 년 사이 사람들은 경멸적이고 공공연하게 합법성을 "휴가" 보내라는 요청을 한다.

법률의 대량생산도 법률의 위기를 기만할 수 없다. 그렇다, 그것은 오히려 바로 위기증상을 이야기하는 것이다. 이미 고대사람들이 이러한 경험을 한 바 있다. 예컨대 타키투스*Tacitus*는 다음과 같은 것을 확인해야 한다고 생각하였다. 예전에 우리가 부담 때문에 고통을 받았듯이 우리는 이제 법률 때문에 고통을 받는다(Ut olim vitiis, sic nunc legibus laboramus). 입법을 좋아하는 우리 시대가 또한 법률을 좋아하는 시대는 아닌 것이다. 사람들이 정당하게 인식한 것처럼 자주 언급되는 "현대의 법률과잉"은 숙명적인 "법률의 황혼"의 명백한 징표이다.[21] 사회적 실존의 객관적으로 지적할 수 있는 "역동성" 이상으로 법적 기본가치가 의문시되는 것은 법률의 이념에 충격을 주었다. 그러나 제 가치의 상대화(그리고 결국은 무정부화)는 법률이 자신의 의미를 상실함이 없이 견고성과 지속성에 대한 결정적인 내적 보증을 잃게 한다.[22] 자주 교체되는 입법부의 법률제정은, 일반적 · 추상적 형

Cours de politique constitutionelle Bd. III/6 91ff.("원칙의 명예회복"에 대하여).

21) Goldschmidt JW 1924 245ff.; Haab, Krisenrecht 19; Fleiner BStR 763; Burdeau a. a. O. 7, 31 상단; Schiffer, Hypertrophie des Rechts, JW 1927(아마도 "법의 황혼" 대신 "법률의 황혼"이라 도처에서 불러야 할 것이다); Hedemann, Flucht in die Generalklauseln 58, 66; 또한 이미 Motsquieu, Cahiers 95 IVff.; Rousseau, Considération sur le Gouvernemenr de Pologne chap. VII, X a. E.

22) Barthélemy/Duez, Traité 725; Burdeau a. a. O. 15ff., 45, 47; C. Schmitt, Legalität und Legitimité 8f., 86f.; Esmein/Nézard Bd. I, 29.

식이 보존되는 곳에서도, 단순히 형식적 법률로서의 질만을 가진다. 그리고 단순한 처분에 대한 구별은 없어진다.

문화사는 언젠가 아마도 한번은 몽테스키외와 칸트 시대 이래의 법률의 고난의 길을 보이려는 시도를 할 것이다. 그것은 또한 이곳에서도 직선적인, 명백한 발전은 아니었으나 사람들이 예컨대 오늘날의 세계상을 "법의 정신" 제1편의 법률세계와 비교하거나 오늘날의 기회주의적 경향을 칸트의 숭고한 원칙과 대비한다면 그 절정기 이후 법률의 몰락은 분명해질 것이다.[23]

현대의 철학적 제 경향, 객관성의 위기, 현대적 비도덕주의, 고전주의에 대한 반란, "현대 문화의 형식상실" 등등은 이미 언급된 법 내의 제 현상과 매우 비슷하게 법률적인 것에 대한 반란으로 설명될 수 있다. "합법성의 결여"(vacances de la légalité)는 "올바름의 결여"(vacances de la probité)와 내적으로 관련된다(de Claparède). 법률은 사람들이 그것을 법치국가의 번영기에 칭송한 것처럼 더 이상 "청동산"(rocher de bronze)이 아니며, 뒤기Duguit가 법률의 중심적 지위에 따라 헌법사의 지난 세기를 불렀던 것과 같은 "입법의 시

---

23) 예컨대 공통적인 격언을 비교하라: 그것이 이론에서는 옳을지 모르나, 실무를 위해서는 쓸모가 없나, Ausgabe Meiner 67ff., 특히 II. 국법에서 실무에 대한 이론의 관계에 대하여 - 프랑스 대혁명기의 "법률에 대한 경건한 존경"에 대하여는 또한 Burdeau 16ff., 28 Anm. 3, 29도 참조: 법에 대한 숭배는 죽었다. 이는 공식적인 종교뿐만 아니라 프랑스 정신의 자연적 성향에서도 그러하다(Le culte de la loi est mort, qui fut non seulement une religion officielle, mais encore une inclination naturelle de l'esprit français). - 또한 Hegel, Grundlinien der Philosophie des Rechts, Anm. zu § 258 a. E.(Meiner Bd. Vi 198f.). - 법치국가의 제 단계에 대하여는 Schindler in Festgabe für Max Huber 182ff.

기"(période du droit législatif)는 끝난 것으로 생각된다. "법률의 우상"은 생(生)의 우상에 의하여 교체되었다. 그 숭배자에게 법률, 즉 "어제의 두뇌가 오늘의 현실을 해결할 수 없다"(모린Morin)는 것은 의심의 여지가 없는 사실이다.

법률의 이러한 위기에 의하여 헌법률이 매우 강하게 영향을 받게 되는 것은 자명한 일일 수밖에 없을 것이다. 왜냐하면 권력문제가 문제되는 한 옛날부터 원칙성과 객관성은 매우 특별하게 위험에 처해지기 때문이다. 이러한 사실은 특히 헌법의 적용에서 나타난다. 자신의 목표를 원칙적으로 합헌적인 경로를 통하여 달성하고자 하는 정치적 의지라 하더라도 국가의 기본법의 현행 권한규범과 행위규범과 항상 어느 정도의 긴장관계에 있게 마련이다. 또한 헌법이 의식적으로 침해되지 않는 곳에서도 헌법은 너무나 용이하게 그때그때의 제 목적에 따라 변화된다. 또한 헌법률도 법률의 근저로부터의 위기에 의하여 3중적 관점에서, 즉 이상주의적 의미, 제한적 의미 그리고 법적 의미[24]의 탈락에 의하여 당사자가 된다. 이에 대해서는 연구가 진행되는 과정에서 개별적으로 확인되어야 할 것이다.

이미 오래전부터 사람들은 "법의 몰락"을 확인하였다. 그 다음은 그에 대한 다소간의 공개적인 투쟁이었다. "법률에 대한 법의 투쟁", 여기저기서 숙명적인 "법의 맹목적 숭배"(Fétichisme de la loi) (프랑소와 제니François Gény)[25]의 격퇴가 정당성을 가졌다면, 이러한 새

---

24) Burdeau a. a. O., S. 12f.

25) 이에 대하여는 특히 Reichel, Gesetz und Richterspruch과 그와 관련하여 전개된 풍부한 문헌 참조. Egger, Rechtsethik 43ff., 46f.("마치 법이 법률을 망각한 듯한

로운 법률에 대한 적대행위는 분명히 법률의 원칙 자체와 그리고 다소
간 비밀스럽긴 하지만 국가생활 일반에 있어서의 규범적인 것의 의미
를 대상으로 하였다. 불완전한 규범, 불충분한 헌법이 비판의 대상일
뿐만 아니라 또한 규범적 확정 자체도 의문시된다. 사람들은 그 "정체
성"이 현대국가의 욕구와 결합될 수 없다고 선언한다. 헌법은 이러한
관점에서는 "안전에 미친 부르주아적 정신"과 그에 부속된 법사고 방
식인 "규범주의"의 객관화로, 손쉽게 허약한 결정능력 부재를 나타내
는 태도의 표현이라는 낙인이 찍히고 만다.

　모든 시대에 대권력자들은 규범 위에 군림했고 법률과 법을 기껏해
서 도구로 취급하였다. 나폴레옹 1세의 후일의 다음과 같은 진술은 많
은 것을 보증한다. "나에게 선함과 추상적인 정의, 자연법들은 무엇을
말하는가? 첫 번째 법은 필요성이다. 첫 번째 정의는 공공의 안녕이다.
매일에 그의 형벌을, 매 환경에 그의 법을, 각자에게 그의 본성을"
(Que me parle-t-on de bonté, de justice abstraite, de lois
naturelles? La première loi, c'est la nécessité; la première justice,
c'est le salut oublic. A chaque jour sa peine, à chaque
circonstance sa loi, à chacum sa nature)[26] 그러나 우리의 상황이
새로운 점은 항상 더 넓은 계층들이 이전에 위대한 창조적 인간의 특
권으로 유효하였던 이러한 생각을 자신의 것으로 만들고 있다는 점에

저 법학의 비인간성"); Kommentar, Allgem. Einleitung N. 28ff.; Marschall v.
Bieberstein, Vom Kampf des Rechtes gegen die Gesetze, 1927; Leibholz,
Die Auflösung der liberalen Demokratie 30f.

26) Aubry p. 243.

있다. 규범과 법률에 대한 의미의 이러한 약화에는 대중적 존재로 잘 못 발전하는 것이 표현되고 있다. "아래로부터는 국가의 어떤 특별한 법도 더 이상 인정되지 않는다. 모든 것이 논쟁의 여지가 있다. 그렇 다, 실제로는 국가에 대한 성찰은 그들의 기분에 따라 형식의 영속적 인 변화가능성을 요구한다"(야콥 부르크하르트*Jakob Burckbardt*). 국가숭배로의 급변은 그에 대한 표면상의 반대일 뿐이다. 왜냐하면 그 것은 더 이상 규범과 명령을 인정하지 않는 생의 내적 논리로부터 분 명해지기 때문이다. 법률 - 그에 대하여 사람들은 더 이상 잘못 생각할 수 없다 - 은 광범위한 국민층에게 그 의미를 상실하였다.[27] 법률은 많 은 사람들에게 개별적 이해관계를 실현시키기 위한 수단의 의미만을 가지며, 그때그때의 다수의 단순한 명령형식으로 타락하였다. 그러나 그와 더불어 "결국 또한 국가의 기본법제정도 유동적인 응집상태에 처 하게 되고" 헌법은 결국 "국가생활의 그때그때 통용되는 생각에만 존 재하게 될 것이다."(칼 힐티*Carl Hilty*)

---

27) 또한 Burdeau a. a. O. 29도 참조: 공공정신 내에서의 법이념의 이러한 쇠퇴(cette décadence de l'idée de loi dans l'esprit public); Ortega y Casset, Aufstand der Masen 72ff.; "도덕규범의 몰락"과 "도덕원칙의 일반적 약화"에 대하여는 특히 또한 Huizinga, Im Schatten von morgen 104ff., 190도 참조.

Ⅲ. 헌법의 황혼?

규범적인 것의 이러한 몰락의 배경을 근거로 판단할 때 현대의 헌법의 위기는 바로 종국적인 것으로 생각될 수도 있다. 사실상의 발전은 그와 반대되는 희망을 가질 여지를 거의 허용하지 않는 것으로 생각된다. 그러나 이념은 우리들에게 헌법국가가 미래에 재건될 것을 믿을 것을 명한다. 국가의 법규범적 기본질서로서의 헌법의 이념은 이론의 여지없는, 상실될 수 없는, "저항하기 어려운 이념"(칸트)이다. 그것은 오늘날에도 죽지 않았다. "법의 마술적 선율"(야콥 부르크하르트)은 사람들이 그 선율을 등진 곳에서도 여전히 생생하게 남아 있다. 제 헌법은 점차적으로 공동화되고 해체되었지 단 한 번에 그리고 확실히 제거된 것은 아니다.

권력에 지친 제 국민은 다시금 새로운 열정으로 권력의 제한과 그렇게 밖에 존재할 수 없는 법에 대하여 의문을 제기할 것이라는 점은 의심의 여지가 없다. 그러나 이러한 질문은 바로 국가의 기본법적 기본질서로서의 헌법에 대한 질문이다.[28]

헌법국가도 경직될 수 있고, 법치국가도 불공정한 국가로 될 수 있다. 형식 자체는 아직 내용에 대한 보증이 아니다. 그것은 또한 불공정

---

28) =27a) 1941년에만 하더라도 이러한 예측은 모험적인 것으로 생각되었을지 모른다. 오늘날에는(1944년 가을) 사람들은 어쨌든 법치국가에 대한 새로운 가치평가를 확인해도 무방하다. 그와 동시에 사람들은 특히 유럽에서의 그러한 가치평가의 실현과 관련하여 너무 이른 낙관론을 경계하여야 한다.

한 현상의 영구화에도 기여할 수 있다.[29]

그렇기 때문에 사람들은 과거에도 경직된 법률에 반대하여 살아있는 법을 내세워 왔고, 나폴레옹의 "법으로 돌아오기 위한 법의 위반"(Sortir de la légalité pour rentrer dans le droit)을 모든 시대에 신뢰하였다.

직접적인 행동에 대한 의지가 모든 규범적인 것에 대하여 우위를 가지는 오늘날 그러한 정식은 매혹적으로 들린다. "현실"의, "생"의, "실무"의, "행동"의 우선권이 점점 더 강하게 주장되고 있고, "지상(紙上)의 헌법문서", "종이조각", "경직된 법률", "사문자"(死文字)와 대비되고 있다. 그를 이행하면 국가의 존립이 위태로워지는 이러저러한 법규범들을 제거하기 위하여 사람들은 몇 번이고 되풀이하여 국가이성을 들먹인다. 그에 반하여 법, 합헌성, 합법성, 원칙성이 강조되는 곳에서는 사람들은 이러한 이의들을 몇 번이고 되풀이하여 "세상과 동떨어진 것", "공론적인 것", "이론적인 것" 또는 유사한 것으로 특징지움으로써 거절하고자 한다.

정치적 의지와 실정법 사이에는 항상 어떤 형태로든 긴장이 있어왔다. 그러나 오늘날과 같은 형태와 방식이 법학에서 규정하는 정식에서도 괄목할만한 것으로 나타나고 있고, 그러한 형태와 방식이 그 속에서 "국가가 법이 결합되는"(타타린-타른하이덴Tatarin-Tarnheyden) 헌법을 위험에 처하게 만든다는 이야기는 경청되어야 한다. 우리는 "법치국가"와 "공정한 국가", "헌법국가"와 "사회국가", "형식적 민주

---

29) 이에 대하여는 또한 Smend, Bürger und Bourgeois im deutschen Staatsrecht 17도 참조.

주의"와 "진정한 민주주의"를 불명확하고 궤변적으로 대비시키는 것을 특히 위험스런 대비라고 생각한다. 그와 동시에 오래된 논쟁의 간책에 따르면, "공정한 국가", "사회국가", "진정한 민주주의"는 생동적인 것, 한층 고차원적인 것, 창조적인 것으로서 "죽은", "기계론적" 법치국가와 헌법국가와 대조된다. 이로써 헌법국가의, 법치국가의, 민주주의의 제 형식이 결코 목적 자체이어서는 안 되고 항상 요청들을 실현시키는 데에서만 정당화될 수 있다는 이야기를 하려는 것이라면, 그에 대하여 어떤 이의도 제기할 수 없을지도 모른다. 그러나 오늘날 사람들은 그러한 대조를 함으로써 "형식적 민주주의"의 "극복", 헌법국가로부터의 이반을 요구하고 있다. 그러나 최근의 헌법사가 매우 분명하게 입증하고 있듯이 이곳에서 커다란 착각이 시작된다.

중요한 것은 양자택일이 아니라 하나의 형식에서 다른 하나를 실현하는 것, 즉 "법치국가"의 형식에서 "공정한 국가"를, "헌법국가"의 형식에서 "사회국가"를 그리고 "형식적 민주주의"를 통하여 "진정한 민주주의"를 실현하는 것이다.[30] 영원한 반대명제는 그와 같은 것에 있지 않고, 한편으로는 권력국가의 그리고 다른 한편으로는 법치국가의 경향에 있다. 헌법국가와 법치국가의 (항상 어떤 형태로든 불완전한)

---

30) 스위스 국민에 대한 연방참사원의 호소, StenBull NatR 1918 414; Hugo Preuss, Staat, Recht und Freiheit 245, 484f. 참조 - 또한 "문화국가"와 "헌법국가"를 대비시키는 것(Richard Schmidt, Allgemeine Staatslehre Bd. I 284f.)도 유지될 수 없다. - Gonzague de Reynold NSR 1934 182(de Maistre와 비슷하게)가 "자연"헌법과 "성문"헌법을 대비하는 경우, 그는 다양한 차원에 놓여 있는 사물들을 비교하고 있다. 그러나 그가 "자연"헌법을 영속적인 것으로 표현한다면 이러한 대비는 바로 궤변적인 것이다.

형식은 사회적 정의의 실현을 위하여 가장 훌륭한 담보를 제공한다. 그곳에 되풀이해서 강조되는 헌법국가와 법치국가의 "영원한 가치"가 있다.[31]

이러한 법규범적 기본질서는 몇 번이고 되풀이해서 두 개의 측면으로부터, 즉 권력의지와 (그들 편에서 다시 "자유에 대한 엄격한 교사"를 부르는) 국민의 무관심에 의하여 위협받고 있다. 그러나 그것을 기반으로 비로소 모든 다른 (조직적 · 제도적) 보장책들이 구축될 수 있는 그 최종적 보장책은 책임있는, 깨어 있는 국민을 교육하는 것이다. 이러한 "진정한 교육"의 의미와 목표를 이미 플라톤 *Platon*이 그의 "법률"에서 다음과 같이 정당하게 정서하였다. "충동과 욕망으로 가득 찬 인간을 지배하고 지배될 수 있는 완전한 국민이 되도록 '진리와 정의를 지향하는 영혼을 가진 숙련된 상태'(Arete)로 교육시키는 것은 법의 토대 위에서 가능하다."[32] 헌법국가적 민주주의는 "성숙한 국가

---

31) Triepel, VVdDStRL Heft 7 197("법치국가라는 전적으로 시간을 초월하는 가치", "영원한 가치"); Koellreuter, dasselbst 199; R. Thoma 201; Leibholz 204의 동의; 또한 Triepel in Heft 5 28; Tatarin-Tarnheyden JW 1928 Bd. I 1028도 참조; 그리스의 법의 지배(Nomokratie)와 그 "영원한 작용"에 대하여는 최근에 B. Knauss, Staat und Mensch in Hellas 98ff., 105ff. - 또한 저자의 논문 Ende des Verfassungsstaates? In Nr. 290 der Basler Nachrichten vom 21. Oktober 1940도 참조.

32) Gesetze(Ausgabe Meiner 29(644 St.); 플라톤은 단순한 특별지식에 대하여 이러한 "본래의 교육"의 포괄성을 강조한다; W. Jaeger, Paideia 140ff., 158; Knauss, Staat und Mensch in Hellas, 특히 232ff., 239ff.; Spranger, Volk, Staat, Erziehung 77ff, 169 참조. - 중요한 것은 위와 같은 것이지, Carl Schmitt가 빈정대듯이 진술하고 있는 것처럼 "모든 국민을 완벽한 정치인과 보편적 전문가로 양성하는 것"이 아니다;그러나 이러한 의미에서 교육의 문제는 Carl Schmitt,

형태"[33])이다. 그러나 그것은 바로 그 때문에 또한 "번거로운 국가형태"이기도 한다. 그것을 실현하는 것은 영속적인 과제이며, "헌법에 혼을 불어넣기" 위해서는, 권리와 의무에 생명을 불어넣기 위해서는 항상 새로운 노력이 따라야 한다는 것을 의미한다.[34]

Volksentscheid und Volksbegehren, 41가 생각하고 있듯이 민주주의와는 "거의 관계가 없고", 제1차적 질서의 문제이며 그러한 것으로 남아 있다. 또한 이미 Montesquieu, 법의 정신, 제4편, 특히 제5장; Schiller, Ueber die ästhetische Erziehung(WW Insel, Bd. II 238f.도 참조; 이 문제에 대하여 일반적인 것과 특히 우리나라를 위한 것은 몇 번이고 되풀이하여 그리고 특히 Heinrich Pestalozzi, Jelkmias Gotthelf und Gottfried Keller. 또한 Hilty, Die Bundesverfassungen der schweizerischen Eidgenossenschaft 405, 419; W. Burckhardt, Staatliche Autorität und geistige Freiheit 17ff., 29ff.도 참조.

33) Barthélemy, La crise de la démocratic contemporaine 1931, 225, Annuaire 1930 164f.

34) 사람들은 헌법을 (법적) 기본법으로서만 아니라 또한 "국민적 교리문답서"로 형성함으로써 이러한 목적에 기여하도록 하고자 하였다. 이러한 의미에서 예컨대 Hegel과 Friedrich Naumann. C. Schmitt HbdDStR Bd. II 581 Anm. 29; Schindler, Verfassungsrecht und soziale Struktur 143 참조. 또한 1935년 4월 23일자 폴란드 헌법 서두의 10개 조항(Annuaire 1936 404f.)도 참조.

제2장

법적 헌법의 이념

| 제2장 |
법적 헌법의 이념

법과 기본가치들이 일반적으로 인정되는 시대에는 법이론에서 대부분 강한 형식화가 지배한다. 내용의 자명성 때문에 형식과 그 보호가 전면에 부각되고, 심지어는 이따금 법이론은 법형식의 이론이라는 주장까지 등장한다. 모든 다른 것은 "비학문성"의 소치로 파문당한다. 이러한 발전은 결국 "법제정과정"에서 실정법적 최고 단계로 생각되고 내용적으로 통상적인 입법자의 권한을 규율함에 한정되는 헌법개념의 계속적인 형식화에 반영된다.

법을 형식적으로 완성시키는 일은 항상 법학의 본질적 과제일 것이다. 도처에서 제 형식의 황폐와 몰락의 기미가 보이는 오늘날 사람들이 이러한 것을 충분히 진지하게 강조하기는 매우 힘들다. 그러나 오늘날의 법의 위기는 근본적으로 기본가치의 동요 때문에 초래된 위기이다. 형식의 동요와 해체는 내용이 의문시되게 된 결과에 지나지 않는다. 그리고 지주(支柱)적 가치들, "법에 있어서의 윤리(Ethos)"를 노력하여 생각해내는 것은 "우리 시대의 초미의 과제"에 속한다. 특히 국가의 악마화는 그 규범을 현실화할 것을 외쳐대고 있다. 규범적 헌법, 국가의 "법적 헌법"의 의미에 대한 질문은 국법의 숙명적 질문으로 제기되고 있다.

아래에서는 의도적으로 규범적 헌법의 특수한 의미법칙성이 강조된
다. 그와 동시에 우리는 법과 권력을 철저하게 조화시키는 것은 가능
하지 않다는 것, 완결된 성문의 합법성체계라는 "규범적 의제"는 사실
은 "진정한 예외"와 "진정한 결정"이 존재한다는 것을 보여야만 했다
는 것, 국가학은 이전보다 더 많이 그것에 몰두하여야 한다는 것, "국
가의 존립에 관한 이론"은 - 국가를 가능한 한 전반적으로 조명하여야
하는 분과로서 - 국가학의 중요한 부분이 되어야 한다[1]는 것을 간과하
지 않는다. 그러나 국법학과 특히 헌법학은 국가의 최고 법규범들의
체계로서 헌법을 특수한 대상으로 한다. 칼 야스퍼스*Karl Jaspers*의
말을 빌어 말한다면, "이성 없는 실존"에 빠질 위험이 어떻든 국가사
상이 또한 이따금씩 빠질지도 모를 다른 착각, 즉 "실존 없는 이성"보
다 더 위협적인 바로 오늘날 헌법학은 이러한 과제를 강조하여야 한
다.[2] 그러므로 몇 해 전 에리히 카우프만*Erich Kaufmann*이 그리고
또한 최근에 에밀 지로*Emile Girraud*가 주장했듯이 "헌법의 초정신

---

1) Fleiner BStR 74; Burckhardt, Kommentar zur BV 3. Auflage 130, 465; Staatliche
Autorität und geistige Freiheit 29f.; Hans Huber in der Gedenkschrift für
Walther Burckhardt 29; 그러나 어떻든 Burckhardt가 바로 영역의 분리에 머물렀
다는 것은 특히 예컨대 "Die Krisis der Verfassung" in den Schweizer
Monatsheften 1938 431f., 433으로부터 명백하게 입증된다. 사람들은 또한 긴급권
의 이론, 헌법파괴의 법전을 편찬하는 것을 경계하여야 할 것이다. - Schindler,
Verfassungsrecht und soziale Struktur 6, 35f., 39 하단, 42ff., 104ff.; Heller,
Staatslehre 252ff., 268ff.; Giacometti, Festgabe für Fleiner 1927 379, Festgabe
für Fleiner 1937 62("진정한 긴급권"에 대하여); Jellinek, AStL 256.

2) Karl Jaspers, Vernunft und Existenz 42; Schindler, Verfassungsrecht und soziale
Struktur 36: "왜냐하면 윤리 없는 생존은 맹목적이며, 생존 없는 윤리는 실체가 없
기 때문이다."; 44, 118; Gierke, Althusius 319f., Deutsches Privatrecht Bd. I 118.

화"와 "헌법의 신화"(mythe de la constitution)와 항쟁하는 것이 결단코 우리 시대의 첫 번째 과제는 아니다. 오히려 규범적인 것 속에서 견고한 투묘지(投錨地)를 다시 찾고 확실하게 하는 것이 중요하다. 과거 수십 년간의 국법의 위기 상황이 최소한 그 무엇인가를 분명히했다면, 어떻든 그것은 다음과 같은 것, 즉 이론적 분과로서의 헌법학은 (상대적으로) 독립되고 (상대적으로) 영속적인 법규범적 질서를 기반으로 해서만 가능하다는 것이다.

규범적 헌법의 의미는 - 그리고 그 속에 헌법이념의 내구성이 있다 - 다음과 같은, 상호 관련을 갖는 요소들에 기인한다.

I. 규범적 헌법은 국가적 제 관계의 질서를 추구한다. 그 속에 우선 헌법의 가장 일반적인 의미, 즉 무질서와는 반대로 통일을 실현하는 질서가 표현된다.[3] "질서"는 독재자의 자의적 명령에 의해서도 창설될 수 있고 무자비한 테러에 의하여 유지될 수도 있다. 그에 대하여 규범적 헌법의 질서는 그것이 원칙적으로 모든 경우에 적용되고자 하고 또한 최고의 국가기관들도 그것에 의하여 구속되어야 한다는 의미에서 법률적이고 객관적인 질서이고자 한다. 헌법에 의하여 정치적 의지는

---

3) 그래서 또한 고대 로마에서도 "시민공동체를 창설하는 것"(civitates constituere)과 "국가를 조직하는 것"(rem publicam constituere)은 "만드는 것, 창설하는 것, 건설하는 것"(facere, creare, condere)과 특히 또한 국가에 "질서를 부여하는 것"(in oridinem redigere, ordinare, componere)을 의미하였다. 그에 대하여는 오늘날 특히 Guglielmo Nocera, Aspetti teorici della Constituzione repubbliicana Romana in Revista Italiana per le Scienze Giuridiche 1940 123f.; Jellinek AStL 506 Note 2; H. Siber, Das Führeramt des Augustus, S?chsische Akademie der Wissenschaften 1940 9ff., 69ff. 참조.

객관적으로 되어야 하며, 국가의 비합리적 권력구조는 합리적으로 되어야 한다. 헌법국가는 "인간의 지배"(government of men)를 "법의 지배"(government of laws)로 대체하고자 한다.[4] 헌법은, "그것이 의지의 질서인 한, 국가기관이 법질서로 만든"(오토 폰 기르케*Otto von Gierke*), 즉 국가에게 법적 질서를 부여하는, 국가를 합법적으로 구성하는 기본적 규범들의 총괄개념이다. 이러한 규범적 의미의 헌법은, 매우 일반적으로 표현하면, 국가를 위한 최고의, 범할 수 없는 제법규범의 체계이다. 그것은 "기본법"(Grundgesetz, lex fundamentalis, loi suprème, the supreme law), "국가를 근본적으로 형성하기 위한 중심"(게오르크 옐리네크*Georg Jellinek*), 국가의 합법성체계의 "아르키메데스의 점"(발터 부르크하르트), 그에 저항하는 모든 행위, 또한 최고국가기관의 행위도 그 앞에서 굴복해야 하는 "규범 중의 규범"이다. 헌법국가의 이념에 따르면 모든 국가권력은 헌법의 어떤 규범을 근거로 할 수 있는 한에서만 합법적이다(헌법적 합법성 légitimité constitutionelle). 이러한 의미에서 예컨대 이미 알렉시스 드 토크빌*Alexis de Tocqueville*은 의회의, 왕의 그리고 국민의 모든 권한을 헌법에 환원시켰다. 그는 이러한 것을 다음과 같이 최고의 국가의사주체들에게 말하였다. "헌법 밖에 존재하는 것은 아무것도 없다"(hors de la constitution ils ne sont rien).

근대 헌법국가에서, 그리스 도시국가의 유일무이한 법치주의를 제

---

4) 오늘날 마찬가지로 논쟁적으로 곡해되는 이 반대명제에 대하여는 McBain, The living Constitution 1ff. 고대 그리스에서의 법률의 지배, 노모스(Nomos)의 지배에 대하여 최근의 것으로는 특히 B. Knauss, Staat und Mensch in Hellas 98f.

외한다면, 오래된 "왕법의 이름으로"(sub lege rex)는 지금까지 매우 의미심장하게 실현되었다. 헌법은 규범적 법적 질서로서 또한 모든 국가법질서의 기초이기도 하다.[5] 이미 프란시스 베이컨 *Francis Bacon* 은 이와 같은 점을 분명하게 인식하였다. 즉 사법은 공법의 보호 하에 안전해진다(Ius privatum sub tutela iuris publici latet). 현대는 헌법질서와 모든 법영역의 이러한 밀접한 관련을 한층 더 분명하게 하였다. 개별적인 법영역들은 일종의 독립성을 가지며 어느 정도까지는 헌법이 소멸하는 경우에도 기능하기는 한다. "헌법은 사라져도 행정법은 존재한다."(오토 마이어 *Otto Mayer*) 그러나 예컨대 기술적으로는 비난의 여지없이 기능하나 무죄판결을 받은 자가 또 다른 심급에 의하여 권리와 자유를 박탈당하는 것을 저지할 수 없는 형법은 우리가 법질서의 이념과 연계시키는 단호함과 인간성을 결여하고 있는 것이다. 그러나 법실현을 근본적으로 보장하는 것은 국가의 기본법, 즉 헌법의 과제이자 의미이다.

II. 더 나아가서 규범적 헌법에 의하여 요구되는 질서의 특수성은

---

5) Burdeau a. a. O. 48; Otto Mayer, Verwaltungsrecht 1, 55; Heller, Staatslehre 268; Esmein, Elémente de droit Constit. 8. Aufl., 1; Burckhardt, Methode und System 132ff., 186; Stoll, Jhering Jahrbücher Bd. 76 134; Egger, Rechtsethik 63f., 94f., 107f.; Kommentar zum ZGB, Einleitung und Personenrecht Art. 27 Note 30, Art. 28 Note 10, 28; R. Haab, Krisenrecht 22f.; "사법(私法)은 이러한 (자주 주장되는) 특수한 존재를 소유하는" 것이 아니라 "사법과 마찬가지로 공법도 본질적으로 동일한 이념적 기초에 근거하고 있다"는 것을 보이고 있는 Oftinger, SJZ 1940/41 225ff., 241ff; ZschwR n. F. 57 683ff.("사법의 공동화"에 대하여); Comment, dasselbst 217aff., 470aff., 480a.

헌법이 국가와 국가권력의 제한을 의미하는데 있다. 헌법은 법률적, 객관적 질서일 뿐만 아니라 또한 제한하는 질서이다. 헌법국가는 절대적 권력과의 대결에서 성립되었다. 헌법국가의 중심적 관심사는 국가 내에서 개인들의 자유로운 영역을 보증하는 것이다. 이러한 자유를 최적으로 보증하기 위해서 국가권력은 "세 개의 권력"의 분리체제와 상호 견제와 균형에 의하여 상대화되었다. 1789년 8월 26일의 인간과 시민의 권리선언 제16조에서 사람들은 이 두 개의 원리, 즉 자유권과 권력분립을 헌법의 지주로 고양하였다. 그리고 국민의회에서 헌법은 심지어 재빨리 "권력의 분할행위"(acte de partage des pouvoirs) 로까지 해석되었다(페티옹-*Pétion*). 사람들은 이러한 표어식의 표현들에 부수되는 구체적이고 논쟁적인 상황을 보아 넘기지 않을 것이다. 또한 극단적인 개인주의도 도처에서 헌법에서 국가에 거역하는 체계를 만들어낼 위험,[6] 즉 개인들의 법 외에 공동체의 법이 있다는 것을 망각할 위험에 처해 있었다. 또한 국법학도 가끔 권력분립원리를 헌법 정책에서는 물론 이론에서도 방해가 되는 것으로 입증된 방식으로 교의화하기도 하였다. 그리고 사람들은 매우 시간적으로 제약을 받는 영향을 매우 종종 보편타당한 것으로, 심지어는 선험적인 것으로 간주해

---

6) 그러나 정치적인 것의 이러한 위축은 항상 정치적인 것의 비대보다 국가에게는 덜 위험하다. 사람들은 이러한 맥락에서 "Die Verfassung Deutschlands"(Reclam 21f.) 에 있는 *Hegel*의 말을 즐겨 회상한다. 또한 Dahlmann, Politik 81도 참조: "헌법의 형식에로의 국가의 해체" - 사람들이 이러한 위험에 대한 증거로 몇 번이고 되풀이하여 이러한 동일한, 노래곡조식의 인용문과 조금 더 나아가서 훔볼트*Wilhelm v. Humboldt*의 소년용 서적으로부터 "국가작용의 한계를 규정하려는 시도에 대한 제 이념"을 언급하는 것은 의미 있다.

왔다.[7] 합리주의의 헌법적 교의들의 단순한 부활만으로는 오늘날 헌법의 이론에서도 헌법정책에서도 아무것도 할 수 없다. 그러나 다른 한편으로는 또한 사람들이 그렇게 경솔하게 한 목소리로(in globo) 부인하는 오늘날에도 정식들 속에서 보편타당한 것, 참으로 이론의 여지가 없는 것, 오래 계속되는 것이 분명히 인식될 수 있다.[8] 규범적 질서로서의 헌법은 절대권력을 제한하는 과정에서 성립되었다. 그러나 이러한 제한은 또한 법규범적 질서로서의 헌법의 불변의 필수조건(condicio sine qua non)이다. 헌법은 한편으로는 필연적으로 통일을 형성하는 질서이고, 헌법의 의미는 통합의 의미이며, 그 법규범적 의미는 바로 법률적, 객관적 질서이다(앞의 I 참조). 그에 반하여 헌법은 국가권력을 제한하는데서 그리고 제한함으로써 발현한다.[9]

---

7) 그에 대하여는 저자의 "Gewaltenteilung" 208ff., 238ff. 참조(아래의 주 참조).

8) 나 는 내 연 구 " Zur Entstehung, Wandlung und Problematik des Gewaltenteilungsprinzips"에서 권력분립론의 논리적 사변을 과대평가하는 독단론에 대한 모든 필연적이고 정당한 비판에도 불구하고 이러한 것을 부인하였다. 그곳에서는 권력분립론의 영원한 의미내용과 시간적으로 제한된 교의화가 지나치게 구분되지 않고 있다. 이는 최근의 문헌에서는 꽤 일반적인 현상이다. Capitant, Mélanges Carré de Malberg 35; Bigne de Villeneuve, La fin du principe de Séperation des Pouvoirs, 1934, 9ff., 31ff.; Hans Huber in der Gedenkschrift für Walther Burckhardt, 28("단순히 권력분립 … " 등); Giraud, Le pouvoir exécutif … 1938 7: "협소한 시각의 공론"(cette étroite vue de l'esprit)(!) 참조. 또한 390도 참조 - 그에 반하여 매우 훌륭한 것으로는 예컨대 E. Falbeck, Die Grundlagen der schwedischen Verfassung im Jahrbuch für vergleichende Rechtswissenschaft 1903 I 163.

9) Federalist No. 47, 48, 50, 또한 No. 25, 37, 46도 참조; Willoughby, Bd. I 68과 특히 Bd. III 1616ff.; Beck, Die Verfassung der Vereinigten Staaten von Amerika 254f.; Jennings, The Rule of Law in Total War, Yale Law Journal 1941 371f.,

국가생활에서 규범적인 것의 이러한 "생활조건"은 특히 모든 시대
와 민족의 위대한 국가사상가들의 저술에서도 표현되고 있는 수백 년
의 헌법적 경험에 의하여 입증되었다. 역사로부터 또는 자신의 경험으
로부터 그들은 가차없는 "권력의 법칙"에 정통하게 되었다. 그러므로
규범의 구속을 받지 않는 권력에 대한 회의는, 결코 시종 일관 변함없
이 전체를 포기하지 않는 한, 특히 그들의 저술의 결정적 부분에서 폭
발한다.

386; C. J. Friedrich, Constitutional Government and Politics 103f., 111f., 144ff.,
특히 158, 175ff.; Bagehot, The English Constitution 59; 대중 정부에서 모든 권
력은 알려져야 한다 … 비밀스런 특권은 이례적인 것이고, 아마도 가장 이례적인 것
이다; 영국헌법이 비밀스런 특권을 인정한다면, 그것에 의하여 이러한 진리는 어떤 점
에서도 제한되지 않고 "영국헌법의 신비"가 입증될 뿐이다; Dicey, Introduction to
the Study of the Law of the Constitution 179ff., A. V. Keith, The Constitution
of England Bd. II 374ff.; Laski, Annuaire 1935 167f., 180 -
Hauriou, Précis 101: "자동제한"의 이론은, 논리학의 관점에서 관찰하면, 아마도 모
순이다. 그러나 역사적으로 관찰하면 그것은 "헌법적 진리"(verité constitutionelle)
이다; Barthélemy/Duez, Traité 905; Duguit, Traité I 642; Seelle RdC 1933 IV
331ff., 423; Giraud, Le pouvoir exécutif 31f.; Mirke-Guetzévitch, Les Nouvelles
Tendances du Droit Constitutionnel, 헌법은 "자유의 기술"(technique de la
iberté)로서 규정하고 자신의 계속형성의 의미를 진보적인 "권력의 합리화"
(rationalisation du pouvoir)에서 인식한다."; IV, VIIf., 1ff. -
Otto v, Gierke, Das alte und das neue Reich 15; Labands Staatsrecht 1883
37; Grundbegriffe 123; Wesen der mensch. Verbände 27; Jellinek, AStL 354ff.,
362, 482, 789 하단; Tatarin-Tarnheyden, JW 1928 I 1028, ZgeStW 85 11f.("바
로 헌법은 자기제한, 침범할 수 없는 법규범에 대한 국가의 자기구속을 의미하지 않
는가?"); C. Schmitt VVdDStRL Heft 5 55; Kelsen, Wesen und Wert der
Demokratie 76 상단; Somlò, Jurist. Grundlehre 304; Preuss, Staat, Recht, Freiheit
245; Heller, Staatslehre 273, 247f.; Leibholz, Auflösung der liberalen
Demokratie 73f.; Hsü Dau Lin, ArchöffR n. F. Bd. 22 35: 성문헌법의 개념과

플라톤은 "국가" 이후에 - 그리고 시라쿠스에서의 경험 후에 - "법률"을 저술하였다. 그는 규범에 의하여 제어되어야 하는 "병적인 권력 확장에 대한 충동"을 알고 있었다. 정부는 "법률의 하녀"여야 한다. 왜냐하면 "그 어떤 것보다 법률에 국가의 안전이 달려 있기" 때문이다. 그리고 페스투스*Festus*는 우리들에게 카토*Cato*의 유명한 진술을 전하고 있다. "국가는 일반적으로 법, 법률 그리고 자유에 의하여 당연히 규정되어야 한다"(Iure, lege, libertate, republica communiter uti oportet). 이 진술 속에서 우리는 공화정적 헌법국가의 기초를 인식한다.[10]

분리될 수 없을 정도록 결합되어 있는, 올바른 헌법개념이 반드시 지향하여야 하는 이념, 즉 국가의 자의적 권력으로부터 국민의 권리와 자유를 확보하는 것; 또한 37도 참조; Friedrich Wieser, Das Gesetz der Macht 48f.("그 본질적 내용"); del Vecchio, Rechtsphilosophie 414ff., 426.

Fleiner BStR 318f., 761; ZschwR n. F. Bd. 53 12a; Egger, Kommentar Art. 28 N. 8, 10; Rechtsethik 151f.; Oftinger SJZ 1940/41 228f., 242f.; Schindler, Recht und Staat 134f.; E. Huber, Recht und Rechtsverwirklichung 188ff., 211ff., 226ff.; 또한 내 논문, Jahrbuch der N. H. G. "Die Schweiz" 1940/41 198ff., 1945 133ff.

특히 또한 개신교 측의 기여도 중요하다: E. Brunner, Gebot und Ordnungen 144ff. 와 이제는 특히 Gerechtigkeit; Karl Barth, Recht und Rechtfertigung 34f.; Alexejew, P. Barth, E. Brunner, Conord, Demant, Geismar u. a. in Totaler Staat und christliche Freiheit, 1937; Arthur Frey, Der rechte Staat, 1941; Denis de Rougemont, Mission ou Démission de la Suisse 11f.; Heinrich Barth, Der Sinn der Demokratie 8, 15f.; Karl Sturzenegger, Humanität und Staatsidee, 1938 62ff.

10) Nocera (Anm. 3 159 상단) 142f. 이러한 분리할 수 없는 요소들이 "공화국 헌법의 골격"(ossatura della constituzione reppublicana)을 형성한다. 또한 Mommsen, Abriss des römischen Staatsrechts, über Kollegiailtät, Annuität etc. 102ff., 117ff., 186ff.; Schulz, Prinzipien 96ff., 108ff.도 참조.

그 후 근대 초에 칼빈*Calvin*은 정부(당국)에 대한 그의 그리스도교적 이론에서, 매우 깊은 신앙인식으로부터, 권력이 주어진 인간들의 숙명적인 경향을 보여주었다. 처음에는 저항권(ius resistendi)을 논쟁적으로 표현하다가 후일에는 국가이론과 헌법정책의 기초로서 긍정적으로 표현하는 그의 이론들은 또한 바로 이러한 관계에서도 근대국가 형성에 결정적인 영향을 끼쳤다. 그러나 또한 몽테스키외*Montesquieu*의 헌법이론, 특히 권력분립이론도 동일한 출발점을 가진다. "권력을 가진 모든 인간이 그것을 남용한다는 것은 영구적인 경험이다; 권력은 한계에 달할 때까지 남용된다"(C'est une expérience éternelle que tout homme qui a du pouvoir, est porté à en abuser; il va jusqu'à ce qu'il trouve des limites)(법의 정신 제11장 4절). 그리고 필라델피아 회의에서 종교적이고 합리적인 숙고에서 유래하는 통제되지 않은 권력에 대한 경계심은 시종일관 변함없이 그 당시의 헌법이론적 그리고 헌법정책적 토론을 일관하는 참된 권력비판(권력에 대한 염세주의)으로까지 고조되었다.[11]

"통제되지 않은 국가권위의 나락"(막스 후버*Max Huber*)에 대한 이러한 경계심 중 어떤 것이 매우 가까운 과거의 헌법사고에도 생동하고 있었고[12] 현대에도 새롭고 강력한 원동력을 유지하고 있다. 낡은 교

---

11) 나의 책 "Gewaltenteilung" 248에 인용된 제퍼슨 Jefferson의 유명한 말 참조; 또한 Federalist No. 6, 15, 48; Beck, Die Verfassung der Vereinigten Staaten 255; Alexis de Tcqueville, De la Démocratie en Amerique Bd. II 164ff., 167도 참조.

12) Gaston Jèze, Festgabe für Fleiner 105f.; Max Huber, Grundlagen nationaler Erneuerung 19; Knauss, Staat und Mensch in Hellas 98ff., 139ff.; Chevalier,

의들의 단순한 후퇴와 부활과 함께 신절대주의적 경향과의 논쟁에서 모든 규범적 헌법의 영원한 기초에 대한 생동적인 숙고도 부활하였다.[13]

헌법이 국가권력의 제한에서 그 규범적 의미를 가졌듯이 다른 한편으로는 바로 오늘날 국가가 권위주의적·전체주의적으로, 그 권한에서 원칙적으로 무제한적으로 되어가는 정도에 따라 헌법의 규범력이 탈락하는 것과 같은 역발전이 나타나고 있다.

규범적 헌법의 이러한 전제를 보편타당하게 개관하기 위하여 우리는 지금까지 형식적으로만 "제한적 질서"에 대하여 언급해왔다. 그러나 이러한 제한은 당연히 실질적 원리에 의하여서만, 선국가적 그리고 초국가적 제 가치를 인정함으로써만 그 의미를 가진다. 국가가 최고선으로, 말하자면 신적인 것으로 되는 곳에서는 원칙적으로 국가를 제한하는 규범은 존재할 수 없다. 국가와 더불어 그리고 국가를 초월하여 제 가치와 제 질서가 인정되는 곳에서만 국가를 위해서도 규범이 존재한다. 이러한 기초 위에서만 규범적 질서로서의 헌법은 결국 아무튼 가능하다. 이러한 전제는 다음과 같은 다이시Dicey의 유명한 의미심장한 말이 염두에 두고 있는 바이기도 하다. "모든 사람의 개별적 권

Mélanges Hauriou 157f.; Denis de Rougement 30ff.; Wieser, Das Gesetz der Macht 75ff., 102("극대화본능"); Schindler NSR 1934 672.

13) Thomas J. Cook(Besprechung von Mc Ilwain, Constitutionalism, Ancient and modern, in The American Historical Review 1941 Bd. XLVI 598f.; "헌법주의(Constitutionalism)(Mc Ilwain), dasselbst 601; Yale Law Journal 1940 355; 그리고 앞의 주 9와 12에서 인용된 문헌 참조. 이제는 또한 나의 논문 "Staatsrecht und Staatsallmacht" 1945도 참조.

리는 헌법의 결과라기보다 헌법이 기초하고 있는 기초의 결과이다."[14]

그러나 이른바 "개별법"들은 이러한 선국가적이고 초국가적인 성격을 갖지 않는다. 국법이 현대에 이르기까지 이러한 개인-국가라는 개인주의적 대비에서 관찰되고 따라서 사람들이 헌법 내의 행위법을 주로 개인-국가 관계질서에 환원한 것은 루소*Rousseau*와 진정한 "집단공포증"(phobie des groupements)에 사로잡혀 있었던 프랑스 대혁명의 유산이다. 이러한 관계질서에서 가정의 개인 외에도 개인과 국가 간의 그 밖의 질서와 병행하여 "기본권적" 표현을 부여하는 것은 앞으로의 과제가 될 것이다("자율적 생활영역").[15]

"제한적 질서"는 결국 연방국가적 헌법을 의미하기도 한다. 연방적 국가구성이 규범적인 것이 효력을 가지기 위한 더욱 고차적인 보장을 내포하고 있다는 것을 사람들은 이미 과거에 종종 역설한 바 있다.[16] 바로 이곳에서 법적 헌법은 "그 부분들로부터 생동적인 전체를 구성하는 것과 이러한 부분들의 다양성 속에서 전체를 통일하기 위하여 활동

---

14) Dicey, Introduction to the Study of the Law of the Constitution, 8th edit. p. XXXVII, 199; Mc Ilwain, "헌법의 배후에 존재하는 기본적인 법"; 진정한 헌법에 대하여는 또한 Rousseau, C. s. II 12 말미도 참조.

15) 이러한 부족은 특히 *Otto v. Gierke*에 의하여 자주 언급되었다; 더 나아가서 Duez in Mélanges Carré de Malberg 121, 124f.; 이러한 견해는 또한 "법의 제한적 개념"(notion restrictive de la loi)과도 일치하였다. Burdeau a. a. O. 20f. 참조; W. Jellinek VVdDStRL Heft 2 79f.; Egger, Rechtsethik 47, 123, 130, 131ff.; Heinrich Barth, Der Schweizer und sein Staat 20f.; 또한 *Gonzague de Reynold* 와 *Denis de Rougemont*의 저술들, 특히 Mission ou Démission de la Susse 33f., 47, 97f., 169ff. 참조; Egger, Festgabe für Max Huber, 113.

16) =15a) 이제는 또한 내 연구 "Sinn des Föderalismus", Jahrbuch 'Die Schweiz' 1944 44ff.와 'Der Kleinstaat als Hort des Rechtes'도 참조.

하는 것을 규범적으로 규정할"(*Otto von Gierke*) 과제를 가진다. 제지방(支邦)은 "헌법의 수호자"로 된다.

방해받지 않는, 무제한적인, 통제되지 않는 권력의 저 숙명적인 자율은 법적 헌법에 복종하여야 한다. 법적 헌법에 의하여 "권력구조의 항구화", 권력의 합리화, 지배의 객관화가 이루어져야 한다.

III. 그러나 규범적 헌법의 의미는 앞에서 설명된 것처럼 국가로부터의 자유를 보증하는데 있을 뿐만 아니라 또한 매우 결정적으로 (그리고 결국 그로부터 분리될 수 없는) 국가에의 자유를 보증하는데도 있다. 절대주의와의 대결은 개인을 위하여 국가권력을 제한하는 것을 지향했을 뿐만 아니라 또한 그때까지 주로 정치의 객체, 즉 "신민"이었던 개인을 국가권력의 공동책임의 주체이며 공동결정의 주체, 즉 "시민"으로 인정할 것도 요청하였다. 민주주의의 이러한 이념은 자유의 이념과 함께 근대 헌법국가를 특징짓는 것이었다. 권위주의적인 지배자가 헌법을 반포하고 이러한 자기구속을 끊임없이 엄격하게 준수하는 것 자체도 상상할 수 있다. 그러나 역사는 그때그때 그러한 "하사된 헌장"(Charte octroyée)의 효력은 매우 불확실하다는 것과 제헌법규범의 "불가침성"은 귀족정적 그리고 민주적 제 요소가 절대적 군주정원리를 상대화하는 정도에 따라 비로소 강화된다는 교훈을 주고 있다. 규범적 헌법의 이러한 법칙은 현대의 역발전에서도 명료해진다. 민족적 법률이 탈락되고 의회와 국민이 단순히 거수기로서의 역할을 하는 심급으로 전락함에 따라, 즉 헌법의 민주적 제 요소가 제거되거나 변질되는 정도에 따라 규범적 헌법은 요컨대 그 규범적 의미, "불가침적" 규범질서로서의 효력을 상실한다. 그렇게 규범적 헌법과 민주적 제 요소간의 관련은, 비록 논리적으로 필연적인 것은 아니라 하더라도, 실무적 경험의 영역에 대하여 부득이한 것이다.

헌법의 이념은 "아래로부터" 국가질서를 규정하는 것을 내용으로 하며, 이는 상실될 수도 위반될 수도 없다. 이러한 정당화는 바로 "국가헌법의 합법성에 대한 시금석"이다(칸트). 모든 합법적인 권력은 "빌려온 권력"(니콜라이 하르트만*Nicolai Hartmann*)이다. 이러한 이념의 표현이 국민의 헌법제정권력 원리이다.

자기입법의 이러한 이념이야말로 바로 국가헌법을 (권위적으로 위에서 제정한) 국가질서로부터 구별하는 것이다. 국가헌법은 "국민의 자결권의 자유로운 표현"(폰 심손*Ed. von Simson*)이다. 그것은 전체 의사를 형성하는 질서이다. 하인리히 페스탈로치*Heinrich Pestalozzi*의 점잖은 말에 따르면, 그것은 "비합법적인 권력에 반대하는 국민의 합법적 힘"이다. 규범적 헌법은 개인의 국가로부터 자유로운 생활에 있어서 뿐만 아니라 또한 그의 정치적 생활에서도 개인을 공동책임을 지고 공동결정을 하는 주체로서 받아들이고 개인을 정치의 단순한 객체로 간주하지 않는 국가윤리의 표현이다.[17] 그러나 그것은 다른 한편

---

17) 또한 Rappard, L'individu et l'état 534도 참조: 자유민주주의의 특성 때문에 모든 개인은 정의상, 임무상 다소간 정치인이다(Car le propre d'unc démocratie libre, c'est que tout individu y est, par définition et par mission, quelque peu homme d'état). Max Huber, Grundlagen 33; 또한 Fleiner BStR 275, 288ff.; Fleiner BStR 275, 288ff.가 "보통선거권"을 "국가생활의 최고 원동력", "민주주의의 뿌리"로 부르는 것도 이러한 의미에서 이해될 수 있다. 최근에 "절대적 가치"로서의 "개인적 자유"에 비하여 "정치적 자유"가 전면에 부각되고 있다: Giacometti,

으로는 국가권위도 인간적으로 간주된다는 것, 즉 개인이 전체의 수탁자로서 부름을 받고 통제되지 않는, 어떤 규범에 의하여도 제한되지 않는 권력이 숙명적인 자율을 수단으로 결국 그에 이르게 되는 기사령으로서 개인에게 귀속되는 것이 아닌 공직으로 간주된다는 데 대한 표현이기도 하다. 여기에 "(규범적) 국가헌법의 인간성"이 있다. 국가는 "자유로운 사람들의 공동체"이어야 한다. 헌법 속에서 그리고 헌법과 더불어 국가가 그의 행위를 공공복리에 향하도록 하는 데 대한 보장책이 마련되어야 한다.[18]

이러한 기초 위에서만 또한 규범질서로서의 헌법은 최적의 불가침성에 도달할 수 있다. 그와 동시에 우리는 이곳에서 의도적으로 아무렇게나 "민주화"에 대하여 이야기하지 않는다. 오히려 규범적 헌법은 예컨대 극단적인 민주주의에서 최대한의 불가침성에 도달할 수 없다

SJZ 1933/34 291, Verfassungsgerichtsbarkeit 52f.; Heinrich Barth, Der Sinn der Demokratie 26f., 30; Wackernagel, Wert des Staates 223ff.; Thoma HbDStR I 190; Leibholz, Auflösung der liberalen Demokratie 11ff.; del Vecchio, Rechtsphilosophie 369; 그의 초기 저술 "Die Freiheit"(Inselverlag 14ff.)에서 "정치적 자유"에 대하여 "어떠한 결함도 참지 못하는 정치적 자유의 심원한, 아마도 관련된 체계"로 매우 훌륭하게 표현하고 있는 H. v. Treitschke; Knauss, Staat und Mensch in Hellas 50f., 52ff., 98ff., 109ff., 특히 159ff., 193ff. 참조. 또한 Mirkine-Guetzévitsch, Les Nouvelles Tendances 12f.도 민주주의와 헌법국가의 내적인, 필연적인 관계를 강조한다. 국가권력을 합헌적으로 제한할 필연성에 대한 의심의 여지 없는 증인은 또한 Bismarck, Gedanken und Erinnerungen Kap. 21 IV a. E.(Ausgabe Cotta 1926 418f., 또한 426도 참조).

개별적인 것은 아래의 제7장: 민주주의와 헌법 참조.

18) Aristoteles, Politik 3. Buch, 6. Kapitel 87; H. Barth, Der Schweizer und sein Staat 20.

는 것과 국가생활에서 규범적인 것의 효력은 "지배자주권"의 쪽으로 부터 뿐만 아니라 또한 "국민주권"의 쪽으로부터도 의문시된다는 것을 증명하여야 할 것이다. 양자의 경우에 규범적인 것은 "결정주의적인 것"에 비하여 후퇴하였다. 민주주의의 논리(logique de la démocratie)는 그것이 극단화되는 정도에 따라 헌법의 논리(logique de la constitution)와 모순에 처한다. 그러나 시대에 따라 국민의 입법자적 이성이 변질될 수 있다 하더라도 입법(특히 헌법제정)의 민주주의는 상실될 수 없는, 영원한 과제로 남는다.

헌법은 그렇게 이중적 의미에서, 즉 한편으로는 제한적 질서로서 (위의 II 참조) 그리고 다른 한편으로는 자기입법의 표현으로서 자유의 법이다.

IV. 규범적 질서로서의 헌법은 결국 필연적으로 영속적인 것의 관념과 결부되어 있다. 그 전체성에서 불변의, 선험적으로 인식할 수 있는 이성원리들에 근거를 두고 있는 "영원한" 헌법은, 그것이 여전히 초기 합리주의의 개별적인 국가사상가들에게 가능한 것으로 생각되었던 것과 같은, 초기입헌주의 시대부터 점점 더 이론적 그리고 실제적 정치의 사고관념으로부터 사라지고 있다(제4장 참조). 그 대신 헌법은 필연적으로 변화하여야("수정될 수 있어야") 한다는 것이 헌법정책과 헌법학의 기본명제로 된다. 이러한 불완전성 속에 결국 최소한 기본법의 상대적 불변성, 즉 기본법의 안정성이 남아 있는 동안에는 잠재적인 것으로 남아 있을 수 있는 헌법의 모든 문제점은 근거를 두고 있다. 그러나 현대의 "역동성" 속에서 그것은 명백히 드러나게 됨이 분명하다.

법률의 이념은 반드시 영속의 관념과 결부되어 있다. 불변성이 비로소 규범을 본래의 의미에서 일반적·추상적 규범으로 만든다. "영속성은 시간 속에서 보편성이다"(la permanence est la généralité dans le temps).[19] 불변성에 의해서만 규범은 법적 안정성과 예측가능성의 과제에 충실할 수 있다. 법률이 신속하게 교체되는 곳에서는 법률은 법치국가적 의미에서 법률의 성격을 상실한다. 비록 그것이 내용적으로 일반적·추상적 성격을 유지한다 하더라도 그것은 점점 더 단순한 처분으로 된다.

또한 객관적 해석도 그것이 (상대적으로) 계속적인 규범에서 전개될 수 있는 곳에서만 의미있고 가능하다. 순식간에 "역동적"으로 되는 입법은 입법의 기반을 박탈한다. 입법이 법학에 부과하는 과제는 더 이상 해석의 과제가 아니라 그때그때마다 의원들을 정당화하는 과제이다.

---

19) Barthélemy/Duez 725; 또한 1793년 지롱드당의 헌법초안 제2장 제4조도 그러하다: 법들을 구별하는 특징은 보편성과 지속성이다(Les caractères qui distinguient les lois, sont leur généralité et leur durée); Le Fur RdC 1935 IV 134; Bourdeau a. a. O. S. 15ff., 16; 불변성과 영속성, 법은 두 번째로 추상적인 규칙이다; 이 추상성은 지속성과 같은 조건이다(Immuable et permanente, la loi est en second lieu une régle abstrait; son abstraction est la condition même de sa durée); Esmein/Nézard Bd. I 29; Schindler, Verfassungsrecht und soziale Struktur 30f.; Nawiasky, Schweiz. Rundschau 1940/41 667; StenBull NatR 1941 109(Berthoud); 111(Edler); 132 Sp. 2(Weber); SrenBull NatR 1935 59(Schirmer), 74(Wick). 또한 이미 1865년의 취리히 헌법개정에 대한 그의 보고서에서 Gottfried Keller도 참조: "끊임없는 교체, 영원한 실패, 포기와 재시작, 헌법사항과 법률사항에 있어서의 전적인 단명". 특히 1862년의 기도일 의석, WW(Bong) Bd. 9 Vorrede 9도 참조.

영속성의 이러한 관념은 이제 매우 특별하게 규범적 질서로서의 헌법의 이념에 포함되어 있다. 사람들이 헌법을 몇 번이고 되풀이하여 "기본질서", "기본규범", "기본법"(lex fundamentalis)으로 특징짓고 정의한다면, 사람들은 그렇게 함으로써 내용의 중요성뿐만 아니라 또한 마찬가지로 그 계속성을 암시하고자 하는 것이다. 헌법은 (이념에 따라) 지속적 기본질서, "국가생활의 지주적, 지속적 계기"이다.[20] 또한 민주적 헌법도 솔직하게 그때그때의 다수의 그때그때의 의지가 아니라 "사람들이 포괄적인 숙고 후에 도달한 근거지어지고 계속적인 국민의사의 표현"(제임스 브라이스*James Bryce*)인 것이다.[21] 그 개정을 어렵게 하거나 심지어는 금지함으로써 사람들은 법적으로 이러한 기본규범을 안전하게 하고자 한다. 어떻든 규범적 헌법은 그것이 지속적인 기본가치의 표현인 한에서만 의미가 있다.

이미 올리버 크롬웰*Oliver Cromwell*은 이러한 사실을 명백하게 인식하였다. 그는 사람들이 자주 "근대 성문헌법의 최초의 예"로 표현한 1653년의 자신의 통치수단의 의미를 의회의 변하기 쉬운 다수의 의사에 대하여 지속적인 불가침의 원칙이 있어야만 한다는 것으로 고쳐 썼다. 모든 정부에는 무엇인가 근본적인 것, 영속적이고 변하지 않는 대헌장(Magna Charta)과 같은 그 무엇이 존재하여야 한다는 것이

---

20) Fleiner, Institutionen 3; BStR 21; Stier-Somlo, HWdRW Bd. VI 386f.

21) 그러나 이러한 것이 실제로 또한 가능하다는 데 대한 가장 훌륭한 예는 - 영국을 도외시한다면 - 1787년 이래 미국의 기본법이면서도 상대적으로 거의 개정되지 않은 연방헌법이다. 이러한 점을 비판적인 관찰자도 강조하였다. Giraud, Le pouvoir exécutif 27, 48 참조. 헌법변천과 해석의 역할에 대하여는 예컨대 Hsü Dau Lin, Verfassungswandlung 1932 79ff. 참조.

다.[22] 이러한 말에는 규범적 헌법의 의미가 해석되어 있다.[23] 사람들이 또한 절대적으로 불변이고 확고한 규범의 이념을 점점 더 단념해올 수 있었다 하더라도 헌법의 필수적인 속성으로서의 불변성의 관념은 생생하게 남아 있다.[24] 법질서의 기초가 동요하는 곳에서, 매 순간마다 기초가 수선되고 동요되는 곳에서(Wo alle Augenblicke am Fundament geflickt und gerüttelt wird) 전체 법질서는 위험에 처해진다. 권위주의적인 국법의 대변자라 하더라도, 모든 역동성에도 불구하고, 몇 번이고 되풀이하여 기초가 반드시 견고해야 함을 강조한다. "사회국가로서의 법치국가, 자의를 배제하는 문화적 질서가치는 또한 더 나아가서 정확하게 형식화된 법의 견고하고 불가침의 기초를 필요로 한다."[25]

---

22) 영속적이고 개정될 수 없는 기초적인 그 무엇, 대헌장과 같은 그 무엇이 있어야 한다(There must be something Fundamental, something like a Magna Charta, which should be standing, should be unalterable). C. J. Friedrich, Constitutional Government and Politics 115.

23) C. Schmitt VL 40; Dicey, Introduction 67 하단 각주; Borgeaud a. a. O. 10; Egon Zweig, Die Lehre vom pouvoir const. 44f.; Waldecker, Allgemeine Staatslehre 604f.; Jellinek AStL 511; Heller Staatslehre 135; Hsü Dau Lin, ArchöffR n. F. Bd. 22 31ff.

24) Bryce Bd. II 169; Max Huber, Grundlagen 12, 41; Giacometti, Auslegung 3f의 "역동적"도 아마도 이러한 의미에서 이해될 수 있을 것이다. 또한 Giacometti JöffR 1922 313ff.(세계대전 이후의 부분개정의 증대에 대하여)도 참조; 또한 Montesquieu, Esprit des Lois Buch XXVI Kap. II Zntf. 2 a. E.; Carl Schmitt, Hüter der Verfasung 73 상단("정력학과 불변")도 참조; Salais/Burckhardt Bd. I No. 232 VIII, No. 233 IV 530에 있는 특정 칸톤의 실제에 대한 연방참사원의 우려는 매우 근거가 있다.

25) Tatarin-Tarnheyden, Werdendes Staatsrecht 30; "견고한 뼈대는 새로운 국가에

현재의 위기는 전 헌법사가 증명하는 바를, 즉 계속성, 기본가치 그리고 헌법규범의 내적인, 필연적인 관련을 특히 분명하게 드러낸다. 물론 "끊임없이 되풀이되는 헌법생활"(스멘트Smend)도 "정신의 가치법칙성"을 따라야 한다. 그러나 이러한 "역동성"은 결국 바로 규범적인 것의 해방, 그때그때의 정치적 의지에 가치관이 항복하는 것을 의미한다. "유동적인 효력의 계속형성"(!), 헌법생활의 "자기형성" 앞에서 요구되는 제정된 규범의 후퇴는 동요하는 가치질서의 실상을 은폐할 수 없다. 칼 슈미트에 있어서 "결정주의" 분석은 동일한 "환멸"을 가져온다. 그러나 (소박한) 양자택일, 즉 "법률의 적용"이냐 아니면 "자의"냐를 떠나서 틀림없이 허무주의적인 실증주의가 오인하고 있음이 분명한 제3의 것, 즉 직접적으로, 즉 법률의 격을 낮추지 않고 개별적인 경우에 정의에 기여하는 "진정한" 결정이 존재한다. 쇠렌 키에르케고르Sören Kierkegaard의 사상가적 격정은 천박한 "그리스도교"에 대하여 이러한 "진정한" 결정을 다시 분명하게 하였고 "윤리적인 것의 목적론적 중지"에서 그 최후의 결과를 전개하였다. 그러나 객관적 가치질서의 기초 위에서만 그리고 특히 키에르케고르에게 있어서는 특히 신에 대한 "경신행위"에서만, 즉 그리스도교 신앙 안에서만 가능한 것은 그것이 이러한 기초로부터 분리됨으로써 자의적으로, 방향을 상실한 것으로, 가치부정적으로, 허무주의적으로 될 수밖에 없다. 저 최후의 재결합되지 않는 "결정주의"는 반드시 "자의적인 변명"

___

서도 법치국가성의 담보이다", 31; Santi Romano, Corso di Diritto Constituzionale 15; "법(헌법)과 점유, 안정, 규정"(il diritto (constituzionale) è assetto, quieye, ordinamento)."

(apologie de l'arbitraire)(벤야민 콩스탕Benjamin Constant)으로
된다. 그래서 또한 칼 슈미트의 "결정주의"도 "구체적 질서사고"로 발
전하는데서도 "극복되지" 않는 규범적인 것의 독특한 동요와 해체의
원인을 제공하였다(아래의 제6장 참조).

견고한 규범은 지속적 기본가치의 표현이다. "그러나 (헌법의) 핵심
은 원칙적으로 지속적인 법질서를 창설하려는 의도이다."[26] 사람들이

---

26) Stier-Somlo HWdRW Bd. VI 391; 387: "안정된, 원칙적으로 지속적인 법질서",
389; Tatarin-Tarnheyden, ZgesStW Bd. 85 18: "국가생활에서 최후의 견고한
발판"; Schindler, Verfassungsrecht und soziale Struktur 63("상대적 부동");
Hilty, Die Verfassungen der schweizerischen Eidgenossenschaft 409, 385
Anm. 1; Barthélemy/Duez, Traité 243(인간의 이 큰 규정은 헌법이다 cette
grande prévision humaine qu'est la constitution); de Ventavon의 보고는
1875년 국민의회에서 선언하였다: (헌법의) 이름은 오직 무한한 시간을 위하여 설
립된 제도들로 적절하다(ce nom (de constutution) ne convient qu'aux
institutions fondées pour un temps in défini); Rappard ZschwR n. F. bd.
53 97a; v. Mangoldt, Regierungsform und Rechtsstaatsgedanke in den
Vereinigten Staaten von Amerika 30f., 특히 326: "헌법은 일반적으로 흔들리지
않는 표점(標點)에서, 즉 그 속에서 헌법적 문제들이 모두 지속적으로 예측될 수 있
는 견고하고 지속적인 기초로부터 도주하고 있다." 그러나 다른 한편으로는 128f.
참조. 더 나아가서 다음의 문헌들도 참조. H. Gerber, VVdDStRL Heft 7 19("불가
침의, 지속적 효력에 대한 (법의) 요구"); Wackernagel, Der Wert des Staates 201;
Popitz DJZ 1929 Sp. 11f., 1931 Sp. 386; Heller, Staatslehre 250("상대적 정력
학"), 254f.("헌법의 항구화"), 264, 269; Somló, Juristische Grundlehre 2. Aufl.
102와 그곳에서 인용된 Aristoteles, 313("상대적으로 고정적인 핵심"); Bilfinger,
ArchöffR n. F. Bd. II 170f.; Leibholz ArchöffR n. F. Bd. 22 4: 왜냐하면 헌법
은 지속을 염두에 둔, 최종적 질서라는 것에 의해서 비로소 법적 질서가 되기 때문
이다. 24/25의 나치에 대한 회고록으로부터의 인용도 참조! Hauriou, La théorie
de l'institution et de la fondation, in Cahiers de la Nouvelle Journée No. 3
2: "역사적으로나 제도적으로 정당성을 표현하는 것은 지속성과 연속성의 범위와 지

규범적 법적 기본질서를 의미있는 것으로 관찰하는 한, 사람들은 바로 오늘날 헌법사고에서 "수정의 영구적 찬사들"(*panégyriques éternels des modifications*)에 대하여, "동력설의 현대적 열광"에 대하여(칼 보슬러*Karl Vossler*) 기초의 견고성, "안정된 기초"(bases fixes), 헌법의 정력학을 기초하여야 할 것이다. 이곳에서도 그 의미를 플라톤이 그의 "법률"에서 명확히 표현하였고 그 진리와 지혜가 수천 년 이상 지속되어온 기본법적 질서의 절대적으로 요구가 있다. "지속의 이러한 힘은, 그것에 의하여 육체에 건강과 지속성을 부여할 뿐만 아니라 또한 정신에 법률적인 자세를 부여하기 위해서도, 또한 우리의 국가와 우리의 헌법에도 내재하여야 한다. 그리고 더 이상 의미하고자 하는 것은 지속의 이러한 힘이 법률의 성공적인 유지를 보증하여야 한다는

속성이다"(die "institutions qui représentent dans le droit comme dans l'histoire, la catégorie de la durée, de la continuité et duréel); Esmein/nézard Bd. I 608.

또한 이미 Mommsen, Abriss des römischen Staatsrechts 319; Knauss, Staat und Mensch in Hellas 99, 110ff.도 참조. E. R. Huber, Wesen und Inhalt der politischen Verfassung에서는 분열이 명백하다. 25에서 그는 "바로 헌법의 의미는 파란만장한 정치적 사건들을 견고한 형식에 수용하는데 있다"는 것을 강조한다; 헌법은 운동에 형식과 지속성을 부여하는 질서이며, 국제헌법은 "무제한적 지속"의 질서이다(73); 그는 또한 명시적으로 "정치적 동력설"과 "영구혁명"에 반대한다. 또한 41 하단도 참조. 그러나 이곳에서 이러한 지속은 바로 규범질서의 지속이 아니라 존재형식의 지속이다; 그러므로 기본법률들은 "통상적인 법률들과 마찬가지로 적응능력과 발전능력이 있어야" 한다; 기본법률들은 "입법의 통상적 형식에서 언제나 개정될" 수 있다; 또한 헌법의 침해와 헌법의 정지가 언제라도 가능하다는 것은 "자명하다". 66ff. 참조. 이곳에서는 (전제적으로) 이러한 문제가 전혀 더 이상 존재하지 않는다. "총통에 의하여 제정된 일반적 헌법으로부터의 일탈에서 헌법은 침해되는 것이 아니라 보증된다(!)"

것이다. 그러나 내가 바르게 보고 있다면, 우리의 입법에 있어서 여전히 후진상태에 있는 것은 어떻게 사람들이 자연스럽게 이러한 힘을 법률에 불변으로 부여하여야 하는 문제의 해결이다."

이러한 요소들은 국가의 법규범적 기본질서로서의 헌법의 참된 기초, 헌법의 원리(*Benjamin Constant*)이다. 예컨대 기본권에 의한 제한의 이념과 권력분립과 같은 개별적인 요소들이 이론적 의미에서 법규범적 기본질서의 존속과 그 객관적 효력을 위하여 참으로 사고상 필연적인 것이 아니라 하더라도,[27] 수백 년의 경험은, 실제로 관찰하면, 그것들이 필연적 전제를 의미함을 가리키고 있다.[28] 그와 동시에 제시된 요소들은 상호 제약적이다. 개인적 자유권이 없으면 참된 의미에서 국민의 권리도 없다. 그러므로 예컨대 자유로운 의사표현의, 언론의 자유와 집회의 자유의 기본권들은, 국민적 권리, 선거와 투표가 예컨대 (지도되는) 갈채 이외의 그 무엇이어야 하는 한, 국민적 권리의, 선거와 투표의 필수적인 전제이다. 다른 한편으로 국민의 권리와 권력분립은 다시금 자유로운(권리와 자유를 경멸하는) 전권에로의 발전에 대한 보장이다. 권력분립, 법관의 독립, 양심의 자유의 기본권과

---

27) 주권적 전권에도 불구하고 자기구속적인 지배자라는 관념적 생각은 몇 번이고 되풀이하여 소생하고 있다. 그러나 Platon,. Gesetze(Ausgabe Meiner 385); Jèze, Festgabe für Fleiner 1927 106 참조; 중농주의자들에게 있어서의 "합법적인 전제군주제"(despotisme légale)의 환상에 대하여는 Chavegrin in Mélanges Carré de Malberg 65f. 참조.

28) 그러므로 만일 Duez(in Mélanges Carré de Malberg 120)가 기본권은 "필연적인 법적 질서"(ordre juridique nécessaire)를 의미하지 않는다고 생각하는 것은 옳지 않다; Giraud, Le pouvoir exécutif 9; Leibhoz, Die Auflösung der liberalen Demokratie 12 상단.

교수의 자유의 기본권 사이에는 학설과 법원실무 일반에서 법을 객관적으로 해석하고 집행하는 것을 비로소 가능하게 하는 역사적·체계적으로 동일하게 명백한 연관이 있다.

규범적 헌법의 이러한 전제가 가지는 강제적 성격은 헌법국가의 형성에서보다 헌법국가의 해체에서 한층 더 분명하게 나타난다. 언급된 모서리 기둥 중의 하나가 약해지거나 뽑히는 곳에서 기본법(lex fundamentalis)은 그 법규범적 의미를 상실한다. 그와 동시에 현대에 기본법은 여러 측면으로부터 위험에 처해 있다.

권위주의적 경향은 권력분립은 물론 국민의 권리를 문제삼는다. 권위주의적이고 흡수성 있는 경향은 개인의 자유와 구성부분을 이루는 단체들의 자율을 부정한다. "역동성"은 지속적 질서의 가치를 부정한다. 스스로를 주권적이라고 주장하는 정치적 의지는 직접행동에 착수한다. 규범에서 잔존하는 것은 더 이상 "불가침적 법규범"의 의미를 갖지 않고 단지 "단순한 질서규범"의 의미만을 가지게 된다. 모든 규범적인 것은 "단순히 이차적인 것"으로 된다.

헌법의 이러한 위기는 또한 실정헌법의 위기의 원인이 됨이 분명하다.

근대 헌법국가의 헌법은 그 (상대적) 지속성 덕택에 여러 세대의 작업에서 점진적으로 높은 단계의 이론적 완성에 이르렀다.[29] 기본가치의 자명성과 보편타당성에 대한 추구는 학문의 관심을 점점 더, 가끔

---

29) 특히 Walther Burckhardt, Die Organisation der Rechtsgemeinschaft 205ff. 과 Methode und System 132ff.는 헌법의 "철저한" (논리적) 완성이라는 이러한 과제에 기여하였다.

은 완전히 편파적으로, 자주 법학의 독점적 대상으로 설명된 형식적 규범논리로 이끌었다. 법의 이러한 형식적 완성은 또한 차후에도 법학의 중요한 과제로 남을 것이다. 그러나 오늘날의 위기는 영역적으로 또 다른 과제를 전면에 부각시켰다. 현대 유럽의 상황은 규범질서로서의 헌법은 그 지속적 기본가치와 운명을 같이한다는 것을 명백하게 하였다. 국법이론이 여기저기서 여전히 계속해서 "실증주의적으로" 남아 있든가, 즉 "정치의 시녀"로서, "상황의 학문"(scienza delle circostanze)으로서 그때그때의 권력의 명령을 체계화하는데 만족하든가(그리고 그들에게 최소한으로 법의 합법적 외관을 부여하든가) 또는 실질적 국법이론을 발전시키든가의 양자택일의 시대에는 또한 "헌법제정권력"(pouvoir constituant)을 구속하는 규범에 대한 질문은 - 사람들은 그것을 오랫동안 "자연법인 것으로" 또는 "정치적인 것으로" 간주하여 학문의 영역에서 추방하고자 하였다! - 피할 수 없는 것이 된다. 이미 1880년에 오토 폰 기르케는 다음과 같은 것을 정확하게 예견하였다. 실증주의적 관찰방법을 위하여 "결국 그 내용과 관련하여 법이념은 유용성의 이념 내에서 그리고 그 효력과 관련해서는 권력이념 내에서 소멸한다."[30]

실질적 국법학은 실정법에 대한 작업이 여기저기서 무의미한 것이 되도록 위협받고 있는 시대에는 커다란 과제에 직면하게 된다. 학문을 정당화 할 수도 없고 정당화 하는 것이 허용되지도 않는 사물이 존재한다. 실정법과 모순되는, "자연법에 대한 용기"를 내세워야 하는, 결

---

30) Gierke, Althusius 317.

국 바로 저항권(ius residendie)을 주장할 수밖에 없는 상황과 시대가
존재한다 - "까다롭고 무시무시한 이 권리는 인간의 모든 제도 밑에
마지막 같이 서글픈 보장으로 잠자고 있다"(ce droit délicat et terrible
qui sommeile au pied de toutes les institutions humaines comme
leur dernière et triste garantie)(*Victor de Brolglie*).[31]

---

31) 또한 Carl Schmlitt, L. u. L. 32f.; Holstein, ArchöffR n. F. Bd. 11 6ff., 40도 참
조 - 상실한 "공통의 법적 확신이라는 보물"을 재획득하는 것이 우리 시대의 정치의
참으로 "기본적인 과제"이다: E. Brunner in Festgabe für Max Huber 249.

제3장

법적 헌법의
본질적 내용

법적 헌법의 본질적 내용

최초의 근대적 헌법의 제정자들은 기본법의 내용의 본질성에 대하여 아직도 뚜렷한 의식을 가졌다. 그래서 필라델피아 회의에서 연방헌법을 완성함에 있어 헌법에 기초적 원리들(기본원리들)만을 수용할 것이 요구되었다. 그 이유는 단순히 간결한 기본법이 국민의 정치 문답서로 될 수 있었을 뿐만 아니라 또한 특히 이러한 내용에 제한하는 것만이 추구하는 지속성을 담보할 수 있었기 때문이다.[1] 때때로 적용이

---

1) Warren, The Making of the Constitution 392 참조; 이미 Cromwell은 "기본적인 것"(things which are fundamental)과 "부수적인 것"(which are circumstantial)을 구별하였다; 일반적 법률과 관련해서는 Portalis 참조: "법을 일반적인 원칙의 넓은 시각으로 고정하고 따라서 적용범위가 넓은 원칙 등을 정립하고 각 내용과 관련하여 발생할 수 있는 문제들에 대하여 상세히 밝히지 않는다"(de fixer par de grandes vues les maximes générales du droit; d'établir des principes féconds en conséquence et non de descendre dans le détail des questions qui peuvent naitre sur chaque matière). Burdeau a. a. O. 17 참조. 매우 훌륭하게 Benjamin Constant, Cours de Politique Constitutionnel I/1. Abtlg. Kap. IX 158ff. Fleiner ; BStR 399 Anm. 12; Esmein/Nézard Bd. I 619; Schmitt VVdDStRL Heft 1 91("위험한 남용"), 또한 L. u. L. 55도 참조; Hsü Dau Lin, Verfassungswandlung 1932 49ff.; v. Mangoldt, Rechtsstaatsgedanke und Regierungsform in den Vereinigten Staaten 322ff., 326, 327(실질적 헌법개념을 위한 의미가 사라지게 될 위험); E. R. Huber, Wesen und Inhalt der politischen Verfassung 14f.; Nawiasky, Allgemeine Rechtslehre 41("자기부담"); Ruck,

요구되는 이차적 규범들은 예외가 부정되어야 할 것이다. 고양된 형식적 법률의 효력은 내용의 본질성의 표현일 따름이다.

시간이 경과함에 따라 대부분의 국가에서 헌법구조의 이러한 고전적 성격은 상실되었다. 형식화가 고착됨에 따라 "고양된 형식적 법률의 효력"은 어느 정도 독자성을 취득하였다. 더 이상 지속적 의지의 표현이 아니라 단순히 과도적 원망의 표현이었던 비본질적 법문들도 헌법조문으로 고양되었다. 특히 국민투표의 방법으로 헌법에 새로운 법문들을 수용할 것이 주장될 수 있는 곳에서는 때때로 가능한 모든 것들이 헌법의 효력을 함께 향유할 수 있도록 헌법에 수용되었다. 그러나 이러한 비본질적 내용, 부차적인 것의 비대는 본질적 내용에 대한 위험으로 된다. 바로 이러한 이차적인 규범들을 위하여 헌법은 더 자주 개정되어야 하고, 이는 전체의 불가침성과 안정성을 축소시킨다.

실제 헌법정책의 이러한 발전은 이론에서도 형식적 헌법 개념에 의하여 실질적 헌법개념이 배제되는 데서 반영된다. 헌법개념의 이러한 계속적 형식화는 이곳에서 끝으로 헌법에서 "고양된 형식적 법률의 효

Schweizerisches Staatsrecht 15; Hackhofer NSR 1934 155; Gnzague de Reynold NSR 1934 183 a. E.; StenBull Ständerat 1919(de Meuron) 632. -

매우 정력적으로 규범적 기본법의 가치를 옹호하는 국법학자들도 자주 "헌법의 신속한 교체"(Burckhardt, Komm. zur BV, 3. Aufl., 서문 V)나 헌법의 "역동적" 성격 (Giacometti, Auslegung 3, 29; NSR 1934 145)을 확인한다면, 이러한 판단은 중심적 규정들("본질적 소재들")과 관련된다기 보다 오히려 형식적 의미에서만 헌법규범인 그러한 규범들과 관련된다. 그에 대하여는 그밖에도 Burckhardt, Komm. Vorwort VII과 Giacometti와 SJZ 1934/35("그 기초를 이루는 원리들과 모순되지 않는다"); Festgabe für Fleiner 1937 83.

매우 과도하게 변화한 미국헌법에서도 바로 "헌법체계"의 기초적 규범들은 변화하지 않았다; Martin-George, Hsü Dau Lin, Verfassungswandlung 176에서 인용.

력을 가진" 법률만을 인정하는 결과를 가져왔다. 전체의 발전은 결정적으로 라반트Laband에 의하여 시작되었다. 그의 투쟁은 헌법의 "신비스러운 효력"에 대한 것이었다. 그 스스로가 설명하는 것처럼, 그는 "헌법에 특별한 견고성과 항시성을 부여할 수 있도록" "일반적인 법적 확신"을 파괴하고자 하였다.[2] "자연법적인" 또는 "정치적인" 모든 초실정적 규범들을 법으로부터 추방하려는 시도는 실증주의로의 선회였다. 철저한 형식화와 논리화 속에서 제 개념의 보편타당성에 대한 추구는 헌법을 단지 권한질서의 실정법적 최고단계로 파악하거나 헌법의 본래의 핵심을 헌법의 법논리적 핵심에 환원하는데서 찾으려는 결과를 낳았다. 즉 그에 따르면 헌법은 입법자의 권한을 규정하는 규범, "법정립에 대한 최고의 권한규범"[3]이다. 이러한 것이 헌법의 본질적 내용이라는 것이다. "실질적 헌법개념"은 그러한 것에 수축한다.

이러한 형식화는 또한 모든 헌법의 등가성이론에 원인을 제공하기도 하였다. 예컨대 1896년 11월 5일의 결정(BGE Bd. 22, 1020ff.)에서 연방대법원은 다음을 확인하였다. 전혀 동일한 헌법 내에서는 "높은 가치가 있는 헌법과 덜 가치가 있는 헌법"은 존재하지 않는다. 그러한 우위를 판단하는 표지가 존재하지 않기 때문이다. 오히려 "서로 동일한 법적 효력을 가진 헌법의 모든 원칙들"이 존재한다. 1930년

---

2) Wandlungen der Reichsverfassung 1895 1f.; Staatsrecht des deutschen Reiches 4. Aufl. Bd. II 62ff.

3) Kelsen AStL 234, 249ff.; Reine Rechtslehre 73ff.; Burckhardt, Verfassungsrecht und Gesetzesrecht, Politisches Jahrbuch 1910 37f.; Komm. 1. Aufl. 3f.; Organisation 207f.; Einführung in die Rechtswissenschaft 147; Methode und System des Rechtes 132ff.; Giacometti, Verfassungsgerichtsbarkeit 1f.

9월 12일의 결정(Bd. 56 I S. 332 하단)에서는 모든 헌법규정들은 최고 국가권력의 의지가 표현된 것으로서 동일한 권위를 향유한다는 것을 지적함으로써 이러한 견해가 증명되었다. 이러한 등가성은 문헌에서도 몇 번이고 되풀이하여 주장되었고 방어되었다.[4]

그러나 법을 형식논리적으로 숙달하는 것의 중요성을 아무리 인정한다 하더라도 사람들은 그것이 대상의 한 면만을 파악했다는 확인을 피하기 어려울 것이다.[5] 그러한 경우에는 해석과정에서 임기응변으로 실질적 헌법이론에 함께 포함된 저 가치평가가 행해질 것이다. 바로 실제의 문제제기가 "동일한" 헌법이론이 견지될 수 없음을 보여준다. 실제의 문제제기는 헌법의 본연의 것(naturalia)과 부수적인 것(accidentalia)에 대하여 헌법의 본질적인 것(essentialia)을 다시금 부각시키는 실질적 헌법이론을 불러댄다. 이러한 필연성은 아래의 예들에서 제시될 수 있다.

a. 형법의 보호객체로서의 헌법: 형법이론은 몇 번이고 되풀이하여 대역죄의 구성요건에서 "헌법"의 개념의 범위를 규정하여야 하는 과제에 직면하고 있다고 생각해왔다. "형식적 헌법"이 생각될 수는 없다.

---

4) ZschwR n. F. Bd. 36 293.
5) 일반국가학에서와 마찬가지로 법철학에서도 헌법의 개념은 "최근까지 지나치게 경시되었다.": Heinrich, Gesellschaft, Staat und Recht 174; Schmitt VL 10ff., Hsü Dau Lin, ArchöffR n. F. Bd. 22 27ff.: 형식주의적 사고방식은 "필연적으로 헌법의 권위를 실추시키게" 될지 모른다. 여기에서도 다음과 같은 *Goethe*의 말이 참됨이 증명된다.: "이념을 꺼리는 자는 또한 결국 더 이상 개념도 소유하지 못한다." - 사람들이 현대에 다시금 "법문은 단순한 놀이규칙, 사람들이 법을 가지고 놀이를 할 수 있는 규칙이 아니다"라는 말을 회상하여야 하는 것은 바로 극단적인 형식화의 결과이다: Nawiasky, Aufbau und Begriff der Eidgenossenschaft 40.

그러나 이곳에서 전제된 "실질적 헌법개념"을 규정함에 있어 형법이론은 헌법이론에 의하여 위험 속에 방치된다. 그러므로 형법이론은 "형법적 헌법개념"이라는 궁여지책에 호소하여야 한다.[6]

b. 국제법상의 조약에서 "예비품"으로서의 헌법: 국가조약에서 가끔 "헌법"이 관련된다. 예컨대 "헌법의 기본원리들"(principes constitutionnels, principles of the constitution)은 중재계약에서, 특히 남아메리카 국가들과의, 중재절차의 "예비품"으로서 부각되어 있다(예컨대 아르헨티나와 스위스 간의 중재조약 제1조 제2항 참조).[7] 여기에서도 "실질적 헌법"에 대하여 의문이 제기된다. 임기응변식으로 해석의 방법으로 유효한 확장을 할 수 있도록 이러한 예비조항의 불확정성을 유지하는 것이 명백하게 바로 실제의 바람과 일치한다 하더라도, 기본적 헌법문장의 객관적 범위를 확인하는 것이 필요한 또 다른 실제와 또 다른 사례를 생각할 수 있다. 어떻든 학문은(그리고 모든 객관적 법관찰 일반은) 이러한 과제에 직면하고 있다.

c. 그러나 헌법(또는 이른바 실질적 헌법)의 본질적 소재의 문제는 다양한 관련에서 또한 순 국법적으로, 특히 헌법의 개정과 관련하여 제기되어왔다. 명시적인 개정금지를 근거로 하거나 또는 "헌법의 본질로부터"[8] 헌법개정권력의 절대적 한계를 근거지우는 일은, 또한 특히

---

6) Rolf Schnorf, Der Hochverrat im schweizerischen Recht, 1935, 55ff.; Lüthi, ZschrbJV 1941 388; Fr. Comtesse, Der strafrechtliche Staatsschutz gegen hochverräterische Umtriebe im schweizerischen Bundesrecht 15ff.

7) Schindler, Schiedsgerichtsbarkeit 92; Les ptogrès de l'arbitrage obligatoire depuis la création de la S. d. N. 72f.

8) C. Schmitt VL 26f.; Fleiner, Festgabe für Maurice Hauriou 291, Tradition,

부분개정과 전면개정,[9] 헌법개정과 헌법폐제의 구별과 마찬가지로, 그것이 단순히 기회주의적인 것으로 남아 있어서는 안 된다면, 실질적 헌법이론을 근거로 해서만 가능하다.

실질적 헌법에 대한 의문은 피할 수 없는 형식으로 민주적 정당국가라는 오늘날의 상황에 의하여 제기된다. 헌법의 기본가치에 대한 자명한, 이론의 여지없는 인정과 그에 저항하는 견해들은 저절로 처리된다는 확신에 직면하여[9] 고전적인 자유주의적·민주적 이론은 형식적 헌법이론으로 만족할 수 있었고 "동등한 기회"의 원리를 알릴 수 있었다. 그에 따르면 헌법의 원리에 의하여 요청되는 헌법개정을 위하여 전제되는 유일한 것은 합헌적 형식이다. 정치적 국가형태를 (극단적으로) 개정할 것을 희망하는 단체도 결사의 자유의 보장을 탄원할 수 있다. 우리 연방헌법은 "그 목적이나" 또는 "그 목적을 달성하기 위한 특정 수단이 위법하거나 국가를 위태롭게 하는"(제56조) 단체들에게는 그러한 보장을 불허하였지만, 연방헌법은 그러한 단체를 직접 금지하

Dogma, Entwicklung 12; 물론 다시금 Ziele und Wege einer eidgen. Verfassungsrevision 7과 BStR 398에서는 다르다: 모든 요청이 국민발안의 대상이 될 수 있다. 그러나 Schweizerische Rundschau 1940/41 669에 게재된 그의 논문이 가리키듯이, 또한 Nawiasky도 다른 한편으로는 헌법개정권력의 한계에 대한 일반이론을 부정하는 것으로 생각된다. "넘어설 수 없는 한계"에 대한 이러한 이론의 결정적 부정은 - 또한 연방주의에도 해당된다! - 여전히 Der Sinn der Reichsverfassung 15에도 있다. - 이러한 "헌법의 성화(聖化)"에 대한 반대는 R. Thoma HbdDStR II 154와 Nipperdey, Grundrechte I 38ff.; Burckhardt, Kommentar 815 - 이제는 또한 Giacometti, KantStR 448ff.와 H. Nef ZschwR 1942 108ff.도 참조.

9) =8a) 단순히 형식적인 구별의 불충분성은 Burckhardt 813에서 명백해진다.

9) Burckhardt, Kommentar 524.

지는 않았다.[9] "위법한 목적과 국가를 위태롭게 하는 것의 개념을 규정하는 일"은 특히 지금까지 (가능한 또는 개연성 있는) "공공질서에 대한 사실상의 침해"와 관련해서만 행해졌다. 개정이 합헌적인 방법으로 추구되고 "외적 질서"가 위태롭게 되지 않는 한, 요구되는 새 질서는 어떠한 것도 그 내용으로 할 수 있고, 예컨대 국가형태를 개정하는 것도 가능하다.[10]

변화된 제 관계는 민주적 헌법국가로 하여금 "자살에 이르는 중립성"(칼 슈미트) 이 될 위험이 있는 국내정치적 중립성으로부터 전향할 것을 강요하였다.[11] 민주적 헌법국가는 동등한 기회의 원리, 즉 국내정치적 중립성과 그의 기본가치 중 하나를 방어하지 않고 단념해야 하는 진퇴양난에 처해 있다. 민주적 헌법국가는 결정하여야 한다. 그리고 민주적 헌법국가는 국내정치의 "적"에 반대하는 입장을 취하여야 한다. 그러나 이 "적"은 민주적 헌법국가의 기본가치를 부정하면서 동등

---

9) =9a) 연방헌법 제51조는 다르다.

10) Burckhardt, Kommentar 524; 또한 Schmitt L. u. L. 48f., 14f., 30ff.도 참조.

11) 자유주의적·민주적 헌법은 어느 정도 "자기 자신에 대한 투쟁을 보장하였다", Kelsen, Staat als Integration 87; W. Burckhardt, Staatliche Autorität und geistige Freiheit 18ff., 25ff., 30; Schindler, NSR 1933 325f., Verfassungsrecht und soziale Struktur 77("순 국법적으로 가장 허약한 국가형태"; 또한 94f.("무정부상태의 자유"), 117, 141f.도 참조; 또한 Bundesrat v. Steiger StenBull NatR 1941 182; 절대적인 국내정치의 중립성이론은 여전히 Huber에 의하여 "민주주의 본질에 속하는 것"으로 대표되고 있다, Sten Bull, NatR 1941 177; 제한적인 견해로는 Rosselet, dasselbst. 또한 Gagliardi, Geschichte der Schweiz, Bd. III 1693 Anm. 1, 1741; Wackernagel, Der Wert des Staates 192, 193f.; Smend, Bürger und Bourgeois 17과 24의 Anm. 24; Nawiasky, Aufbau und Begriff 41도 참조; 이러한 맥락에서 또한 Rousseau C. s. Buch IV, Kap. X도 참조.

한 기회를 보증하는 민주적 헌법국가의 "기능주의적 합법성 체계"만을 "존중하는", 즉 사실상 결국 합법성체계를 온통 뒤바꾸기 위해서만 합법성체계를 사용하는 바로 그 장본인이다.

그러나 민주적 헌법국가가 국내정치의 적의 "법외추방"("hors la loi"-Setzung), 특정의 정당과 결사에 대한 심문을 절대국가와 같이 자의적으로 취급하지 않으려 한다면, 민주적 헌법국가는 법외추방을 합헌적 기본가치로부터, 즉 민주주의의 실질적 헌법을 구성하는 저 규범들로부터 도출하여야 한다.[12]

헌법국가적 민주주의의 이러한 중요한 전향을 이곳에서 더 자세하게 다루지 않는다 하더라도 이곳에서 단순히 형식적인 헌법개념이 성공하지 못한다는 것은 매우 분명하다. 결정기관은 실질적 헌법만을 제공할 수 있다. 즉 결정기관은 원칙적으로 불변의 "헌법체계"를 결정하는 "기본적 원리들"의 교의화만을 제공할 수 있다.

헌법상의 선서와 관련해서도 실질적 헌법에 대한 의문이 제기된다. 사람들은 정당하게 그것은 모든 헌법률적 개별규정에 대한 선서가 아니고,[12] (비윤리적인) "개정절차에 대한 백지선서"도 아니라 "실정헌법"에 대한 최후의 의무부과 또는, 오해가 없도록 표현한다면, 실질적 의미에서 헌법을 구성하는 규범들에 대한 최후의 의무부과라는 것을 지적하였다.

---

12) =11a) 이곳에서는 법적 근본문제만이 지적될 수 있었다. 헌법국가의 의미와 정신에서 정당금지의 문제에 대하여는 원칙적으로 다음과 같은 것을 이야기할 수 있다: 비록 자유민주주의가 때에 따라서는 이 무기가 없이는 곤란하다 하더라도 정당금지는 커다란 예외가 되어야 한다.

12) Friesenhahn, Der politische Eid, 1928; Carl Schmitt VL 27f.

그러나 "기본적 원리들"("방향제시석 규범들")[13][14]을 명확하게 그려 내는 것은 개별적 헌법문장들을 의미 있게 해석하기 위해서도 "방향제 시적 가치판단"으로서 피할 수 없는 전제이다.

끝으로 "실질적 헌법에 대한" - 어느 정도는 "헌법의 유보"에 대한 - 질문은, 프리츠 플라이너*Fritz Fleiner*가 예견한 바와 같이,[15] 연방대 법원이 국민발안이 내용적으로 헌법소재를 다루고 있는가 여부를 심사 할 권한을 가지는 경우에는 또한 매우 커다란 중요성을 가질 것이다.

앞의 보기들은 실질적 헌법에 대한, 즉 "헌법본질적 기본규범들"에 대한, "본질적 소재들"에 대한, "기본적 원리들"에 대한, "기본적 헌법 체계"에 대한, "헌법의 핵"에 대한, "기본법의 제1원리들"(first principles of fundamental law) 등에 대한 질문이 얼마나 자주 필 연적으로 제기되는가를 보여준다. 기본가치들이 널리 자명한 것으로 되었고 일반적인 헌법발전이 기본가치들을 안정화하는 방향으로 가고 있다고 생각되었기 때문에, 오래된 이론은 헌법개념의 형식화로 만족 할 수 있었다. 그리고 다른 한편으로는 실질적 헌법이론에 대한 경향 이 이러한 기본가치들이 이미 문제된 시기에 시작되었다는 것도 우연 이 아니다. 이러한 위기는 칼 슈미트와 루돌프 스멘트*Rudolf Smend* 의 헌법학(양자 모두 1928년)에서 이미 분명하게 표현된다. 양자의 이 론은 "형식주의적 불가지론"과 종전의 국법학 내에서의 형식적 헌법

---

13) Giacometti SJZ 1934/35 370; Holstein ArchöffR n. F. 12 237ff.

14) 또한 Burckhardt, Kommentar, 서문 VIII: "하나의 헌법인 전체와의 관계 결여"에 대하여.

15) BStR 299의 주 50과 399의 주 12; Schürch NSR 1934 206.

개념의 지배적 지위에 대항한다. 그에 대하여 칼 슈미트는 "실정적 헌법개념"을 중심에 가져온다.[16] 헌법은 "정치적 통일체의 종류와 형식에 관한 전체결단"으로서 개별적인 헌법률적 규범들보다 상위에 있고 헌법개정에 의하여 침해될 수 없다(이른바 "불가침성이론"). 마찬가지로 스멘트에 따르더라도 "국가의 통합관련의 의미체계"를 위한 가치에 따라 국법적인 규범들 간에는 "서열의 차이"가 있게 된다.[17] 그러나 두 사람의 저자에 있어서는, 그리고 그 점에서 그들은 그 밖의 다른 모든 차이점에도 불구하고(아래의 제7장 참조) 유사한데, 규범적인 것으로부터의 전향이 칼 슈미트에 있어서는 결단주의에서, 스멘트에 있어서는 "통합"의 역동성에서, 맹백하게 나타나고 있다. 그 이후의 발전은 "헌법"에서 반규범적 경향을 한층 강조하여 왔다.

진자(振子)의 과격한 반대진동은 또한 그렇게 국법에서도 한 번에 일어났다. 형식적 헌법개념으로부터의 전향은 일차적으로는 헌법의 법규범적 의미를 문제시하고 궁극적으로는 규범적인 것으로부터 전적으로 전향하게 하는 원인이 되었다. 그러나 "실질적 헌법"은 헌법이론에게 더욱 더 과제로 남아 있다.[18] 우리는 이러한 맥락에서 왜 이러한

---

16) VL 20ff. 그러나 또한 이러한 "실정적" 헌법개념도 단순히 형식적인, 가치중립적인 헌법개념이다(아래의 제7장에 대한 각주 37 참조).

17) VR 136.

18) H. Mokre, Zum Begriff der Verfassung im materieelen und formellen Sinn, ArchöffR n. F. 21 222ff.와 특히 W. Heinrich in Festschrift für Kelsen 174ff., 186/7, 200ff.는 개별적인 문제들을 정확하게 보았지만, 그 전제들을 부인하지 않고도, 길의 한 부분을 갈 수 있었다. 중국의 국법학자 Hsü Dau Lin, ArchöffR n. F. Bd. 22 27ff.은 한층 더 분명하게 맥락을 보았고 실질적 헌법개념의 불가피성을 인식하였다. 특히 29f., 35ff., 40f. 참조.

과제가 제기되고 왜 그것이 바로 오늘날 그렇게 피할 수 없게 제기되는가를 보이는데 한정하여야 할 것이다.

그러나 수도 없이 되풀이하여 사람들은 이러한 것은 "자연법적인 것"이라는 이의와 가치판단은 언제나 주관적인 것이고 정의는 "이성에는 이질적인 객체"를 의미한다는 주장을 만나게 된다.[19] 사람들은 형식적 관계에 한정하여 이러한 영역 내에서 "가치중립적인", 객관적인, "순수한" 학문활동을 할 수 있다고 믿었다. 현대의 정신적 위기는 이미 오래전부터 비판적으로 조명된 이러한 환상을 야간촬영용 마그네슘 섬광처럼 분명하게 밝혔다.[20] 사람들이 얼마 동안 바로 학문의 신앙고백으로 고양하고자 했던 가치의 상대성이, 도대체 가능하다고 하더라도, 오늘날에는 매우 조심스럽게 주장될 뿐만 아니라 또한 사람들은 상대주의로부터의 전향을 분명하게 이야기할 수 있다. 가치의 객관적 제국이 존재한다는 생각이 부각되고 있다.[21] "정치의 시녀"로 타락

---

19) Nawiasky, VVdDStRL Heft 3 40은 전적으로 특히 강조한다; 신중한 견해: Allgemeine Rechtslehre 5, 22ff.; 그의 책 Aufbau und Begriff der Eidgenossenschaft(특히 40f. 참조)의 명제들은 이러한 기초 위에서는 근거지어지지 않는다. 또한 Kelsen RR 13ff.도 참조. 그에 대하여는 Guisan ZschwR Bd. 59 238.

20) 사람들이 이미 상대주의를 철저하게 대변하고자 한다면 사람들은 저 논리적 영역도 그것이 우선 그렇게 보이는 것처럼 그렇게 확실하지 않다는 것을 간과하지 않았어야 할 것이다. 개별적인 지식사회학의 대변자들은 외견상의 구조, 개념, 범주, 전체적인 인식이론적 단초 자체도 "존재에 구속"되어 있다는 것, 즉 "사회적 과정"에 의하여 구성된다는 것을 보여주었다; 그에 대하여는 Mannheim, HbdSoz 659ff.와 특히 그의 Ideologie und Utopie 참조.

21) 그러나 바로 우리는 이 말로써 "커다란 정치적 결정의 그늘에 가리어져 있는" 저 단순히 기회주의적 변화를 생각하고 있는 것은 아니다.

하지 않는 그리고 그때그때의 권력의지를 단순히 설명하고 체계화하는 것을 국법이론의 대상으로 생각하지 않는 국법이론은 이러한 기초 위에서만 가능하다. 그와 동시에 "실정법"과 성문헌법의 의미가 침해되어서는 안 된다. 사람들은 (철학적·세계관적 의미에서) 실증주의자가 아니라도 법을 문자로 확정하는 것이 가지는 의미를 인정할 수 있다.[22] "실질적 헌법이론"의 과제는 바로 헌법의 규범질서를 규범적으로 전개하는 것이어야 한다.[23] 실질적 헌법이론은 해석에서 "흠결"을 필연적으로 부정하여야 하는 철저한 형식주의적 실증주의보다 그러한 일을 훨씬 철저하게 할 수 있을 것이다.

유럽대륙의 헌법국가의 위기는 한층 깊은 정신적·정치적 원인을 가지고 있다. 그러나 헌법이론의 위기는 또한 형식화와도 관련이 있다. 다른 한편으로 사람들이 잘못 생각하지 않는 것처럼, 앙글로 섹슨족의 법의 지속성과 견고성은, 사회학적·정신적 전제를 도외시한다면, 특히 그것이 자신의 고유가치를 주장할 줄 알았고 형식화에 빠지지 않은 데 그 원인이 있다.[24] 형식과 내용의 이러한 내적 관련의 표현이자 보

---

22) Waline가 Mélanges de Malberg 534에서 정당하게 진술하듯이, 철학적·세계관적 의미에서 실증주의자는 자연법의 추종자일 수 없다. 그러나 철학적으로 초실정적 객관적 가치질서를 인정하는 법학자는 그럼에도 불구하고 "실정법"의 의미와 필요성을 인정할 것이다.

23) 사람들은 오늘날 다시 예전에 자명했던 것을 명시적으로 꼭 붙드는 것이 반드시 필요하다고 생각하고 있다.

24) 또한 Kaufmann, VVdDStRL Heft 3 22; Schindler, Die Methode des Rechtsunterrichts in den Vereinigten Staaten von Amerika(Die case method) 12f., Der Kampf um's Recht in der neueren Staatsrechtslehre 6ff., 20ff., Verfassungsrecht und soziale Struktur 46ff.; Schulz, Prinzipen des römischen Rechts 27ff.도 참조.

증이며 풀기 어려운 가치관련성의 표현이자 보증인 "사례위주적" 방법은 최소한 하루 이틀에 요구될 수 없다. 그러나 "실질적 헌법이론"은 최고의 불가침적 법원리들에 대한 학문으로서 헌법의 이러한 오랫동안 경시된 내용적 측면을 다시 부각시키고자 한다. "법의 의미는 절대로 형식적인 것에 있지 않고 언제나 실질적인 것에 있다."(쉰들러 *Schindler*)[25]

우리가 이제 개별적으로 하고자 하는 헌법에서의 해체경향에 대한 분석은 이러한 과제가 얼마나 절박하고 얼마나 불가피한가를 밝혀야 할 것이다.

---

25) Schindler, Der Kampf um's Recht 20; Verfassungsrecht und soziale Struktur 3ff., 33f., 40f.; Recht und Staat 126; Tatarin-Tarnheydn, Integrationslehre und Staatsrecht ZgesStW Bd. 85 11f., 20; Egger, Ueber die Rechtsethik 68ff., 92ff., 157f.; Walther Burckhardt, Die Aufgabe des Juristen und die Gesetze der Gesellschaft 34f., Methode und System 241ff.; Heller, Souveränität 125f., ArchöffR n. F. Bd. 16 326ff.; Hensel ArchöffR n. F. Bd. 14 323; derselbe VVdDStRL Heft 4 190f.; Marschall von Bieberstein, Vom Kampf des Rechtes gegen die Gesetze 149; Günther Holstein ArchöffR n. F. Bd. 11 4ff.; von Hippel Bd. II HbdDStR 548ff.; Hsü Dau Lin ArchöffR n. F. Bd. 22 27ff.; 또한 순수법학 출신인 Heinrich, Die Festschrift für Kelsen, 특히 213f.도 참조.

제4장

법적 헌법의
점증적 가변성

법적 헌법의 점증적 가변성

규범적 헌법의 위기는 한편으로는 개별적인 경우에 헌법규범을 (그것이 침해이든, 정지이든 또는 폐제이든) 사실상 존중하지 아니하는 위기이다. 모든 규범들과 마찬가지로 국가 기본법의 법규범들도 무시될 수 있다. 우리는 이곳에서 그에 대해서는 다루지 않아야 한다.

그러나 규범적 헌법의 위기는 다른 한편으로는 그 특수한 원칙적 국면이 있다. 그 문제성은 결국 모든 규범적 헌법의 (필연적인) 불완전성으로부터 그것도 이중적 관련에서 싹튼다.

I. 구체적인 헌법들은 "영구적인", 변경할 수 없는 질서가 아니다. 오늘날 그들의 지속적 적응의 필요성은 국가 기본법의 의미와 가능성이 의문시될 정도로 진지하게 요구되고 있다. 또한 헌법도 "역동적으로" 되어야 한다.

II. 구체적인 헌법들은 모든 장래의 국가생활을 선험적으로(a priori) 규정할 수도 있는 "완전한 규범성"의 의미에서 완전한 질서가 아니다.[1] "정치권력"의 돌진과 헌법을 항상 더 신축성 있게 형성하려

---

1) 이미 Rousseau, Gouvernment de la Pologne 제10장 참조: "모든 것을 예상하도록 원하는 것은 미친생각"(une folle idée que de vouloir tout prévoir); Dupeyroux in Mélanges de Carré de Malberg 156, 158; Hsü Dau Lin, Verfassungswandlung 155f.; Somlò, Juristische Grundlehre 395; Holstein, Die Grundlagen des

는, 자유로운 "창조적" 행위에 더 넓은 여지를 보장하려는, 절대적 법명령을 단순히 조건부 법명령으로 재해석하려는, 헌법률의 제 명령에 대하여 국가이성(ratio status)의 그때그때의 명령에 우선순위를 부여하려는 국법의 노력은 일치한다. 또한 이러한 방향에 따르더라도 규범적 헌법을 해체하려는 분명한 경향을 알 수 있다.

우리는 아래에서 이러한 양 국면과 헌법생활에서 두드러지게 나타나고 있는 경향들을 더 자세하게 내보일 것이다. 이러한 관련의 인식은 많은 불명료성을 제거하고 많은 문제제기들을 바로잡고 설명하는데 적합하다. 그러나 다른 한편으로는 마찬가지로 단호하게 그 고유법칙성 내에서 규범적 헌법체계를 주장하기 위하여 환상에서 벗어나 헌법률적 규정의 한계를 인식하는 것이 문제된다.

I. 변경할 수 없는("영구적인") 헌법에서 변경할 수 있는("개정할 수 있는") 헌법으로

"법률"(nomos)과 "결정"(kairos)의, 법과 정치의, 규범과 의지의 영원한 대립은 헌법사의 커다란 기본주제이다. 국가생활에서 규범적

---

evangelischen Kirchenrechts 345f.; Esmein/Nézard Bd. I 33f.; Heller, Staatslehre 267f.; Bismarck, Gedanken und Erinnerungen(Ausgabe Cotta) 427; del Vecchio, Die Krise der Rechtswissenschaft 3; Hedemann, Flucht in die Generalklauseln, 특히 61f.; E. Kaufmann, RdC 1935 IV 532f.; Bryce, Studies in History and Juurisprudence Bd. I 218f.; von Tuhr, Der Allgemeine Teil des BGB Bd. I VIII, XI.

인 것의 영향력이 최소한으로 침강하는 시대는 - 사람들은 오늘날 진정으로 "전적인 규범진공"을 이야기하고 있다 - 견고한 규범에 대한 경향, 그렇다 가끔 진정으로 "전적인 법률화"에 대한 경향으로 특징지어지는 시대에 의하여 교체된다.

사람들이 "영구적인 헌법"의 가능성을 믿었고 계약을 "영구히" 체결했던 시대도 있었다. 오늘날에도 여전히 수백 년과 수천 년을 위한 형성에 관한 언급을 하기는 한다. 그리고 사람들이 "영원히 효력을 가질"(in perpetuum valitura) 질서를 창설할 것을 주장했던 모든 시대에 이러한 영원에의 열정은 의식적으로 또한 그때그때의 지배질서의 안정화를 위하여도 제기되었던 것이다. 그러나 중세도 여전히 불변의 신법(lex Divina)에 근거를 둔 영구적인 질서를 알았으며, 근대 입헌주의 초기에도 "영원한 법률"의 파토스는 불변의 이성원리에 따라 사회와 국가를 건전하게(ex integro) 건설할 수 있기 위해서는 단지 현존질서의 비합리성을 제거하는 것만이 필요하다고 믿었던 저 계몽주의의 이성낙천주의의 표현으로서 영속적인 것이었다. 그에 따르면 법률과 기본법은 원칙적으로 불변이다. 법률과 기본법은 이성의 표현으로서 모든 우연, 모든 의지와 변화하는 이해관계보다 상위에 있다. 그래서 여전히 *Cambacérès*는 법률을 "신성한 위탁"(dépôt sacré)이라 부를 수 있었고, 국민의회는 "불변성은 법제상 첫 번째 성질이다"(l'immutabilté est le premier caractère d'une législation)를 회상할 수 있었다.[2]

---

2) Burdeau a. a. O. 15f.에서 간접인용.

"자연법은 자체로서 올바로 사유방법 내에서 강력하고 불가변의 것"(ius naturale est in seipso in recta ratione firmum et immutabile)이기 때문에, 전 세계의 합의(orbis totius consensus)에 의해서도 변경될 수 없었던 영원한 질서에 대한 믿음은 개별적인 자연법 주장자들에게서도 여전히 확고한 것이었다. 불가변성과 불변성, 초시간성과 영구성은 "자연법을 특징짓는 표지"이다.[3]

헌법의 불가변성은 실제로는 불가피하게 특히 헌법을 계약의 방법으로 구성하고 그 변경에는 만장일치를 요구한 저 이론의 결과였다.[4] 그래서 *Bortius*는 "기본법"(leges fundamentales)을 변경하는데 전원의 동의(consensus omnimum)를 요구한다. 마찬가지로 *Besold* 와 *Tudenus*에 따르면 민주주의에서 헌법을 개정하기 위해서는, 즉 특히 "민주적 법률"(leges democraticas)을 개정하기 위해서는 모든 개인(omnes singuli)의 동의가 필요하다.

그래서 또한 여전히 볼프*Wolff*도 다음과 같이 쓸 수 있었다. 국민 자체는 어떤 권위를 갖더라도 국가 내에서 기본법을 전체 국민의 만장일치의 동의가 없이는 개정할 수 없다(Populus ipse cum rege

---

3) Moòr in Gesellschaft, Staat und Recht 64 상단; Ebenstein, Recine Rechtslehre 87f.; Burdeau 15: 보편적이고 불변의 자연법(le droit naturel universal et immuable); von Wiese, Handwörterbuch der Soziologie 18f.; Egger, Rechtsethik 73; Heller, ArchöffR n. F. Bd. 16 341f.; Thieme, ZschrSavSt Germ. Abtlg Bd. 56 221, 233; Nawiasky, Allgemeine Rechtslehre 23f. 참조 - 그러나 심지어 이러한 자연법도 "역동적"으로 된다: Goldscheid, Naturrecht 153f. 참조.

4) 오늘날에도 여전히 비슷한 사고가 연방국가이론, 특히 미국에서 들린다. 그러나 또한 Rappard ZschwR Bd. 53 144a, 145도 참조.

quacumque in republica leges fundamentales mutare non potest sine consensu unannimi totius nationis). 아마도 마지막으로 피히테 *Fichte*가 그의 초기 저술 중 하나에서 사회계약을 체결하기 위해서 뿐만 아니라 "합법적이고 이성적인 헌법"을 개정하기 위해서는 절대적인 만장일치를 요구하였다. 여전히 이곳에서도 완전하고 그렇기 때문에 변경할 수 없는 헌법이라는 사고가 정당한 이성의 명령 (dictamen rectae rationis)으로 들린다.[5]

그에 반하여 18세기 말의 헌법제정자들은 이미 모든 생활질서의 불가피한 가변성에 강한 인상을 받았다. 그들은 결코 자신들의 시대를 위해서만 국가의 기본법을 제정하려고 하지는 않았지만,[6] 또한 헌법개정가능성을 부인하려는 모든 노력이 헛수고가 되리라는 것을 알았고 그렇기 때문에 의식적으로 헌법의 개정가능성(Revision, Amendment)을 예견하였다. 그리고 잇달아 "헌법의 영역에서 발전사고가 완전히 관철되었다."[7]

---

5) 신 내부에 존재하는 이성의 총화(summa ratio in Deo existens)로서의 영구법(lex aeterna)은 전혀 불변이다. Gierke, Genossenschaftsrecht Bd. III 515, 609ff.; IV 381ff., 401ff., 429f.; Alois Dempf, Sacrum Imperium 71ff.; Grotius, De iure belli ac pacis lib. I cap. I § 11; F. X. Arnold, Die Staatslehre des Kardinals Bellarmin 13ff., 37, 42ff., 44(주 19), 56(주 20), 257ff.; 그러나 또한 WW Bd. VI 103: "어떤 헌법도 변경될 수 없다." 참조. Max Huber, Grundlagen nationaler Erneuerung 27; Fleiner, Jahrhundertfeier der Universutät Zürich, Festrede 1933 11; Heller, Staatslehre 120 상단; Ed. Westphalen Fürstenberg, Das Problem der Grundrechte 6f.

6) Federalist No. 34(Hamilton), No. 43(Madison) 참조.

7) Fleiner, Festrede zur Jahrhundertfeier der Universität Zürich 11; Tradition,

프랑스 국민의회에서는 "절대적 불가변성"(immutabilité absolue)의 이념은 거의 진지하게 토론되지 않았다. 이러한 관점에서 사람들은 전적으로 "폴란드 정부에 대한 고찰"(Considérations sur le Gouvernment de Pologne)에서 다음과 같은 것을 쓴 루소의 영향 하에 놓여 있었다. "철회될 수 없는 법들에 가해지는 사회적 집단의 성질에 반한다"(Il est contre la nature du corps social de s'imposer des lois qu'il ne puisse révoquer). 이 문장은 1791년 헌법(titre VII Art. 1)에서 "국가는 자신의 헌법을 개정할 수 있는 불가침의 권리를 보유한다"(La Nation a le droit imprescriptible de changer sa constitution)란 표현에서 선언되었다. 그 후 충실하게 루소의 발자국을 따른 1793년의 헌법(산악당 헌법)에서는 개정에 대한 이러한 기본권에 더욱 선언적으로 "한 세대는 미래세대를 자신의 법률에 복종하게 할 수 없다"라는 법문이 첨가되었다.

그 속에는 이미 현대에 정점에 도달한 헌법률적 규정의 영속성에 대한 회의가 표현되고 있다. 그 후에도 개정가능성을 규정하지 않았거나 전체 헌법이나 헌법의 부분에 대하여 개정가능성을 심지어 명시적으로 금지한 헌법들이 제정되기는 하였다. 그러나 이러한 영구성의 추구는 더 이상 "영원한 헌법"에 대한 믿음에서 비롯된 것이 아니라 그때그때의 역사적 상황이 특히 매우 명백하게 드러내듯이 단지 정치적·실제적 의도에서 비롯된 것이었다.[8]

Dogma, Entwicklung 24f. - 그러나 그럼에도 불구하고 미국헌법은 또한 영구히 계속되리라는(that this instrument was intended to endure for all time) 생각에서 제정되었다. Willoughby Bd. I 71f. 참조.

그래서 1814년의 헌장은 개정에 대하여 어떤 규정도 포함하지 않았고 서두에서 명시적으로 다음과 같이 규정하였다. "우리와 우리의 계승자에 한하여 양도와 특권은 영원히 부여된다"(La concession et l'octroi sont faits, tant pour nous que pour nos successeurs et à toujous). 그러므로 당대 법학자들 중 일부는 이 헌법은 국왕 혼자만으로도 그리고 국왕이 입법부와 제휴해서도(제15조) 개정되어서는 안 된다는 견해를 방어하였다.[9]

공화정적 모형은 1884년 8월 14일 부분개정 제2조에 의한 1875년 프랑스헌법 제8조에 대한 유명한 다음과 같은 추가였다. "공화정체는 개정안의 대상이 될 수 없다"(La forme républicaine du gouvernment ne peut faire l'objet d'une proposition de révision).[10]

---

8) 원래 영구적인 질서에 대한 의무부과였던 헌법상의 선서도 매우 빨리 가치가 상실되었다. 14번 이상 헌법상의 선서를 했던 Talleyran에게 헌법상의 선서는 단지 "연극관람을 위하여 돌아오기 위한(막간에 잠시 외출하기 위한) 외출표!"(contremarque pour rentrer au spectacle!)"에 불과하였다.
"신성해서 변경될 수 없는 헌법"의 이념과 "프랑스 1792년의 혁명 클럽 회원들(Feuillants)의 헌법에 대한 경외심"(amis de la constitution 1791)에 대하여는 Fr. J. Stahl, Philosophie des Rechtes Bd. II 305 참조; 또한 Kunz in Gesellschaft, Staat und Recht 223f.도 참조.

9) 그렇다면 그것은 "영구적인 헌법"(constitution perpétuelle)일 수도 있다; Duguit, Traité Bd. III 702 참조; 특히 Tocqueville, De la Démocratie en Amérique, éd. 1850 Bd. II 308 Note 12가 그러한 입장이다. 조정적 학설은 기본적 조항(clauses fondamentales)만을 절대적으로 개정할 수 없는 것으로 설명하려고 하였다. Barthélemy/Duez 236.

10) 흥미로운 전사(前史)에 대하여는 Barthélemy/Duez 6, 24ff., 34; Duguit, Traité III 707ff. 참조.

많은 헌법들이 이 예를 따라 개별적인 헌법원리들, 특히 국가형태를 영원히 변경할 수 없는 것으로 선언하거나 1787년 미국 헌법 제5조의 예를 따라 최소한 일정 기간 수정가능성을 배제하였다. 사람들이 전국가적이고 선국가적인 것으로 간주하여 입법자의 개입을 배제하고 영구화하려 했던 기본권과 권력분립원리, "이론의 여지없는 이념들의 총체"(bloc des idées incontestables - *Hauriou*)도 오늘날 지배적인 견해에 따르면 헌법과 입법에 따라서만 효력을 가진다.

절대적인 불가침성과 불가변성을 가진 "영구적인 헌법"을 정립할 수 있는 가능성은 오늘날 더 이상 토론의 대상이 아니다. 개정의 불가피성에 대한 확신[11]은 대단히 사고를 규정하는 것으로 되었기 때문에, 오늘날은 거꾸로 "영구적인 헌법"의 마지막 나머지, 즉 개정금지에 의하여 추구되는 개별적 헌법규범들 내지 규범집단의 불가변성이 문제가 되게 되었다. "전적으로 비논리적"이고 "정치적으로 그리고 법적으로 같은 정도로 허무맹랑한 것"이고자 하지 않는 모든 헌법은 개정가능성을 규정하여야 한다.[12] 그렇기 때문에 이러한 개정금지는 단순히 "구속력을 가지지 않는 법률내용"인가 아니면 불가능하거나 이성에 반하는 것을 내용으로 하기 때문에 처음부터 주목의 대상이 아닌가?[13]

---

11) 현대에는 "더 이상의 영구적인 조약은 없다"(Il n'y a plus de traités éternale)는 의심할 바 없는 것이 되었다. Seelle, RdC 1933 IV 477; Précis Bd. II 417. 이미 Dahlmann은 종전의 헌법들은 "터무니없는 인간에 대한 경멸로 영구적인 것으로 선포되었다"고 쓸 수 있었다; Ein Wort über Verfassung 91; 또한 Bluntschli, Art. Staat im Handwörterbuch Bd. IX 628도 참조.

12) Esmein/Nézard Bd. II 537; Barthélemy/Duez 227ff.; Kelsen AStL 253f. 참조.

13) Walther Burckhardt, Methode und System 281; Dig. 1, 3, 14/15; "논리적으

이 문제에 대해서는 특히 프랑스에서 공화정적 국가형태를 개정할 수 없는 것으로 선언하고 있는 이미 언급된 제8조 제3항을 근거로 매우 격렬한 논쟁이 행해졌다. 엄격하게 실증주의적으로 이야기하면, 위 조항으로부터는 이 헌법규정의 개정은 법적으로 불가능하다는, 즉 모든 이와 관련된 제안은 처음부터 심의에서 배제되어야 한다는 결론이 나온다. 이 명제는 문헌에서 다소간 꼼꼼하게 전개된다. 그에 반하여 실제의 합목적성에 대한 회의와 그러한 "법적 장애"의 유지가 일반적이다.[14]

헌법제정은 사람들이 다음과 같이 말할 수 있을 정도로 눈에 띄게 더욱 시대구속적으로 되어가고 있다. "헌법제정권력을 소유한 입법자가 누구이든 국가공동체 내에 어떤 순간에 존재하는 정치적 영향력은 헌법에 의해서만 조직된다."(Le législateur constituant, quel qu'il soit, ne fait qu'organiser par la constitution les forces politiques existant à un moment donné dans la société étatique).[15]

로 불가능한 것"은 법규범의 내용일 수 없다; Moòr, Das Logische im Recht. Intern. Zeitschr. für die Theorie des rechtes 1928 II 162f. 그러나 "논리적 불가능성"은 이곳에는 존재하지 않는다.

14) 개별적인 것은 Barthélemy/Duez 896f., 32; Duguit Bd. IV 539ff. 참조. 철저하게 실증주의적인 것은 Kelsen, AStL 254와 Esmein/Nézard Bd. II 545ff., 특히 553f. - 또한 Somlò, Jurist. Grundlehre 118, 308, 339, 415도 참조. Moòr, Gesellschaft, Staat und Recht에 따르면 그러한 규정들은 "진지하게 고려할만한 법세계의 현상이 아니다"(103); Ebenstein, Reine Rechtslehre 113ff., Mokre in ArchöffR n. F. Bd. 21 234ff.; W. Burckhardt, Organisation 213f.; Walther Jellinek, Grenzen der Verfassungsgesetzgebung 23f.는 절대적, 무조건적 개정금지를 "허용되지 않는" 것으로 간주하나, 그럼에도 불구하고 "(금지)조항이 정식 헌법개정절차에서 무효가 되지 않는 한" 효력을 부여하고자 한다.

지속적인 헌법을 규정하는 것이 불가능하다는 것은 생활현실("기초", "현실", "정치적 원동력(기본세력)", "현실적인 필요성")의 지속적인 변화를 지적함으로써 근거지어진다. 어떠한 입법자도 이러한 "역동성"을 예견하여 모든 미래의 상황에 대하여 충분한, 지속적인 헌법을 제정할 수는 없을 것이다. 그러므로 모든 헌법은 필연적으로 불완전할 것이다. 현대에는, "행동의 신화"라는 마력 속에서 헌법률적 규정 일반의 의미는 부정된다.

정신이 질료 내지 사회적 생활질서의 현상 이상의 그 무엇인 자에게 정신적 객관화에서 사회적 존재의 단순한 "상부구조"를 인정하지 않는 자는 이러한 상황의 형성을 일방적으로 사회학적으로, 즉 그 무엇을 현대생활의 "역동성"의 결과로 설명하는 것으로 만족해서는 안 될 것이다. 그러한 것을 도외시한다 하더라도 사람들은 기본가치의 쇠퇴를 확인할 수 있다.

우리가 보인 바와 같이, 비록 근대의 규범적 헌법들이 처음부터 더 이상 중세적 질서의 고귀한 불가변성을 주장하지 않았다 하더라도, 그것들은 자신의 가치관을 장래의 세대들을 위해서도 효력을 가진 것으로 확정하려 했던 의지에 커다란 영향을 받았다. 이러한 사실은 특히 기본권보장에서 나타난다. 헌법제정 국민회의에서는 여전히 국가의 목적과 한계에 대한 여론(communis opinio)이 존재하였다. 개인의 권리는 전국가적이자 초국가적인 것으로서, 불가침의 것으로서 다수

---

15) Barthélemy/Duez 229; 더 나아간 입장으로는 Jèze, Pricipes génér. du Droit Admin. Bd. I 112f.; Kelsen, Staatsgerichtsbarkeit 36f.("정치적 권력상황의 표현"으로서의 헌법).

에게도 유효하였다. 헌법의 의미와 과제는 이러한 분명한 개인과 국가 간의 관계질서를 확보하는 것이었다.

오늘날에는 헌법정책적 의욕의 폭넓은 일치가 결여되어 있다. 그러나 공동체에 대한 개인의 지위에 대한 그리고 특히 국가권력의 한계에 대한 확고한 견해가 더 이상 존재하지 않는 곳에서는 국가의 규범적 질서로서의 헌법도 우리가 예컨대 필라델피아 회의의 헌법제정을 보고 경탄하는 저 명확성과 견고성을 더 이상 가질 수 없다. 사람들이 기본권목록과 권력분립원리를 국가의 부동의 기본범주로, 바로 정치이성의 현현으로 간주했던 시대부터[16] 자신의 규정들을 종종 단기적인 목적설정에만 지향토록 하는 현대의 실용주의에까지 이르는 길은 먼 길이었다. 직접적인 행동을 위한 의지의 표현으로서의 "계획"이 규범에 대한 의지의 표현으로서의 "헌법"을 대체하였다.

안정성의 관념은 헌법의 개념과 결부된다. "헌법의 기본원칙은 모든 국가질서의 견고한 그리고 그렇기 때문에 가능한 한 지속적인 기초를 형성한다."[17] 헌법이 끊임없이 개정되는 곳에서는, 헌법조항과 시행법률의 개정이 하나의 행위로(uno actu) 행해지는 것이 원칙으로 되는 곳에서는 형식이 엄격하게 유지된다 하더라도 헌법의 의미는 사라진다. 오늘날 점점 더 그렇듯이 형식을 무시하고 개정이 행해지는 곳에서는 해체는 한층 더 명백해진다.

현대는 그 불가변적 내용 때문에 절대적 불가침성이 인정되는 "영

---

16) 권력분립에 대해서는 저자의 "Gewaltenteilung" 68 상단, 208ff. 참조

17) 앞의 제2장 4; Kelsen, Staatsgerichtsbarkeit VVdDStRL 36; Bryce, Moderne Demokratien Bd. II 12 참조.

원한 헌법"을 실정법으로 제정할 가능성을 더 이상 믿지 않는다. 그럼에도 불구하고 규범적인 것의 의미는 그 지속성과 관계가 있다. 그래서 그 문제는 남아 있다. 그 문제는 법이론에서 잃어버린 나라에 대한 드러나지 않는 그리움처럼 살아 있다. 사람들은 규범질서를 위한 확고한 투묘지(投錨地)의 불가피성을 느끼고 있다. 이러한 일은 사람들이 순 형식논리적으로 해결책을 찾을 수 있다고 믿었던 곳에서도 나타난다. 내용의 불가변성의 자리를 단순히 형식적인 규범연관의 구조가 차지하였다.

a. 이와 같이 "순수법학"에 있어서는 유일한 헌법문서라는 생각은 "완결된, 따라서 변경할 수 없는 헌법의 존재를 전제"로 한다. 그리고 이러한 헌법은 법논리적 의미에서 헌법이거나 또는 켈젠의 경우에는 단순히 가설적 성격을 가짐에 반하여, 페어드로스 Verdross의 경우에는 "객관적으로 효력을 가지는, 가치세계에 근거를 두고 있는 규범"[18]을 의미하는 이른바 근본규범이다. 켈젠의 경우에는 그러한 법논리적 "전제"로서, 페어드로스의 경우에는 "객관적 가치"로서 근본규범은 영원한 효력을 주장한다. 페어드로스에 따르면 근본규범은 실정법의 지속에 대해서는 어떤 것도 말하지 않으며, 이러한 사실에 의하여 실정법은 또한 그 최고 단계, 즉 헌법에서도 결코 영구화되지 않는다.[19] 그에 반하여 켈젠과 메르클 Merkl은 "모든 현상형태의 법에 불가변성, 즉 '영구성'의 속성"을 인정한다. 법은 본질상 불가변적이다. 법은 규

---

18) Kelsen AStL 254 상단; Verdross, Verfassung der Völkergemeinschaft 31, 28ff., 21ff.

19) Verdross a. a. O. 32.

범체계 자체가 내용규정에 의하여 그에 대한 "구속"을 규정할 때에만 변할 수 있다. 켈젠은 가변성의 확정이 이미 해당 법체계의 원규범(原規範)에 주어져 있는가 아니면 "원규범을 근거로 비로소 정립되는(또는 관습에 의하여 형성된) 법규범"이 필요한가 라는 문제를 미결인 채로 놓아둠에 반하여, 메르클은 실제의 정립을 불가피한 것으로 간주하는 듯하다. 그러나 실제로 정립되는 곳에서도, "어쩌면 있을 법한 모든 개정은 간결하고 요령있게(in nuce) 이미 헌법 내에 정립되어 있기 때문에, 즉 개정조항에 의하여 선취되어 있기 때문에, 법전체의 변경은 변화하는 내용에도 불구하고 실제로는 확정될 수 없을 것이다."[20]

"영원한 헌법"은 이곳에서는 전적으로 변화된 의미를 가진다.

b. 그와 병행하여 사람들이 위에서 전개된 규범논리적 결론을 부정하는 곳에서도 현대 헌법국가와 국법학의 경향은 "체계적 규범연속성" 외에 또한 "역사적 규범연속성"을 유지하고자 한다. 헌법의 내용은 변한다. 즉 헌법의 내용은 개정의 방법으로 변화하는 요구에 적응한다. 그러므로 영구화의 자리에 단순히 형식적인, 합헌적인 개정규정에 따라 헌법내용이 개정되는 데 있는 "규범연속성"이 들어선다(헌법적 초합법성의 연속성 continuité de la superlégalité constitutionelle).[21] 장래를 위하여 이러한 연속성을 최적으로 확보하

---

20) Merkl, Die Lehre von der Rechtskraft 239f., Kelsen AStL 148f., RR 7f., Das Problem der Souveränität 114f.과 그에 대하여는 Moòr in Gesellschaft, Staat und Recht 61ff.의 비판적 소견 참조, Mokre ArchöffR n. F. Bd. 21 234f.; Voegelin, Der autoritäre Staat 150ff.

21) Hauriou, Présis 2. Aufl. 257; Heller Staatslehre 267; "불연속성"은 헌법이 "초월적으로, 위헌적으로 개정되는 경우에" 존재한다. Merkl ZöffR 1926 497ff.

는 것이 연방헌법 제정자들과 그 후의 거의 모든 헌법제정자들의 가장 중요한 관심사였다. 그러므로 사람들이 미국의 국법이론에서 "개정권력"과 그 기관에 대한 규범들에서 자주 바로 헌법의 매우 중요한 구성부분을 탐지하는 것은 또한 놀라운 일이 아니다.[22]

헌법의 불가변성("영구성")을 형식논리에 의하여 구출하려는 시도들은[23] 앞의 개괄적인 설명이 가리키는 바와 같이, 결국 반드시 대상 없는 변증법에 이르고 만다. 그러한 시도들은 지속이 헌법의 본질적 범주라는 정당한 생각의 명령을 받고 있기는 하다. 그러나 헌법의 이념에서 함께 생각되고 있는 이러한 지속성과 (상대적인) 불가변성은 단순히 형식적인 지속성과 불가변성이 아니다. 오히려 규범질서로서의 헌법은 헌법이 근거를 두고 있는 지속적 기본가치와 생사를 함께 한다.

| II. "성문"헌법 |

헌법문제를 국가존립을 유지할 것이냐 아니면 "생동감이 없는 헌법문서"를 준수할 것이냐라는 양자택일식 문제로 환원하는 것은 현대의 궤변의 몫이다.

오직 이러한 가능성만 존재한다면 어떤 순간에도 선택을 망설일 수

---

22) Burges, Political Science 137; Jefferson bei Warren, The Making of the Constitution 685.

23) 형식논리로의 이러한 도피는 과거 수십 년의 국법학에서 두드러진 현상이었다.

없을 것이다. 그러나 사람들이 헌법파괴를 정당화하기 위하여 국가이성을 소리높여 외쳐댈 때마다 국가의 존립이 문제되었던 것은 아니며, 다른 한편으로는 그런 다음 헌법의 외적 형식이 문제되는 것도 아니다. 왜냐하면 결정적인 것은 형식이 아니라 규범에 있기 때문이다.

비록 성문화되지 않았거나 불충분하게 문서화되었다하더라도 수십, 수백 년 동안 그 "불가변성"을 유지한 헌법조문들이 있다. 그리고 바로 최근의 과거는 외적으로 불충분하고 비체계적이며 성문화되지 않은 헌법들이 그 규범력을 위기시에도 유지한 반면, 훌륭하게 작성된, 체계화된 그리고 균형이 잡힌 법전이 어떻게 실패하는가를 보여주는 예들로 충만하다.

"성문"헌법의 원리는 이미 오래전부터 논쟁의 대상이었다. 이곳에서는 이러한 비판의 매우 중요한 단계와 입장을 짧게 약술할 수 있을 뿐이다.

"성문헌법"에서 포괄적인, 흠결 없는, 완결된 헌법의 법전편찬을 보는 해석을 부정하는 것이 오늘날 매우 일치된 견해이다. 이러한 견해에는 두 가지 토대가 있다. 특정 헌법을 발현된 정치이성의 표현, 즉 전적으로 완전한 것으로(흠결없고 불가변적인 것으로) 간주하는 오래된 자연법적 토대와 단순히 헌법에 명시적으로 실정화된 것만을 헌법으로 인정하는 최근의, 실증주의적 토대가 그것이다. 철저한 실증주의적 견해에 따르면 본래적 의미의 "흠결"은 존재할 수 없기 때문에, 후자와 같은 방법으로도 사람들은 완결된 헌법규범에 이른다. "법질서 자체는 자연의 질서와 마찬가지로 불완전할 수 없다."(*Laband*)

그러나 사람들이 엄격하게 실증주의적 명제를 철저하게 따르고자 한다면, 이러한 성문화된 조문들을 하나의 체계에 포섭하려는 시도는 이미 실패할 수밖에 없다. 그래서 법실증주의의 대부분의 주장자들은 오래 전에 "성문헌법"을 이렇게 해석하는 것을 포기하고 다소간 범위와 근거부여에서는 상이하지만 또한 헌법의 불문의 규범을 인정하였다. "성문헌법"은 아마도 가장 중요한 헌법의 법원(法源)이나, 유일한 법원은 아니다. 실정화된 규범들 외에 관습법의 규범들도 있으며, 더 나아가서 직접 효력을 가지는 '일반적 법원칙들', '법질서의 내재적 원리들' (*Triepel*)과 헌법의 "본질"이나 "정신"으로부터 밝혀지는 규범들도 존재한다. 모든 이러한 규범들은 실정화된 헌법과 함께 비로소 헌법적 규범의 총체를 형성한다. 그러므로 오늘날에는 "성문헌법"은 보완을 필요로 하는 것으로 간주되며, 성문화된 조문과 불문의 조문을 가능한 한 완결된 체계로 결합시키는 것이 바로 해석의 과제인 것이다.

그러나 최근의 헌법이론은 "성문헌법"의 조문 일반을 "암시"로서만 해석하는 일을 계속하고 있다.[24] 그 불완전성과 그 불충분성이 점점 더 강력하게 주장되는 "성문헌법"에 대한 (반대)투쟁은 결국 대부분의 경우에 규범적인 것 일반에 대한 투쟁 - 국가권력을 법으로부터 해방하려는 노력 이외의 다른 것이 아니다.[24] 이러한 의미에서 *W. G. de Roussel*[25]은 다음과 같이 쓸 수 있었다. "우리가 모래 위에 법조항들

---

24) =23a) 아래의 제6장 참조.

24) C. Schmitt VL 10f.는 이러한 "비조직적 다수"를 특히 강조하였다(그리고 과도하게 강조하였다); 그는 "통일"에서 바로 조야한 허구를 본다. Heller, Staatslehre 267; 그러나 완결된 법질서는 달성될 수 없는, 단지 지속적으로 새롭게 접근할 수 있는 목표로 남아 있다. 또한 Kelsen AStL 253f.도 참조.

25) C. Schmitt, L. u. L. 34의 프랑스어 번역의 서문.

을 적게 될 날이 오는 것은 불가능한 것이 아니다. 왜냐하면 우리 사회에서 안정적이고 수동적 요소보다는 활동적이고 좀 더 유동적이고 활동적인 유동적 요소들에 중요성을 부과할 것이기 때문이다"(Il n'est pas impossible qu'un jour vienne où l'on écri(r)a les lois sur le sable parce qu'on attachera plus d'importance aux éléments mouvants et agissants de notre société qu'aux éléments stables et passifs).

III. 법의 개정과 변천 (법에 있어서 이른바 "역동성")

규범적 헌법은, 모든 인간적 질서와 마찬가지로, 변천하고 변화한다. "영원한 헌법"의 절대적 불가변성은 규범적 헌법의 특색이 아니다. 규범적 헌법은 아마도 헌법국가에서는 "기본법"이지만 그렇다고 불가변적인 기본법은 아니다. 현대의 문헌은 싫증내지 않고 이러한 필연적인 가변성을 강조하며, 현대에는 "법의 역동성"은 바로 유형어가 되었다. 그 불확정성에도 불구하고 또는 아마도 바로 그 불확정성 때문에 법의 역동성이라는 유행어는 시대의 경향에 아첨하는 정식들 중 하나이다. 그러한 표현 뒤에 숨겨진 불명확한 생각들과 해체적 경향들을 명확하게 하는 것이 중요하다. 왜냐하면 "헌법"은 전체 국가법질서의 기초로서 본질적으로 바로 (상대적인) 정태성을 의미하기 때문이다. 모든 법률적 규정의 불완전성은 시대의 요구에 적응할 것을 요청한다.

그러나 이러한 적응은, 헌법이 달리 기본법으로서의 의미를 상실해서는 안 된다면, 특정의 한계와 형식을 엄수해야 한다. 이러한 문제들에 대한 의견개진은 바로 국법의 위기를 매우 분명하게 드러나게 한다. 이곳에서 정치적 논법(추론 Raisonnement)은 공개적으로 꺾이거나 법 속으로 숨는다. 이러한 한계유월의 확실한 표지는 제정된 법률(lex lata)과 제정되지 않은 법률(lex ferenda)을 섞는 것이다.

헌법의 바로 이곳에서 다른 법영역에서도 오래 전에 현실화된 문제, 즉 법에 있어서의 "정체성"과 "역동성"의 문제가 표현된다.[26] 그 문제는 다양한 법분야에서 각각 특수한 양상을 띠나, 또한 다시금 상호간의 비교관찰에서 분명해지고 현대법에 특유한 긴장과 경향을 드러내는 모든 공통적인 특징을 가진다. 법의 "역동성"이라는 말 뒤에 많은 불명확성 외에도 많은 정치적 경향이 숨어 있는 바로 오늘날 법의 독립성을 위협하는 이러한 현상을 제한하는 것은 학문의 중요한 과제이다. 이러한 이야기로써, "역동성"을 오늘날 대변하는 사람들이 주장하는 것처럼, 처음부터 조약적 또는 헌법적 성격을 가지는 특정된 법적 입장의 개정에 대하여 찬성하거나 반대하는 입장이 표명되는 것이 아

---

26) 이미 이전부터 가끔 사용된 이러한 대비는 분명히 Oswald Spengler, Der Untergang des Abendlandes Bd. II 68ff., 97f. 이후부터 주지의 사실이 되었고, 그 이후 문헌에서 커다란 역할을 행사하고 있다. 또한 Hedemann, Fortschritt des Zivilrechts im 19. Jahrhundert II. Halbbd. 346, Fehr, Recht und Wirklichkeit 99ff.도 참조; Das kommende Recht, 5ff. - Kunz(Gesellschaft, Staat und Recht 218 하단)가 정당하게 진술하듯이, *Spengler*는 그 밖에도 "역동성"과 "정태성"이란 개념을 그의 문화형태론의 영역에서 "법적인 것을 관찰하기 위해서" 사용하지, "법적인 관찰을 위해서" 사용하지는 않는다. 그러므로 그는 법률가들이 오늘날에는 더 이상 구별하지 않는 것을 여전히 구별하였다. 또한 아래의 제6장도 참조.

니라,[27] 아마도 그와 반대로 사람들이 학문적 이론의 형식에 개정에 대한 바람을 도용함으로써 사람들은 법학을 "정치의 시녀"로 전락시키는 입장이 표명된다. 왜냐하면 주장되거나 요구되는 "역동성"은 정립된 또는 협정된 규범은 구체적인 사례에서 더 이상 존중되어서는 안되고 더 훌륭한 그 순간의 정치적 결정에 양보하여야 한다는 주장과 다름없기 때문이다. 그러나 그와 함께 모든 규범과 실정법적 규정은 결국 그 의미를 상실한다.

"한편의 안정성은 다른편의 움직임이다: 사법체계가 무엇이든 이 두 요구를 고려하여야 한다"(Stabilité d'une part, mouvement de l'autre: un système juridique quel qu'il soit, doit tenir compte de ces deux exigences).[28] 영구법(lex aeterna)만이 관계의 변화에 영향을 받지 않는다. 그에 반하여 모든 현세의 법질서는, 특정의 현실과 관련되어 있기 때문에, 우연적이며 따라서 변화한다. 법질서는 "변화하는 제 관계"에 적응하여야 한다. 현대를 조망함에 있어 사람들

---

27) 특히 예컨대 Bilfinger RdC 1938 I 216ff. 참조; 그에 대하여는 Bourquin RdC 406. 또한 상설 국제사법재판소장 직을 맡는 기회에 행한 *Max Huber*의 뛰어난 말도 참조. Schindler, Schiedsgerichtsbarkeit seit 1914 61에 인용되어 있음; Fleiner, Mélanges Hauriou 296.

28) Bourquim, RdC 1938 II 352; Le Fur RdC 1935 Bd. IV 216; Bilfinger RdC 1938 I 206; Schindler RdC 1933 IV 271ff.; Werdende Rechte in Festgabe für Fleiner 1927 430과 431 주1에 인용된 R. Pound; Methode des Rechtsunterrichts 14와 주5에 인용된 Frankfurter("법에서 항구성과 변화 사이의 영원한 투쟁 the eternal struggle in the law between constancy und change"); Ladijensky, La dynamique et la statique dans le droit, Revue Internationale de la Théorie du Droit 1927/28 110ff.; Heller, Staatslehre 257; Lauterpacht RdC 1937 IV 305; Nawiasky, Schweizer Rundschau 1940/41 667ff.

은 바로 안정성의 본질적인 조건을 향한 "운동"은 법의 존중을 전제로 하는 법의 가변성으로 되었다는 자가당착을 감히 할 수 있었다.[29]

우리는 국제법에서의 "정체성"과 역동성"의 문제에 대한 간략한 전 망으로부터 헌법에 대한 이하의 연구를 위하여 가치 있는 해명을 기대 해도 될 것이다.

A. 국제법에서

국제법에서 역동성과 정체성의 문제는 지난 몇 년 사이에 점점 더 절박한 것으로 되었다. 국법에서 헌법의 불가변성이 중요한 것처럼 이 곳에서는 기본적인 규범들, 특히 조약은 지켜져야 한다((pacta sunt servanda)라는 기본적 명제를 존중하는 것이 중요하다. 또한 이곳에 서도, 인간이 만든 법률의 불완전성 때문에, 변화된 제 관계에 적응하 여야 할 필요성, 즉 조약의 개정과 사정변경약관(clausula rebus sic stantibus)의 필요성이 분명해진다. 국내법에서 헌법규정의 적용은 합 법적인 헌법개정절차를 통하여 행해지듯이, 국제법에서 변화된 제 관 계에 대한 적용은 일반국제법에 따라 모든 조약당사국들의 동의를 필 요로 하는 조약의 합법적 개정에 의해서 행해질 수 있다. 이러한 개정 은 종전의 국제법에서는 법률적 문제라기보다는 오히려 정치적 문제 였다. 그것은 새로운 법의 제정을 목표로 삼는다.[30]

---

29) Bourquin RdC 1938 II 383f. 참조.

30) Schindler RdC 1933 IV 277f.; Seelle RdC 1933 IV 480f.; Théorie de la Révision des Traités(1936); Anzilotti, Vökerrecht 69, 338; Verdross, Völkerrecht 95f.; Taube RdC 1930 II 376ff.; Le Fur RdC 1935 IV 221ff.

그에 반하여 사정변경약관에 대한 이론에서는 중요한 문제점이 나타난다. 사람들이 그것에 인정하는 효력범위에 따라 그것은 경직된 그리고 바로 그 속에서 평화를 위협하게 될 조약질서의 단연 의미있는 수정일 수 있으나, 다른 한편으로는 "역동성"의 수단으로서 국제법의 기초에 대한 공격이 될 수도 있다. 그러므로 사람들은 그것을 한편으로는 "안전판"으로 부를 수 있었고 다른 한편으로는 이 "트로이의 목마"를 국제법에 도입하는 것에 대하여 경고할 수 있었다.

국제사법재판소의 판례는 지금까지 사정변경약관의 효력범위에 대하여 명확한 언급을 하지 않고 있기 때문에, 비록 학문이 법규칙을 규정함에 있어 "보조수단"에 그친다(국제사법재판소 규약 제38조 제4호) 하더라도, 학문의 과제는 매우 중요하다.

법에서 모든 일반조항들이 그러하듯이 사정변경약관은 위험하다. 일반조항들은 제정된 내지는 동의된 법 위에 있는 정의에 봉사하고자 하나 바로 그 때문에 특히 남용될 위험이 있다. 정의는 신의성실의 원칙에 의하여 요청되나, 정의의 희구는 또한 신의성실의 원칙과 모순될 수 있다. 따라서 그 조항의 많은 표현들에는 해석자의 정치적 의지가 종종 매우 분명하게 반영되고[31] 많은 저자들은 그 조항에 마키아벨리 *Machiavelli*의 "군주론"(제18장 제3절)에 있는 책략원칙의 의심스러

---

31) Bilfinger RdC 1938 I 142ff., 205ff., 214ff., 221f.(소책자에 대해서는 전혀 침묵하고 있다). - 다른 한편으로 조약의 절대적 불가변성이 "법적 이론"이라고 이야기되는 곳에서는 물론 이따금 또한 현상(status quo)에 대한 의지의 나쁜 면이 숨어 있다. 예컨대 Pella und Antonesco bei Le Fur RdC 1935 IV. 238f., 240f. 참조; 또한 Barthélemy RdC 1937 I 509f.("조약의 교의" La Religion des Traités); Tassitch RdC 1938 III 365.

운 상린관계에 그것을 옮기는 효력범위를 인정한다. "군주는 그러한 신의를 지키는 것이 그에게 불리할 때 신의를 지킬 수 없으며 지켜서도 안 된다"(un signor prudente né debbe osservare la fede, quando tale osservanzia li torino contro). 그것은 예컨대 *Gratian*이 그의 교령(Decretum)[32]에서 표현한 것과 같이 조약은 지켜져야 한다는 원칙을 그렇게 단호하고 완전하게 표현한 중세 이후부터 먼 길이다. "동지에게 약속이 지켜져야 하듯이 신뢰는 전쟁 상대방인 적에게 대해서도 지켜져야 한다"(fides enim quando promittitur, etiam hosti servanda est contra quam geritur; quando magis autem amico pro quo pugnatur). 이러한 질서의 해체에 공동으로 작용한 세력들은 다양하다. 그러나 그와 동시에 사정변경약관은 숙명적인 역할을 하였다.[33] 이러한 관점에서 이미 그로티우스*Grotius*(전쟁과 평화의 법 De iure belli ac pacis, 제2책, 제14절, 25절)는 그 효력범위를 엄격하게 제한하였다. 현대의 이론은 조약은 지켜져야 한다는 중요한 원칙과 조약은 제 관계의 변화에 의하여 불공평하게 되거나 심지어는 무의미하게 될 수도 있다는 사실 사이의 위험스러운 긴장을 매우 진지하게 인식하였고 - *Le Fur*는 "어마어마한 간극"(hiatus formidable)[34]을 이야기한다 - 이로부터 그 조항의 의미를 규정하고자 한다.

행동하는 정치인은 항상 어떤 방법으로든지 사정변경약관을 모든

---

32) Secunda Pars C. 23, 1 c. 3; 또한 Th. v. Aquino Summa II/2 40a 3도 참조.

33) 그에 대하여는 예컨대 v. Taube RdC 1930 II 353ff. 참조.

34) RdC 1935 Bd. IV 216. 또한 v. Taube RdC 1930 II 364도 참조.

조약에 암묵적인 조건으로 삽입하려는 유혹에 사로잡힐 것이다.[35] 그에 반하여 법률가는, 그가 그의 대상, 즉 규범적 질서로서의 법을 부지중에 손가락 사이에서 상실하고자 하지 않는 한, 국법에서 헌법으로부터 그러한 것처럼 국제법에서 조약은 지켜져야 한다는 규범으로부터 사정의 가치를 평가하여야 한다. 그러나 이로부터 법률가는 불가피하게 사정변경약관을 매우 제한하여야 한다. 왜냐하면 법질서의 기초를 문제삼거나 파괴하는 원칙은 더 이상 의미 있는 법원칙으로 간주될 수 없기 때문이다.

그렇게 사람들은 사정변경약관을 (조약의 폐지를 위한 법률상의 근거로서) 내용적으로 조약체결에 있어 의무의 인수가 그 존속에 좌우되는 특정의 관계들("전제들", "사회적 기초들")이 본질적으로 변화되거나 탈락한 경우(환경의 결정적인 변화 vital change of circumstances)에 사정변경약관은 원칙적으로 해약고지권이 없는, 장기적인 또는 기간을 정함이 없이 체결된 조약에 대해서만 주장될 수 있다는 식으로 규정하였다.

그러한 제 관계의 "본질적인 변경"이 발생하고 그에 따라 조약이 폐지될 수 있는가라는 문제로서 해당 당사국의 재량에 맡겨지지 않는다는 의미에서 형식적 제한은 이러한 내용적 제한에 부가되지 않고, 조약해석의 문제로서 일반 국제법에 따르면 "직접 당사국들 사이에서 체결된 협정에 의해서만 폐지될 수 있거나 또는 그러한 협정이 존재하지 않는 곳에서는 국제법이 이와 관한 효력을 부여하는 행위, 예컨대

---

35) 예컨대 Bismarck, Gedanken und Erinnerungen II 258 참조.

중재재판에 의해서"[36] 폐지될 수 있다는 형식적 제한은 이러한 내용적 제한에 부가된다.

이렇게 좁게 제한함으로써 사정변경약관은, 근본규범을 문제로 삼지 않고, 법개념으로부터 국제법에 편입되는 (제한적) 일반규정으로 된다.[37] 사람들이 사정변경약관을 이렇게 조약은 지켜져야 한다와 대

---

36) Anzilotti, Völkerrecht 358과 그곳에 인용된 오래된 문헌; Oppenheim, Intern. Law 5th edt. Bd. I 736ff.; Le Fur RdC 1935 IV 219ff.; Schindler RdC 1933 IV 271ff.; Brierly RdC 1936 IV 21ff.; Basdevant RdC 1936 IV 653ff.; Tassitch RdC 1938 III 371ff.; Bourquin RdC 1938 II 394ff.; 그러나 매우 진보적인 것으로는 - 그리고 그 점에 본질적인 것이 들어 있다 - 일방적인 취소를 엄격하게 부정하는(479) Seelle RdC 1933 IV 476ff. 또한 E. Kaufmann RdC 1935 IV 522도 무제한적인 권리는 존재하지 않는다는 것을 인정한다. 그러나 사정변경약관을 "일반적 법원칙"으로 확인하여야 한다고 하는 515ff.의 그의 설명은 매우 불확정적인 것으로 남아 있다. 그에 반하여 Billfinger RdC 1938 I 206ff.에 따르면 일방적 취소의 가능성은 사정변경약관의 본질로부터 필연적으로 도출된다.

37) *Walther Burckhardt*는 계약은 지켜져야 한다는 명제를 국제법의 근본규범으로 인정하지 않기 때문에(Organisation 387), 그는 그 속에서 "개념적 · 논리적 관찰과 윤리적 · 실천적 관찰"의 혼동을 탐지할 수밖에 없었다(Methode und System 90). 특히 중요한 일반조항들에 대하여 제한이라는 동일한 과제가 다른 법영역에서도, 특히 민법에서 나타나고 있다. 그에 대하여는 Hedemann, Flucht in die Generalklauseln 53ff., 특히 55; Fortschritte des Zivilrechts Bd. II 2 346f.; Egger, Kommentar zum ZGB Art. 2, 특히 예컨대 Note 3, 10, 11, 19, 27, 29f., 40; Krückmann ArchivZivPr 116, 476; Schmitz, Handwörterbuch für das Zivil- und Handelsrecht des In- und Auslandes 634ff.; Brierly RdC 1936 IV 215 Anm. 1; Stammler, Rechtsphilosophie 337과 그곳에 인용(Anm. 3) ; Oftinger, SJZ 1940, 229ff., 245ff.

이러한 사실은 특히 일반조항을 바로 "그로부터 낡은 법세계를 온통 뒤바꾸는 아르키메데스의 점"으로 찬미하는 자유법학파의 논쟁에서 나타나고 있다. Hedemann. Flucht in die Generalklauseln 11에 인용된 E. Fuchs의 입장이 그러하다.

결시키지 않고 사정변경약관을 국가의 자기보존권으로부터 규정하려고 시도하는 곳에서는[38] 사정변경약관은 불가피하게 해체원리로 될 수밖에 없다. 헌법의 규정들이 그때그때 합목적적인 것으로 생각되는 한에서만 그것들이 적용될 수도 있는 헌법이 기본법으로서의 그 의미를 상실하듯이, 사정변경약관을 그렇게 해석하게 되면 그것은 반드시 국제"법"이 단지 "모든 개별국가가 그의 한 순간의 사실상의 활동의 자유에 따라 존중하거나 침해하는 협약상의 규칙들의 총체"일 수도 있는 상태에 이를 수밖에 없을지도 모른다.[39]

이러한 정당한 인식에서 국제법이론과 실무는 사정변경약관에 대하여 매우 소극적인 태도를 보여왔다. 많은 저자들은 그것을 오늘날에도 여전히 법원리로서 인정하기를 거부하며,[40] 과거 몇 년의 경험에 따르면 매우 명백하게 보이는 입장표명을 거부한다. 비록 남용의 개연성이 있다는 것 자체가 그것을 한정적으로 인정할 배경일 수 없다 하더라도 - 어떤 일반조항도 이러한 위험에서 벗어날 수 없을 것이다! -[41] 사람

---

38) 예컨대 Billfinger RdC 1938 I 206 참조.

39) Max Huber, Die soziologischen Grundlagen des Völkerrechtes(신판 1928) 10.

40) 특히 예컨대 Strupp RdC 1934 I 386f.(긴급권만을 인정한다, a. a. O. 567))의 입장이 그러하다; Lauterpacht RdC 1937 IV 303f.는 그 속에서 국제사법재판소의 판례의 발전과 국제연맹규약 제19조에 의하여 자격의 마지막 외관마저도 상실한 "정치적" 또는 "사이비 정식"을 본다. Bourquin RdC 1938 II 406에 따르면 사정변경약관은 오늘날(1938)에도 여전히 "법의 규칙적 일관성"(constistance d'une règlr de droit)을 결여하고 있다; Kelsen AStL 224("악명 높은, 실정 국제법 명제로 증명될 수 없는 사정변경약관")

41) Le Fur RdC 1935 IV 219.

들은 상이한 법영역에서 그러한 조항에 대한 가치평가는 매우 상이할 수 밖에 없다는 것을 오인해서는 안 된다. 사법에서는 국가기관이 법조항의 효력범위에 대해서뿐만 아니라 그 전제의 존재에 대해서도 구속력 있는 결정을 내리기 때문에 일반조항은 매우 특정적으로 제한된다. 국제법에서는 이러한 효력부여가 불충분하게만 발전되어 있다. 그러므로 최소한 모든 법규칙에 없어서는 안 될 "최소한의 확실성과 명확성"(minimum de certitude de précision)[42]을 가지지 않는 모든 규정들을, 국제법에서는 그러한 원칙들이 직접 법질서의 기초를 흔들기 때문에, 국제법의 영역에서 추방하여야 한다는 것을 염두에 두지 않으면 안 된다.

이렇게 제한된 효력범위 내에서 물론 사정변경약관은 매우 좁은 범위 내에서만 제 사정의 변경에 의하여 요구되는 법의 "적응"을 가져올 수 있다.[43] 사정변경약관은 단지 조약의 일부분(원칙적으로 개별적인 법상황 situations juridique particulières)에만 효력을 미칠 뿐만 아니라 또한 사정변경약관의 (근거 있는) 원용은 조약이 무효가 되도록 작용하지 조약 대신 새로운 질서를 정립하지는 않기 때문이다.[44] 변화하는 사회학적 기초에 대한 국제법의 필연적인 적응은 이곳에서 더 자세하게 다룰 수 없는 매우 포괄적인 과제이다. 그것은 조약의 개정이라는 형식에서 주로 정치적 과제이며, 당사국들의 합의에 좌우된다. 유명한 국제연맹헌장 제19조에서 국제적 법정립의 개선된 형태로의

---

42) Bourquin RdC 1938 II 406.

43) Anzilotti, Völkerrecht 357 하단과 특히 Brierly, RdC 1936 IV 216f.

44) Schindler RdC 1933 IV 278; Bourquin RdC 1938 II 401ff.

이행은 조심스럽게 표현되었다. 이곳에서는 진정한 개정절차에 대한 최초의 실마리가 존재한다. 사람들은 종종 그러한 실마리를 진정한 초국가적 입법으로, "실정법의 의무적 개정제도"(insitution de révision obligatoire du droit positif)[45]로 발전시킬지 여부와 그 방법에 대하여 의문을 제기해 왔다. 잠정적으로 이러한 진화는 중단된 것으로 보인다. 그러나 모든 미래의 국제법적 질서를 위해서 이 문제는 다시 제기될 것이다.

아래의 발전과 관련하여 여기서는 국제법의 근본규범을 의문시함이 없이 변화된 사정에 요구되는 법의 적응이 의미할 수 있는 바를 보이고자 한다. "사법적 역동성은 사회적 역동성을 따라야 한다"(Le dynamisme juridique doit suivre dynamisme social)(*Georges Seelle*). 이는 우선 다름 아닌 정치적 책략원칙(Kluheitsregel)이다. 항상 법률가가 현존 질서를 평가해도 되듯이, 어떻든 이러한 역동성을 무제한적 사정변경약관의 형태로 단호하게 법률적인 것으로 해석하는 것은 그의 과제일 수 없다.

---

45) 특히 Seelle RdC 1933 IV 482, 497; Schindler RdC 1933 IV 279; Lauterpacht RdC 1937 IV 371ff.; 특히 378f.와 396ff.; Bourquin RdC 1938 II 452ff.; Kunz, Statisches und dynamisches Völkerrecht in Gesellschaft, Staat und Recht 220ff. 참조.

변화하는 사정에 적응하는 것이 다른 어떤 법영역보다 곤란하면서도 동시에 또한 그 어떤 곳보다도 이곳에서 절박하다는 것은 국제법의 비극이다. 이러한 적응은 과거에는 대부분 사실에 의하여(via facti)(기정사실 fait accompli, 경제적 그리고 정치적 압력, 전쟁위협, 전쟁) 이루어졌다는 사실은 종전의 국제법의 (내지는 종전의 국제법 조직의) 커다란 결함이었다. 그 결함은 장래의 커다란 과제를 언급하고 있다. 또한 Bourquin RdC 1938 II 382f., 392도 참조.

조약은 지켜져야 한다는 원칙을 고수하는 한, 실정법질서의 의미를 긍정하는 한, 법률가로서는 이 질서의 법칙을 지켜야 한다. "법은 조약을 준수해야 한다고 선언한다; 이 원칙을 유지하는 역할을 하며, 그 개정을 위한 원칙들의 근거가 될 수는 없다. 개정을 위한 원칙들의 근거는 다른 곳, 즉 사법이 아닌 정치적 활동에서 찾아야 한다"(Le droit déclare qu'il faut observer les traités; il a pour rôle de maintenir ce pricipe et ne saurait devenir une source de principes pour leur révision. Il faut chercher ces derniers ailleurs, dans l'action politique et non pas juridique).[46] 최소한 사람들이 여전히 제정법(lex lata)과 제정되지 않은 법(lex ferenda)의 구별을 고수하는 한, 이 말에는 본질적인 것이 있다. 제정법(현행 조약, 성문헌법)은 항상 어떻든 불완전할 것이다. 즉 적용을 필요로 할 것이다. 그러나 이러한 적용은 사정변경약관(내지 해석)을 원용해서는 부분적으로만 달성될 수 있다. 그 밖의 모든 것을 달성하기 위해서는 헌법에서와 마찬가지로 국제법에서 결국 하나의 명확하고 깨끗한 법적 해결, 즉 합법적인 개정이 있다. 그러므로 "실정법"으로부터 불가변성이 요구되지는 않으나, 아마도 실정법이 합법적으로 개정되지 않는 한, 현존하는 것이 효력을 가지고 적용된다는 것이 요구된다(합법성의 원리).[47] 규범적 · 법률적 관찰은 오직 "정태적"인 관찰일 수 있다. 규범적 · 법률적 관찰의 대상은 현재의 관점에서(sub specie puncti temporis) 법규범 체계이다. 사람들은 법의 형성과 관련해서만, 즉 인과율적 · 발생학적 관찰

---

46) Brierly RdC 1936 IV 217.
47) Esmein/Nézard II 553.

방법에서만 역동성을 이야기할 수 있다. "역동적 법"으로 특성을 표시하는 것은, 그것이 도대체 명확한 의미를 가지는 한, 단지 성문규범 개정의 수시성에 대한 사후적 판단 내지는 다른 법질서가 심지어는 개정을 불가능하게 하지는 않더라도 다양한 조항들에 의하여 가능한 한 개정을 곤란하게 하는 반면 어떤 법질서는 개정을 용이하게 한다는 데 대한 판단이다.

그러나 그에 대하여 요즈음 법에 본질적으로 "역동적 성격"을 인정하려는 학설이 있다.[48] 착각을 버리고 본다면, 그 이론의 결론은 법은 모든 변화에 적응하여야 하며, 정치적 결정에 끊임없이 적응한다는 것이다. 법은 그럼으로써 정치의 단순한 그림자로 된다. 즉 이곳에서 "역동성"은 더 이상 규범이 규정하는 것이 아니라 의지가 선택한다, 즉 바로 그때그때 "상황의 이성"에 상응하여 결정을 내린다는 것을 변명하는 상투어일 뿐이다. "규범의 지배"("법률의 지배")는 "처분의 지배"에 의하여 교체된다(*Heckel*). 사람들이 도대체 "영구 혁명"을 선언하지 않는다 하더라도 이러한 사물의 관점에서는 철저하게 또한 혁명도 극단적인 경우가 아니라 단지 촉진된 "역동성"일 뿐이다. 그러나 "법적" 근거부여를 위한 안일한 기본명제는 법과 정치를 동일시하는 것이다.

---

48) 예컨대 H. K. L. Keller, Droit naturel et droit positif en droit international public, 1931을 참조하면 될 것이다. 이러한 "역동성"은 특히 소련의 법문헌에서 커다란 역할을 하였다. 그러나 Roscoe Pound(Harvard Law Review 1938 782)는 "극단적 유동성과 신축성"(extreme fluidity and felxibility)은 이제는 러시아에서도 배척되고 있고 그 주장자들(Paschukanis 등)은 불쾌하게 여겨지고 있으며, 러시아에서도 이제는 법이 다시 "고정적이고 안정적"(fixed and stable)이어야 한다는 것이 요구되고 있다고 보고하고 있다.

국법에서와 마찬가지로 국제법에서도 이러한 "역동성"[49]은 결국 모든 법규범적 질서를 해체할 수밖에 없을 것이다.

B. 국법에서

국제법에서와 비슷한 방법으로 또한 국법에서도 "필요"에 법이 지속적으로 적응하는 과제가 제기된다. 생(生)의 역동성은 자주 또한 헌법국가의 사상범위 내에서도 규범적 의미형상으로서의 헌법이 의문시되는 정도에 이르렀다. 다양한 방법으로 자유로운 활동의 가능성이 요청되며, 이는 어떻게 해서든지 국가작용의 규범기속성을 다소간 지나치게 완화시키고 그리고 그러한 한에서 규범적 헌법을 해체시키는 결과가 된다.

근대의 규범적 헌법은 개정을 고려하고 있다. 변화하는 상황에 적응하는 일은 또한 이곳에서도 어느 정도 규범적 헌법의 지속을 위한 전제로 되었다. 적응능력은 종종 바로 헌법을 평가하는 표지로 된다. 사람들은 헌법의 "조직의 성장", "가동성", "신축성"[50]을 찬양하며, 로

---

49) "역동성"은 "순수법학"에서는 다른 의미를 가진다. 이곳에서는 법질서의 "역동성"으로서의 법질서의 "창조"와 법질서의 "정태성"으로서의 법질서의 "효력"은 대비된다. Kclscn AStL VIII, 229f., 248f. 다른 곳(Naturrecht und positives Recht, Intern. Zeitschrift für die Theorie des Rechts 1927/28 73)에서 Kelsen은 "어떤 의미에서" 자연법과 실정법 간의 대립을 정태적 규범체계와 역동적 규범체계 간의 대립으로 묘사하였다. Kunz, in Gesellschaft, Staat und Recht 219f.는 바로 "정치적·역사적 발전을 법으로 만들기" 위하여 역동성을 요구한다(220). 비판적인 견해로는 Moòr, derselbst 78ff.

50) 특히 *Smend*에 의하여 몇 번이고 되풀이하여 강조되고 있다; VR 79ff., 139f. 참조; Hsü Dau Lin, Verfassungswandlung 155ff., 47ff., 188(헌법의 "의욕된 신축성

마와 특히 영국헌법의 모범을 이러한 관계에서도 모방하려는 유혹을 받아왔다.

국가 기본법의 이러한 계속형성에서 한 국민의 정치적이고 법적인 정신의 그 무엇이 발현되고, 영국헌법의 형성이 항상 새롭게 우리의 관심을 불러일으킬 수밖에 없다고 하더라도, 바로 이곳에서 계수는 있을 수 없다. 사람들은 예컨대 시드니 로우*Sidney Low*와 함께 다음과 같은 것을 확인할 수 있다. "다른 헌법들은 구성되었다. 영국의 헌법은 성장이 허용되었다. 그래서 조직은 서서히 환경에 순응하였다."(other constitutions have been built, that of England has been allowed to grow, and so the organism has gradually adapted istself to its environments)[51] 그러나 사람들은 그것을 요구할 수는 없다. 만일 사람들이 예컨대 "헌법의회"(constitutional Convention 1660년과 1668년에 국왕의 소집 없이 열린 - 역자)와 같은 영국헌법의 개별적 제도들을 받아들이고자 했다면, 사람들은 바로 그곳에서는 매우 특정

과 필수적인 유연성"(!); Nawiasky, Der Sinn der Reichsverfassung 15; Thoma in Nipperdey I 42.

51) The Government of England 1911 5f.; McBain, The living Constitution 14. 그러나 몇 번이고 되풀이하여 언급되고 칭송되는 영국헌법의 가변성과 신축성은 - 중요한 것은 확실한 기본원리들의 발현이다! - 특정의 현대법이론의 의미에서 "역동성"과는 본질적으로 다른 그 무엇이다. -

또한 Jennings, in Yale Law Journal 1941 365ff., 380: "영국헌법의 계속적 유연성은 그것을 전면전에 적용할 수 있게 하였다."도 참조; Willoughby Bd. I 71ff., 특히 주 94 72f.에 인용된 빙하(氷河)의 예: v. Mangoldt, Rechtsstaatsgedanke und Regierungsform in den Vereinigten Staaten 6ff., 130, 320f.; Beck, Die Verfassung der Vereinigten Staaten 240f.

된 전제들(정치적 페어플레이 등) 하에서 헌법의 조화로운 계속 형성에 기여하는 것이 정신적·사회학적 조건들, 즉 "환경"(ambiance)이 결여되어 있는 다른 나라에서는 전혀 다른, 원치 않는 의미로 작용할 수밖에 없다는 것을 인식하여야 했을 것이다.

"경성" 헌법은 "연성" 헌법과는 다른 법칙을 따른다. 비록 반대가 절대적인 것이라 하더라도 그 의미를 위험에 빠뜨리지 않으면 무시될 수 없는 "경성" 헌법의 명확한 자율성이 나타난다.

사람들이 변화하는 상황에 대한 적응을 가능한 한 지나치게 용이하게 하는 배후의 바람과 의지를 인식하지 않으면 사람들은 새로운 헌법이론에 있는 많은 현상들을 바르게 이해할 수 없을 것이다. 이러한 "필연성"을 기꺼이 따르려는 각오는 매우 다양한 이론들에서 표현되고 있고 예컨대 권한규정들에서부터, 결국 손쉽게 법과 정치를 동일시하여 "규범과 현실의 파열"을 "극복"하는 개별적인 극단적 학설들에서 이야기되는 것처럼, 법의 "역동화"에 이르기까지 매우 다양한 강도를 나타내고 있다.

어떻든 거의 모든 곳에서 최고 국가관청들의 법적 기속을 완화하려는, 자유로운 활동의 여지를 확장하려는 다소간 명백한 경향이 나타나고 있다. 그밖에도 규범적인 것의 가치를 평가 절하하는 배후에는 헌법규범에서 예컨대 단순히 좁은 망(網)을 의심하는 회의에서부터 진정한 의미에서 정치활동의 기본법적 규정의 가능성과 의미를 부정하고 "행동의 신화"라는 명령에서, 자유로운 정치활동에서 처음부터 더 고차원적인 것, 더 힘있는 것, 더 원초적인 것을 보는 규범적대적 헌법사고에 이르는 매우 다양한 태도들이 숨어 있다. 그것은 선험적으로(a priori) "창조적 활동"과 동일시되고 성문화된 규범을 근거로 한 단순히 재생산적 "기계적" 활동과는 대비된다.

국법에서 규범적인 것의 이러한 해체를 다음 장에서 개별적으로 서술할 것이다.

제5장

법적 헌법의 해체

법적 헌법의 해체

국가작용은 매우 다양한 방법으로 규범에 의하여 규정되고 제한될 수 있다. 근대 헌법국가의 역사는, 사람들이 전변(轉變)을 무시한다면, 규범비중의 증가에 의하여, 즉 국가관청의 권한을 전진적으로 엄밀하게 규정하고 구획하며 제한하는 것에 의하여 특징지어진다. 우리는 현대에 역발전, 즉 "정치권력"이 새롭게 부상하는 것을 경험하고 있다. 사람들이 "행정부"와 병행하여 또는 그 대신에 "정부"를 점점 더 전면에 부각시키는 것은 최고 국가기관들을 가능한 한 광범위하게 규범적 기속으로부터 해방시키거나 사람들이 개별적으로 한정된 권한을 "일반조항" 또는 단지 "목표정식"으로 대체함으로써 활동의 자유를 확장하려는 충격적인 경향에 대한 징후일 뿐이다.

규범적 헌법의 이러한 해체는 한편으로는 규범비중의 감소에서, 즉 오직 몇 안 되는 규범에만 헌법규범의 서열을 인정하려는 명백한 경향에서, 다른 한편으로는 규범불변성과 규범확정성의 감소에서, 즉 근본규범들의 불가침성을 약화시키는, 근본규범들의 법규범적 의미를 문제삼는 경향에서 표현된다.

스스로 광범하게 법의 기초규범들(행위법)을 확정하는 법규범적 기초질서로서의 헌법은 점점 더 단순한 권한질서로서의 또는 결국 심지

어는 단순한 "백지헌법"의 모순으로서의 헌법으로 수축하고 있다.[1]

우선 이러한 해체의 단계들을 대략적으로 개관하고(I), 그 후에 개별적인 형태들을 체계적으로 평가하여야 한다(II).

I. 국가작용에 대한 규범규정성의 제 단계

1. 국가작용을 최적으로 규범에 의하여 규정하는 것, 즉 권한(조직적 부분 partie organique; 정치적 헌법 constitution politique; 건설적 법 droit constructif)의 법적 질서 외에 또한 행위(교리적 부분 partie dogmatique; 사회적 헌법 constitution sociale; 규범적 법 droit normatif)의 기초규범들, 기본권들, 제도적 보장들과 제도보장들, 일반적 법원칙들을 헌법에 규정하는 것이 헌법의 이상과 일치한다.[2] 기본법에는 "지배질서" 외에 "관계질서"도 규정되어 있다. 미합중국, 스위스, 바이마르 헌법 하의 독일 등의 (연방헌법과 지방支邦헌법들에 의한) 헌법질서가 그러하다. 또한 기본적 행위규범들을 포함하

---

1) 규범적으로 관찰하면, 이러한 매우 다양한 형상들은 전부 "헌법"으로 표현된다; 그렇기 때문에 통일적인 정의가 곤란하고 자주 함께 이야기된다. Mc Bain, The living Constitution 7ff.

2) Burgess, Political Science 137; Hauriou, Précis 611ff.; 저자의 "Gewaltenteilung 1; C. Schmitt는 L. u. L. 40ff., 62ff., 70ff.에서 특히 상이한 "헌법들"(즉 헌법의 부분들) 사이의 모순을 강조한다. 그는 HbdDStR II 578ff.에서 기본권편과 조직편의 "사실상의 차이"를 추적하기 위해서, 우선 "기본권과 헌법의 개념본질적 관련", 기본권편과 조직편의 "사실상의 관련"을 강조한다.

고 있는 그러한 헌법들만이 헌법국가적 이상(理想)의 의미에서 "완전한" 헌법이다.

그러나 바로 이러한 헌법들은 국가작용, 또한 최고기관의 국가작용을 광범위하게 규정하고(즉 제한하고 제동을 걸고) 헌법규범인 이러한 규범들의 개정을 다소간 곤란하게 함으로써 고도로 "정태적"이기도 하다.

또한 이러한 "완전한" 헌법의 범위는, 규범들이 권한, 국가형태, 개정과 관련해서뿐만 아니라 또한 기초적 행위규범과 관련해서도, 다시금 국가에 따라 매우 상이할 수 있다.

2. 헌법은 또한 권한질서에 제한되거나 또는 더 좁게 입법자의 권한질서에 제한될 수 있다. 그 경우 헌법은 주로 "지배질서"이나 그럼에도 불구하고 합헌적인, 객관화된 지배질서이다. 헌법의 본래의 의미(국가를 창설하는 것 rem publicam construere!)는 지배질서에 있고, 이는 사람들이 일반적으로 헌법의 법논리적 핵심(본질개념)으로 규정하는 것이다.[3] 최소한 국가의 조직은 이러한 방법으로 객관화되었

---

3) 그러므로 Merkl은 헌법을 자주 바로 "절차법"으로 표현한다. 그는 Festschrift für Kelsen, Gesellschaft, Staat und Recht 259에서 "거의 내용 없는 헌법의 권한규범"들을 언급한다. 또한 Burckhardt, Organisation 207, Methode und System 132ff., Einführung in die Rechtswissenschaft 147("헌법의 본래의 대상"); C. Schmitt VVdDStRL Heft 1 91: 모든 헌법에 본질적인 것은 조직이다; Kelsen AStL 248ff., VVdDStRL Heft 5 36: "기관과 입법의 절차를 규정하는 것이 고유한, 본래의 그리고 협의의 헌법의 개념이며," 그 밖의 "광의의 개념"은 또한 기본권을 포함한다; 또한 Heinrich in Festschrift für Kelsen, Gesellschaft, Staat und Recht 201f.; Nawiasky, Allgemeine Rechtslehre 40f.도 참조.

다. 즉 "의지질서"에서 "법질서"로(*Otto von Gierke*) 변화되었다. 가장 유명한 예는 1940년까지 유효하였던 1875년의 프랑스헌법이다. 이전의 헌법들과는 달리 이 헌법에는 교의적 부분(partie dogmatique, 기본권 등)이 없다. 그것은 주로 매우 중요한 조직규정들만으로 구성되고 있다. 그것은 어느 정도까지 "헌법소송법"(code de procédure constitutionnel)일 뿐이며 - 헌법의 이상에서 본다면 - 어떻든 매우 불완전한 헌법이다.[4]

그러한 헌법이 확장된 행위규범을 포함하는 헌법보다 정치적 형성과 변화하는 필요에 적응하는데 더 넓은 여지를 부여한다는 것은 분명하다. 왜냐하면 모든 기본권보장은 당연히 입법자와 행정부에 대한 저지와 제한을 의미하기 때문이다. 그러므로 과거 몇 년 사이에는 기본권규정을 단순히 법률에 의해 변화시키는 것을, 즉 프랑스의 헌법실제와 헌법이론이 "비헌법화"(déconstitutionalisation)라고 부르는 것[5]을 기도하는 제안이 없었다. 그렇게 헌법이 해체된다면 국가작용의 커다란 가동성과 자유가 초래되리라는 것은 의심의 여지가 없다. 그러한 것에 의하여 입법자는 법률을 내용적으로 형성함에 있어 전적으로 자

---

4) Barthélemy/Duez, Traité 34; Kelsen, Kommentar zur österr. Verfassung 63; 그에 반하여 그는 다른 곳에서 "그러한 규정들의 불필요성"과 "의문스러운 실제"를 이야기한다(AStL 154); Duguit, Traité III 587, Manuel, 2. Aufl. 210; Hauriou, Précis 339(는 Duguit와 마찬가지로 프랑스에서 기본권을 "헌법적 관습" coutume constitutionnelle으로 관찰한다). 영국헌법의 특수성에 대하여는 특히 Dicey, Introduction 179ff. 참조.

5) Barthélemy/Duez 227f., 898; Esmein/Nézard I 620f.; Hans Huber, Die Garantie der individuellen Verfassungsrechte ZschwR 1936 193aff., 47a.

유를 누릴 것이다.

그러나 이제 경험은 (바로 또한 프랑스의 예에서) 헌법이 조직규정만을 포함하고 있는 곳에서 헌법은 그 우위를 결국 상실한다는 것을 가리키고 있다.[6] 그곳에서 사람들은 헌법을 법논리적으로 권한규정에 환원해도 되지만, 법질서의 기초로서의 헌법의 중점은 바로 권한규범이 아닌 기초적 행위규범에 있다는 것이 분명해진다. 헌법의 조직편이 부각되는 곳에서는 어떤 의미에서 그 가치중립적(결정주의적) 원리가 기본권의 가치질서(실질적인 이성적 헌법)를 지배한다. 이러한 순 조직적 헌법개념은 (체계적으로는 물론 역사적으로 보면) 군주정적 (절대)국가의 잔재(Residuum)이다. 그러므로 그러한 헌법개념은 "절대적 민주주의"에 기여할 수는 있으나 결코 합헌적 민주주의에 기여할 수는 없다.

점증적인 정치화와 더불어 대부분의 국가에서 기본권[7]과 그 밖의

---

6) Borgeaud, Establissement et Révision 52; Carré de Malberg, La Loi 103ff., 116f., 122, 126, 139. E. Kaufmann VVdDStRL Heft 4 77; Hsü Dau Lin ArchöffR n. F. Bd. 22 37: "기본권은 성문헌법의 고유한 의미이고 가치내용이다"; Triepel VVdDStRL Heft 4 89; Somlò, Juristische Grundlehre 304; Schmitt L. u. L. 29, 47, 58f., 60: "국가본질의 유형이 그 기본권의 유형에 의하여 규정된다는 것은 본래 자체로서 이해되어야 할 것이다"; 98; HbdDStR II 604f.("기초적 질서원리"). Barthélemy/Duez, Traité 763; Heller, Staatslehre 273; "자유권의 해체"에 대하여는 또한 Giacometti, Festgabe für Fleiner 58f.도 참조; 정치적 권리의 해체에 대하여는 56f.; Oftinger SJZ 1940/41 228f., 242f.; Popitz DJZ 1929 21.

7) 기본권의 이러한 평가절하는 몇 번이고 되풀이하여 확인되었다. 그에 대하여는 제7장 참조; Duez in Mélanges Carré de Malberg 115(물론 - 1931! - 덜 확장된 기본권이 더 잘 법적으로 보호받을 수 있다고 생각하는; 122f.); 기본권의 평가절하와 "사법(私法)의 배제" 내지는 "사법의 본질의 공동화"는 병행된다. 그에 대하여는 Hans

행위규범의 헌법적 제한을 약화시키거나 배제하려는, 즉 헌법을 주로 단순한 "소송법"(code de procédure)에 환원하려는 경향이 나타나고 있다. 그러나 그러한 헌법은 행위규범이 있는 헌법이 그런 것처럼 더 이상 국가작용의 내용을 규정하는 작용을 하지 않고 권한을 규정하는데 제한된다. 즉 국가작용을 형식적으로만 규정한다. "법률의(헌법률의) 지배"를 점점 더 "입법자의 지배"[8] 또는 심지어 "처분의 지배"가 대체한다. 의회는 "실질적 법을 창조하는 독점권"을 가지며 위원회에서도 그 독점권을 마음대로 행사한다. 기본권을 가지지 않은 헌법은 거의 필연적으로 권력을 상위에 두는 결과를 가져온다. 왜냐하면 동등한 권력분립은 또한 통상적인 입법자를 구속하는 행위규범의 복합체를 사실상 전제하기 때문이다. 권력분립적 조직적 기초질서와 기본권은 불가분의 내적 관련 하에 있다. 이러한 두 가지 원리는 때에 따라서는 서로 어느 정도 모순될 수도 있다. 그러나 만일 사람들이 양자의 (체계적으로나 역사적으로도) 본질적인 내적 통일성을 절단하여 그것을 서로 "원칙적으로, 구조적으로 그리고 조직적으로 모순되는 헌법들"(! Carl Schmitt)에 실체화하고 독립시키고자 한다면 그러한 일은 파괴적인 의도에서만 가능할 것이다.

3. 긴급권과 수권법의 실제(pleins pouvoirs, 비상대권, 독재 등)에서 국가작용을 규범적으로 규정하는 일은 더욱 더 희소하다. 이 제

Karrer, Schuldrechtsersetzendes Verwaltungsrecht SJZ 1940/41 37; Oftinger SJZ 1940/41 244f., ZschwR 1938 499aff., 509ff., 632aff., 663aff.

8) 또한 Dupeyroux in Mélanges Carré de Malberg 156도 참조.

도는 수많은 나라들에서 매우 다양하게 규정되어 있지만, 일반적으로 (일시적으로) 다소간 포괄적인 권한을 하나의 국가기관에 집중시키거나 하나의 국가기관에 양도하는 것을 특징으로 한다. 일반적으로 "행정부" 또는 "정부"가 이러한 "비상권력"의 주체로 생각되고 있다. 그 경우 비상권력은 더 이상, 정상상태에서 그런 것처럼, (헌법률적으로 그리고 법률적으로) 제한된 또는 국한된 일반조항으로 표현된 권한규범과 행위규범에 의하여 제한되지 않고, "불확정개념이나 재량개념"에 의하여, 또는 매우 포괄적으로 표현된, 그러나 여전히 법규칙의 의미를 가지고 그리고 그렇기 때문에 객관적 해석(그리고 그와 더불어 사법형식의 심사)이 가능한 일반조항에 의하여, 또는 마지막으로 법규범의 확정성이 결여된, 오히려 자유로운 활동을 바로 가능하게 하고자 하며 목표를 "강령적으로"만 대충 표현하는 정치적 "목표규정"[9]에 의하여만 제한된다. 이곳에서는 사법형식의 심사나 또는 넓은 의미에서 "법적 통제" 대신 의회에 의한 계속적인 정치적 통제와 사후적 "승인", "면책결의"(Act of Indemnity)가 행해진다. "규범통제"는 "유연성 있는 상황통제"로 대체된다.[10] 또한 "비상상황"에서 정상적 헌법질서를 전면적으로 존중하는 것이 불가능하다면 이러한 방법으로 최소한 공공복리에 대한 처분의 실행과 권력유희는 감시되어야 한다. 그곳에 헌법국가에서 이러한 통제의 의미가 있다.[11]

---

9) Hedemann, Flucht in die Generalklauseln 49f.

10) Voegelin, Der autoritäre Staat 124f., Esmein/Nézard I 34; Carl Schmitt VVdDStRL Heft 1 103; Jacobi, daselbst 122f., 127f.; "불확정 개념들"의 의미에 대하여는 또한 Carl Schmitt L. und L. 35, 79: 최소한 "조직의 최소한"이 유지되어야 한다도 참조.

헌법국가의 점증적인 어려움에 대한 징후는 현대 헌법들에서 이러한 "비상상태"를 규정한 것이 매우 주목을 받고 있다는 것, 사람들이 헌법 내에서 그리고 헌법 외에 정부를 "정상적" 규범적 구속으로부터 해방시켜 재량에 넓은 여지를 마련해줌으로써 정부의 자유로운 활동을 가능하게 하는 "비상헌법" 또는 "긴급헌법"을 구별한다는 것이다. 이러한 "긴급헌법"은 1918/39년의 전쟁 사이의 기간에 곳곳에서 바로 정상이 되었다. 그러므로 우리는 이곳에서 긴급헌법을, 개별적인 것들을 상론하지 않고, 헌법국가 해체의 전형적 단계로 서술하고자 한다. 정상적인 헌법상태로의 귀환을 가능하게 하는 것이 헌법국가에서 바로 "비상상태"의 최고의 의미로 남아 있음으로써 그 의미에 따라 기본적으로 권위주의적 총통국가의 절대적 지배와 구별되는 것이 헌법국가의 경계상태이다.[12] 그러므로 "예외적 권력", 헌법국가의 제도로서의 "독재"는 항상 단순히 "위임적" 독재("입헌적 독재")이다.[13]

그러나 조금만 잘못하면 이러한 긴급권의 실제와 독재의 실제는 국가를 일반적으로 그리고 지속적으로 또한 "그러한 마지막 형식을 고집하는 것으로부터 분리시키려는"(*Hedemann*) 노력과 결별한다.

---

11) 또한 Jennings, The Rule of Law in Total War, Yale Law Journal 1941 380ff., 385f.도 참조. "입헌적 독재"(constitutional dictatorship)에 대하여는 또한 Friedrich, Constitutional Government and Politics 208ff.; Esmein/Nézard I 31 Anm. 84도 참조.

12) 사람들은 Kierkegaard의 널리 알려진 말을 바꾸어 "법적인 것의 목적론적 정지"를 말할 수 있을지도 모른다.

13) 또한 Schöpfer, StenBull StändeR 1939 545도 참조.

4. 오늘날에는 다시금 최고의 국가정상, 즉 총통이 절대권력(legibus solutus)인, 즉 모든 법규범적 규정들 위에 군림하는 국가들이 있다. 그리고 예외상태에서뿐만 아니라 이곳에서도 전혀 그 의미를 상실한 범주가 있다.[14] 이곳에서는 법규범적 헌법에 대하여 더 이상 의미있게 이야기할 수 없으며, 사람들이 규범적 헌법에서 "불가침적", 조직적 규범의 최소한을 이해하고자 하는 경우에도 그렇다. 왜냐하면 전적으로 자유로운, 제한되지 않은 권한은 존재하지 않기 때문이다. "절대로 무제한적인 권한"(compétence absolument discrétionaire)은 논리적 모순, 법적 불가능이다.[15] 이른바 "권한 중의 권한"도, 그것이 합헌적인 "권한"을 표현하고자 한다면, 반드시 어떻게든 제한된 권한이어야 한다. 그에 반하여 "총통"은 헌법을 초월하는 권력을 소유한다. 총통의 권력은 - 지도적인 "대독일제국의 헌법" 교과서의 해석에 따르면 - "포괄적, 총체적, 자유롭고 독립적, 배타적이고 무제한적"이다.[16]

---

14) 어떻든 여전히 "총통 긴급권의 이론"(!)을 약속하고 있는 E. R. Huber ZschrAkfDR 1938 79 Anm. 4 참조.

15) Seelle, Revue de Droit internat. et de législation comparée 1933 381, 394; RdC 1933 IV 368; Le Fur RdC 1935 IV 281; W. Jellinek, Der fehlerhafte Staatsakt 30; Carl Schmitt VL 102f., 237, 387, 또한 VVdDStRL Heft 1 87: 주권적 독재자이거나 또는 헌법, 하나는 다른 하나를 배제한다.

16) E. R. Huber, Verfassungsrecht 2. Aufl. 230; 또한 Frank ZschrAkdR 1938 460: "총통이자 동시에 제국수상은 형식적인 전제를 고려하지 않고 전체정책은 물론 제국의 외정 형태를 규정하는 독일 국민의 일반적 전권을 위임받은 헌법제정 대리이다." "총통에게 최고의 사법고권을 포함한 독일국민의 모든 권력은 집중된다"도 참조; Carl Schmitt DJZ 1934 945ff. E. R. Huber, Wesen und Inhalt der politischen Verfassung 81ff., 83, DJZ 1934 Sp. 954ff.

"총통국가"에도 물론 헌법이 있다. 모든 국가 - 민주적 도시국가와 마찬가지로 동양의 전제정도, 입헌민주주의와 마찬가지로 절대적 국가도 - 에 헌법이 존재하듯이, 이는 우선 순수 존재질서("사실상의", "현실적인" 헌법)의 의미에서 그러하다. 이러한 사회학적 의미에서의 헌법은 "정치적 통일과 사회질서의 구체적 전체상태"(Carl Schmitt), "특징적 권력구조, 구체적 존재형식과 활동형식"(Hermann Heller), "국가의 생활전체와 생활현실"(Rudolf Smend), "국민의 의지공동체가 존재하는 유형과 방법"(Kurt Schilling)이다.

그러나 오늘날에는 이러한 "현실적인 헌법"이 아닌 이른바 정치적 헌법과 규범적(자유주의적 · 법치국가적, "시민적") 헌법이 대비된다. 국가적인 것의 영역에서 규범적인 것의 해체를 추적하는 과정에서 우리는 이러한 "정치적 헌법"을 이러한 관점에서도 짧게 관찰하여야 한다.

"정치적 헌법"은 "정신력으로부터", "국민의 사실상의 상태로부터", "국가구성의 기본법으로부터", "총통"의 "새로운 기본결단"으로부터 생겨나는 국가의 "기초질서"로 규정되며, 따라서 매우 분명하지 않은 형태의 존재진술, 이데올로기, 규범적이고 "결정주의적"인 요소들을 함께 배열하는 개념이다. 왜냐하면 "정치적 헌법"의 개념은 또한 일차적으로 논쟁적으로 형성되었기 때문이다. 그것은 "정치와 법의 대결과 대항", "규범과 생활의 분리", "법학적 국가개념과 사회학적 국가개념의 분리"에 반대한다. 그것은 "추상적 규범과 구체적 현실의 모순을 지양"하고자 한다. "생동적 상태"와 (시민적 헌법국가의) "형식적 기구"가 대비된다.[17] 개인의 자유에 대하여 생동적 상태는 "통일과 전체성"의 원리를 강조한다. 민주주의원리에 반대하여 생동적 상태는 영도의 원리를 내놓는다. 헌법은 "더 이상 본질적으로 보장규범이 아니다." 헌법은 "더 이상 시민적 자유와 안전을" 보증하여야 하지도 않으며, 또한 더 이상 지방(支邦)의 자유와 자치를 보증하여야 하지도 않으며, 오히려 국가의 권력과 절대권, 전체의 통합을 보증하여야 한다. 그러나 이러한 전체의 "생동적 헌법"은 "전적인 규범화의 시도"와는 거리가 멀다. 불문법이 "생활과 거리가 있는 규범보다 더 강력하다"(!)는 것이다. "국민과 국가는 성문의 경직화된 규범 이상의 고차원적 법을 자신 속에 지니고 있다."

헌법의 성문성이 부차적이고 중요하지 않은 것으로 간주된다면 그것은 규범적인 것의 가치를 이렇게 평가절하하는 결과일 뿐이다. 헌법은 "도대체가 법률의 형식으로 주조될" 필요가 없다. 헌법은 더 이상 국가의 "불가침의" 법규범적 기초질서가 아니라 "단지 국민이 영도자에게 바치는 경건한 신뢰의 표현일 뿐"이다. 그러나 영도자의 최고의 결정권력은 그러한 신앙고백에 의하여 "침해되지 않는다." "국민국가의 기본원리들"은, 특히 영도자원리는, 법적인 방법으로 변경될 수 없는 "불가침의 헌법원리들"이다. 그에 반하여 법률의 형태를 가지는 헌법원리들은 언제라도 통상적인 입법형식으로("총통법률") 개정될 수 있고, 총통에 의하여 또한 개별적 경우에 임의적으로 침해될 수도 있다. 왜냐하면 헌법국가의 의미에서 (일반적인 것에만 효력이 미치는) 헌법제정권력(pouvoir constituant)[18]보다 훨씬 효력범위가 넓은 절

---

17) 사람들이 "토론하는" 헌법국가의 상(像)은 대부분의 경우에 인지할 수 없을 정도로 왜곡되었다. 이러한 "토론"과의 토론은 이 연구의 범위에 속하지 않는다.

대권력(potestas absoluta)은 총통의 소유이기 때문이다. 또한 "헌법률"의 범주도 "극복된 "것으로 선언된다.

그러나 또한 "통일과 전체"("총체성")와 "영도"("권위")라는 "실질적" 원리들은 권력분립과 권력제어, 구성국가-전체국가는 물론 개인-국가 간의 관계질서의 헌법적 확정, 헌법의 불가침성과 우위 및 특히 이러한 헌법률의 법관에 의한 보장(법관의 심사권 등)이라는 헌법국가적 기본원리들과 대립한다. 이러한 것을 이곳에서 개별적으로 대조하여 보이지는 않겠다. 하나를 배우면 모든 것을 안다(ab uno disce omnes): 헌법초월적인, 전능의 총통의 권력은 (법적으로 관찰하면) 한계가 없다. 오히려 그것은 "제어되지 않고 혼자서 책임을 지는 결정을 전제"한다. 그러므로 모든 규범적인 것은, 또한 이른바 "헌법률"이나 "기본법"도, 단순히 부차적 의미만을 가지며 단지 매우 불확실하게만 존속한다. "생동적인 총통질서"가 "경직된 법률"에 사로잡혀 있을 수 없듯이, 헌법의 "포괄적 구성요건"을 시대에 뒤떨어진 국법의 이론의 건조한 개념들로써" 파악할 수는 없다. "기본법"은 "단지 모든 형식을 초월한 현실적 기초질서의 외적 문자적 표현일 뿐"이다.

헌법은 "규범의 형식법학적 체계 이상의 다른 그 무엇이기 때문에" 헌법은 또한 "일반적인 것"과 "반복적인 것"(즉 바로 "규범적인 것") 이 아니라 "일회적이고 비교될 수 없는 것", "생동하는 것", "스스로 발전하는 것"을 대상으로 하는 "정치의 전체이론"에 의해서만 적절하

---

18) 가끔 헌법제정권력은 "지속적이고 안정적인 질서" 영역 내에서는 "영구혁명"을 주장하는 결과가 되기 때문에 존재할 여지가 없다는 것이 강조되기도 한다. 예컨대 E. R. Huber, Wesen und Inhalt der politischen Verfassung 64 참조.

게 파악될 수 있다. "(1933년 이래) 헌법의 형식이 아니라 헌법현실이 결정적으로 문제되고 있다!" 헌법은 더 이상 규범체계가 아니라 "외적 현상의 배후에 숨겨져 있는, 사물을 움직이고 지탱하는 생동하는 원동력(근본세력)이다." 헌법은 규범적 분과로부터 - 물론 어떻든 인정되지 않는 - 기술하고 정당화하는 분과로 된다. 국가가 헌법을 "가지는" 것이 아니라 국가가 헌법 "이다." 헌법이 "단순히 권력상황"이기는 하지만, 규범적인 것은 어떻든 "실존적인 것", "결정주의적인 것" 그리고 "행동주의적인 것"에 대하여 전적으로 후퇴하였다. 규범은 지속적으로 총통의 주권적 "결정"에 의하여 빛이 바랬다.

"정치적 질서"로서의 헌법은 "동시에 법적 질서이다." 그와 동시에 법은 더 이상 "순 규범적 의미"에서 이해되지 않는다. 모든 법은 "정치적 법", 즉 정치적 실재의 직접적인 표현이다. 이러한 정치적 법에서 법과 정치의 모순은 "극복되었다." "모든 진정한 질서는 동시에 법이다." "구체적 질서와 형성의 사고"는 "국민적 질서와 법의 동일성"의 "기본적 관점"에 의하여 지지되고 있다. "질서구조"는 "자체로서 최고의 법"이다.[19]

---

19) 헌법국가에 대한 공격에 대하여 이곳에서는 대부분의 저술에서 발견되는 다음과 같은 매우 중요한 간책을 지적하는 것으로 충분할 것이다: 규범적인 것은 선험적으로 나약한 것, 생명력이 없는 것, 정태적인 것, 기계적인 것, 죽은 것, 비창조적인 것, 무력한 것, 무가치한 것으로 생각된다. 그에 반하여 "정치적인 것"은 강력한 것, 살아 있는 것, 역동적인 것, 창조적인 것, 힘 있는 것, 가치 있는 것으로 생각된다.
특히 E. R. Huber, Verfassungsrecht 2. Aufl.; Wesen und Inhalt der politischen Verfassung 1935; Vom Sinn der Verfassung 1935 참조. 지배질서를 어느 정도 객관화하고 "항구화"하려는 경향은 - 모든 헌법의 피할 수 없는 표지! - Huber에 있어서도 몇 번이고 되풀이하여 중단된다. 예컨대 Wesen und Inhalt der politischen

결정적으로 이곳에서 우리의 관심을 끄는 현상은 규범적인 것의 해
체, 완화, 해소, 탄압과 평가절하는 헌법의 지도적 이론가들의 이러한
표현들과 진술들에서 충분히 표명되었다는 점이다.

어떠한 방법으로 더 이상 규범에 의하여 (기본법에 의하여) 구속되
지 않는 국가정상의 이러한 행위에 대한 절대적 반대는 - 사람들은 바
로 "전적인 규범진공"을 이야기했다 - 국가작용을, 또한 최고기관의
국가작용을 헌법에 의하여 전반적으로 또는 전적으로 규범에 의하여
규정되도록 하는 것일 것이다. 계몽주의의 국법사고와 법사고는 부분
적으로 여전히 이러한 목표지향에 의하여 고무되어 있었고 최소한 이
러한 전반적인 법률적 결정주의에서 사법의 기능을 보았을 것이다. 오
늘날의 사람들의 생각으로는 그러한 전적인 법률화의 요청은 낯선 것
이다. 또한 매우 상세한 헌법률 하에서도, 즉 비록 사람들이 그것을 포
괄적 사법전(私法典)의 유형에 따라 구성하고자 했더라도,[20] 모든 법

Verfassung 64, 65 참조; 또한 C. Schmitt DJZ 1934 Sp. 692ff., 949; Frick ZAkdR
1937 67("가장 중요한 국법의 기초는 당의 강령이다.")도 참조.
또한 Jünger, Der Arbeiter 269ff., 특히 271, 277f., 280도 참조.
"정치적 헌법"에서 법관의 심사권과 헌법재판을 위한 자리가 더 이상 없다는 것은
논리적 철저성에서 분명하다; 총통사고는 그러한 통제를 금지한다. RGZ Bd. 144
310; 152 88, 306. Freisler, Deutsche Justiz 1934 1335; Weber ZschrAkdR 1937
87; Schönke, Zivilprozessrecht 63. 최고의 권력은 책임을 지지 않는다(summa
sedes a nemine indicatur)!
이탈리아의 이론은 몇 번이고 되풀이하여 정치와 법의 한계를 불분명하게 하는데 반
대한다. 예컨대 Santi Romano, Corso die Diritto Constituzionale 3. Aufl. 15.
이는 분명히 로마적 법문화와 양자를 분명하게 구별하는 그 경향과 관계가 있다. 그
에 대하여는 예컨대 Schulz, Prinzipien des römischen Rechtes 13ff., 27ff., 45ff.,
172 Anm. 2 참조.

"적용"은 순수한 삼단논법에 따른 단순히 기계적 포섭 이상의 것일 것이다. 그것을 규율하는 것이 헌법의 대상인 실재영역은 그러나 - 예컨대 민법과 같이 - 전형적인, 계속적으로 반복되는 그리고 광범위하게 사례적, 구성요건적 규율을 허용하는 행위결과에 의하여 특징지어지지 않는다. 바로 여기서 모든 권한은 불가피하게 자유재량의 요소를 내용으로 한다. 그것은 결코 완전히 구속될 수 없다. 전적인 법률화는 모든 것을 아는 입법자에게만 그리고 - 완벽한 인간들의 공동체에서나 가능할지 모른다(그리고 이곳에서도 그러나 또한 다시금 쓸데없는 소리가 되겠지만!).

국가작용을 헌법규범으로부터 이렇게 진보적으로 해방하려는 - 이러한 현상은 권위주의적 · 전체주의적 총통국가에서 특히 뚜렷하게 나타나고 있고, 그러나 그 밖의 헌법국가에서도 과거 몇 년 동안에 점점 더 명백해지고 있다 - 배경 하에서 과거 몇 년의 헌법실제와 헌법이론의 많은 현상들은 이해될 수 있다.

II. 헌법해체의 개별적 제 현상

"헌법은 시간과 상황의 끊임없는 물결에 굴하지 않는 지브롤터의 바위도 아니고 서서히 파도를 썻어 떨어버리는 사주(沙洲)도 아니다. 사람들은 헌법을 오히려 정박소에 단단하게 계류되어 있어서 파도의

---

20) Heller, VVdDStRL 1929 Heft 5 112.

노리개가 되지 않으나 시간과 상황의 변화에 따라 부침하는 부선거(浮船渠)에 비교할 수 있다."이 정곡을 찌르는 묘사에서 *James M. Beck*[21]는 변화하는 세계에서 규범적 헌법이 가지는 의미를 설명하고자 하였다. *J. W. Hedemann*은 "엄격과 완화"를 조정하는 문제를 "도대체 20세기의 법률가들에게 주어진 아마도 가장 중요한 문제"로 간주한다. 그러므로 현대생활의 제고된 "역동성"에 직면하여 헌법의 불가침성이 여전히 무엇을 의미할 수 있을 것인가라는 문제, 어떻게 하면 헌법이 그의 본래의 존재하는 것의 이성(ratio essendi)을 형성하는 속성을 상실함이 없이 신속하게 변화하는 "요구"에 적응할 수 있을까라는 문제는 또한 헌법의 중심적인, 참으로 결정적인 문제이다. 왜냐하면 결과적으로 기본법적 질서로서의 헌법을 도대체 문제삼거나 아니면 헌법으로부터 헌법에 본질적인 명확성을 박탈하는 "적응"의 수단과 방법이 있기 때문이다. "결정의 방향과 마찬가지로 결정가능성에 대해서도 결정의 명확성, 무조건적 단호성, 의심으로부터의 자유는 법의 본질이다."[22] 법질서의 기초로서의 헌법에는 명확성과 불변성이 특히 필요하다. 그러므로 자신의 실정법적 의미를 유지하기 위해서 헌

---

21) Die Verfassung der Vereinigten Staaten 241.

22) Gerber in Nipperdey, Grundrechte I 275; Joh. Nagler, Festgabe für R. v. Franck Bd. I 358; Triepel, Staatsrecht und Politik 30 하단; Burdeau a. a. O. 29 하단; Stier-Somlò HWdRW Bd. VI 389; Tatarin-Tarnheyden, ZgesStW Bd. 85, 19("법과 법학의 첫 번째 과제"); Egger, Ueber die Rechtsethik 68, Kommentar zum ZGB Art. 2 Note 2; Schindler, Verfassungsrecht und soziale Struktur 31; Schulz, Prinzipien 162ff.; Stahl, Philosophie des Rechts II 2 283("그 규정들이 안전하고 불가침적이라는 것이 특히 그것에 귀속되는 기본법의 존엄"); Heller, Staatslehre 254f.: del Vecchio, Krise der Rechtswissenschaft 4.

법은 또한 자신이 그때그때 불완전하다는 것을 인정받아야 한다. 헌법법률가는 몇 번이고 되풀이하여 또한 불완전한 헌법률에 대해서도 존경심을 표해야 한다. 가혹한 법도 그러나 법이다(Dura lex, sed lex). 사람들이 이러한 지반을 떠나는 곳에서는, 역사가 몇 번이고 되풀이하여 가리키듯이, 사람들은 초실정적인 것을 직접 참조해서 불완전한 것을 제거하게 되는 것이 아니라 자의가 횡행하는 것을 방치하게 되는 것이다.[23]

사람들은 실정법질서의 이러한 필수적인 법칙을 몇 번이고 되풀이하여 강조하여왔다. 그리고 규범적 질서의 이러한 (상대적) 자주성과 지속성이 인정되는 곳에서만 국법에 대한 학문은 도대체 이론적 분과로서 가능하다. 역사는 어떻게 해서 법이 두 개의 측면에 의하여, 즉 "극단적 자주성"과 "극단적 비자주성"에 의하여 지속적으로 길을 잃는 위험에 처하게 되는가를 보여주고 있다. 어떻든 오늘날은 아마도 또한 모든 시대에 더 위협적이었던 후자의 위험이 더 가깝다. "지나친 자주성의 과장을 사람들은 경직성, 현재의 이해관계와 요구에 대한 무시, 법적결과의 폭군적 취급이라고 부른다. 그것은 실제로는 법의 품격과 존엄을 형성하는 속성의 과장. 그로부터 전향이 쉽게 가능한 효력 쪽으로의 방향상실일 뿐이다. 반면에 생(生)의 진행에 법을 온순하게 내맡기는 반대의 극단은 도덕적 무력의 증거이다. 법의 확고성, 의연한 부동(不動), 무사려, 기본도덕이 존재한다는 것은 예전부터 제 민족의

---

23) 또한 Walther Burckhardt, Kommentar zur BV, 서문 III의 훌륭한 상론; del Vecchio, Krise der RW 17; Goethe, Gespräche mit Eckermann, 1831년 2월 19일자; Schiller, Piccolomini I 4도 참조.

본능이 인지하고 있었다. 거만하게 제 민족은 그들의 법이 이러한 속성을 분명하게 증명하고, 말하자면, 방자하게 생(生)에 대하여 조소를 퍼부었던 역사의 돌발적 사건을 잊지 않고 있다."[24]

사람들이 법에 모든 가능한 방법을 사용하여 중개하려는 "역동성"은 때때로 법이 - 바로 아첨이 난무하는 시대에 사람들이 법의 본질적 속성으로서 강조하여야 하는 - 그 "지속성과 견고성"을 상실하는 "유동성의 상태"로의 이행 이외의 다른 것을 의미하지 않는다. 이러한 발전의 명백한 징후는 (불확정적) "도구개념들"의 약진[25]과 "일반조항으로의 도피"[26]이다. Hedemann은 그의 널리 알려진 소책자에서 이미 1933년에 이러한 위험을 인상적으로 경고하고, 규범적인 것이 이렇게 완화되는 경우 "가동성요소가 (결국 필연적으로) 권력요소와 하나로 합류될 수밖에 없다는 것"을 지적하였다.

해체적 경향은 특히 이론을 어렵게 만드는 데서도 나타나고 있다. 예전에는 합헌적 "헌법개정"(개정)이라는 개념 외에 기껏해서 (합헌적, 부분적) "헌법정지"라는 개념만 존재했다면, 시간이 흐르면서 "헌법존중적 헌법개정"과 "헌법무시적 헌법개정", "묵시적" 헌법개정과

---

24) Jhering, Geist des römischen Rechts Bd. II, 22f., 33. 그와 동시에 우리는 예링이 이곳에서 사법을 이야기하고 있고 국가를 "제한적으로만" 법규범적으로 규정할 수 있는 것으로 간주하고 있다는 것을 간과하지 않는다. 당시의 헌법에 대해서 그는 힘주어 "유연성과 신축성"을 요구하고 있다. 그가 살던 시대의 군주정적 국가에서는 "모든 헌법본질은 (단순히) 부차적인 것"이었다(Preuss DJZ 1924 Sp. 653); 그러나 발전된 국법은 사실상 저 상론에 비추어 관찰되어도 된다.

25) =24a) del Vecchio, Krise der RW 8 246.

26) =24b) Hedemann, Flucht 24f., 46f., 66f.

"우발적" 헌법개정, "헌법변천", "헌법침해", "헌법위반", "헌법확장", "헌법방해", "헌법배제" 등등과 같은 개념들이 등장하였다. 그리고 이러한 개념들은 처음에는 단지 확인하거나(사회학적인, 즉 실재의 현상에 대한 진술로서) 또는 심지어 논쟁적·비판적으로 생각되다가 시간이 가면서 점점 정당성을 부여하는 의미 그리고 결국에는 심지어 규범적 의미까지 포함하게 되었다.[25]

이제 우리가 규범적인 것의 해체를 의미하는 헌법적응의 저 현상들을 확인하고자 한다면, 그와 동시에 문제될 수 있는 것은 전형적 현상들일 뿐이다. 그밖에도 아래의 확인은 문제를 논하고자 하지도 않으며 논할 수도 없으며 - 모든 의문은 자체로서 단행논문을 요구할 것이다 - 오히려 오늘날의 헌법을 위하여 의미있는 측면에 대한 문제의 개관이고자 하며 그럴 수 있다.

---

25) 특히 헌법변천과 헌법침해에 대한 이론들 참조 - 독특한 것은 또한 몇 번이고 되풀이하여 등장하는 어떤 행동이나 절차가 "옳지는 않으나 그렇다고 해서 바로 그 때문에 위헌은 아니라는" 확인이다. Bilfinger ArchöffR n. F. Bd. 11 174의 언급 참조. 독일에서(1932년)는 "매우 격렬한 헌법적 비판과 고무적이면서 동시에 사기를 저하시키는 헌법적 의심" 뿐만 아니라 또한 특히 "통일적인, 명확한 헌법개념"이 결여되어 있고 거의 모든 연구는 "자신의 개념규정"에서 시작하여야 한다는 야단법석이 중국인 법학자 *Hsü Dau Lin*에게 충격을 주었다.

I. 헌법의 개정

근대헌법은 처음부터 더 이상 변화될 수 없는 것으로 생각되지는 않았다. 그러나 아마도 사람들은 헌법개정(개정)이라는 제도에 의하여 필요한 적응 - 이념에 따르면 그밖에도 상대적으로 긴 시간적 간격을 두고서만 - 을 가져올 수 있고, 그래서 다음 개정시까지는 전체 헌법은 반드시 구속적인, "불가침의" 기본법이어야 한다고 믿었다. 그것은 법적 기본질서로서의 헌법의 명확성과 (상대적) 완결성에 대한 고전적 생각이다. 이념에 따르면 어떠한 경우에도 현행 규범의 객관적 해석을 근거로 한 시점에서는 항상 하나의 판단만이 가능하여야 할 것이다. 헌법은 법적으로 규정된 개정절차에 따라서만 개정될 수 있어야 할 것이다.[26] 그러나 다른 한편으로 이러한 개정가능성은 또한 헌법적 기본 규범들을 변화하는 사정에 적응시키기 위한 것이라는 조건을 만족시켜야 할 것이다. 가중된 가변성은 그 자체 단지 기본가치의 안정성의 표현일 뿐이었다.

그러나 이제 헌법의 규범력은 역사가 전개됨에 따라 (나중에 보이겠지만) 개정이 개정조항 자체에 의하여 완화되고[27] 또 이러한 규범적

---

26) 예컨대 여전히 H. A. Zacharia, Deutsches Staats- und Bundesrecht 1841 Bd. I 125, 127 참조. 또한 Giacometti, Auslegung 30; SJZ 1934/35 260 Spalte 2; Festgabe für Fleiner 1937 62; Haab, Krisenrecht 18/19; Koellreutter DJZ 1928 Sp. 1223도 참조.

27) 스위스에 대하여는 예컨대 His, Geschichte des neueren schweizerischen Staatsrechts Bd. III 312f. 참조. 법률적인 것을 위한 의미는 특히 사람들이 개정에

방법 외에도 또 다른 개정방법이 인정되었다는 사실에 의해서 뿐만 아니라 또한 개정조항 자체의 법적 해석에서 생긴 변화에 의해서도 감소되었다. 이전에 국법이론은 ·법의 역사적 연속성을 담보해야 하는 개정규정들을 무조건적으로 완전한 법규로 인정하였고, 그 규정들에 - 개혁이 혁명보다 우월하다는 생각에서 - 심지어는 헌법의 그 밖의 규범들보다 우위를 인정하기까지 하였다.[28] 현대의 이론에서 개정조항의 법적 구속력을 부인하는 논리적 논증[29]의 배후에는 매우 곤란할 뿐인 이러한 부정의 원래의 이유, 즉 그 효력에 대한 회의가 숨어 있다. 사람들은 새로운 규범을 더 이상 그것이 합헌적으로 성립했는가에 따라 판단하지 않고 - 국민 다수의 민주주의에서 - 그때그때의 주권자의 의

대한 진지성에서 표현된다. 그리스 도시국가에 대하여는 Knauss, Staat und Mensch in Hellas, 110f., 158f. 참조.

28) Burges, Political Science and Comparative Constitutional Law I 137: 이것 (즉 개정조항)은 헌법의 가장 중요한 부분이다(This(sc. amending clause) is the most important part of a constitution). Mokre, ArchöffR n. F. Bd. 21 238(논리주의적 근거제시에서)는 비슷한 견해이다.

29) Krabbe, Moderne Staatsidee 85; Burckhardt, Kommentar zur BV 1. Aufl. 8ff., Organisation 213ff.; 이에 대하여 비판적인 것으로는 이미 Fleiner in ZschwR (1905) Bd. 25 388; Jagmetti, Der Einfluss der Lehren von der Volkssouveränität und vom pouvoir constituant 34. 이제는 또한 Nawiasky, Aufbau und Begriff der Eidgenossenschaft 45도 참조. 그렇다면 사람들은 철저하게 도대체 헌법의 법적 성격에 대하여 이의를 제기해야 할 것이다. Schindler, Verfassungsrecht und soziale Struktur 17, 119f.는 그러나 또한 최고 국가기관에 대한 규범들은, "법률에 의하여 강제되지" 않음에도 불구하고, "논쟁의 여지없는 법문"이라는 것을 강조한다; Jellinek, Gesetz und Verordnung 261f.: 법의 기능은 그것이 국가의 자유로운 활동기관, 입법기관을 지배할 수 있다는 데에서 매우 훌륭하게 나타난다.

사의 표현인 규범에 효력을 인정하는데 익숙해져 있다. "규범적인 것의 규범력"을 - 오늘날 주의해야 할 점으로는 더 이상 그러한 것으로 받아들여지지 않는 동어반복! - "사실의 규범력"이 대체한다.

이러한 사실은 한편으로는 전면개정과 부분개정 간의 구별이, 관계 있는 헌법규범들에 반대하여, 가끔 약화되거나 경시된다는 데서 표현된다. 그 앞에서는 "단순한 형식인" 다른 개정규정들이 영속할 수 없는 그때그때의 주권자의 의사에 대해서는 선험적으로 물론 다른 개정규정들도 양보하여야 한다. 그래서 사람들은 예컨대 부분개정요구는 "여러 개의 상이한 소재"를 내용으로 해서는 안 된다는 연방헌법 제121조 제3항의 제재는 연방의회에 의한 무효선언이나, "이러한 제재는 적당히 적용될 수 있다"는 것을 확인하였다.[30] 그러한 제한과 유사한 제한에서 상당히 조건부 의무부담이 나타나고 있다.

새로운 헌법률입법의 중요한 현상은 또한 "한시적 헌법률입법"의 등장에도 있다. 이미 한시적 입법이 형용모순(contradictio in adiecto)이라면 이는 헌법률입법에 정확하게 해당된다. 왜냐하면 헌법은 개념상(per definitionem) 지속적인, 불변의 기본법이기 때문이다. 한시적 헌법률입법을 정당화하기 위하여 사람들은 주로 주권자는 최소한 그러한 입장을 표명할 수도 있다는 것을 증거로 끌어대었다. 그러나 이러한 것도 헌법의 규범적 의미가 위협받는다는 것을 기만해서는 안 될 것이다. 왜냐하면 이러한 실제가 가지는 문제점은 입법기관에서도 몇 번이고 되풀이하여 인식되어왔기 때문이다.[31]

---

30) Burckhardt, Kommentar zur BV 816.

그것을 수단으로 - 만일 명확한 법에 대한 의지가 실제로 존재하는 것이라면 - 오늘날에도 여전히 생(生)의 "역동성" 때문에 발생하는 대부분의 문제들이 해결될 수 있는 헌법개정이란 제도는[32] 헌법에 요구되는 "신축성"과 "역동성"을 부여하는 개정의 다른 형식과 방법에 비하여 점점 더 영향력이 약해지고 있다.

| II. 형식적 개정과 함께 실질적 개정 |

형식적으로 헌법개정이 완화되면 헌법의 규범적 의미가 위험해진다. 근본규범 자체는 임시적인 것의 성격을 띤다. 그에 더하여 헌법개정에 대한 권한이, 헌법의 논리와는 모순되게, "절대주의적 전권"의 의미에서 선험적으로 이해되면, 헌법은 결국 "백지헌법"이라는 모순에 환원된다. 그 경우 헌법개정권력은 더 이상 합헌적 권한이 아니다. 이러한 극단적 상황은 예컨대 제국헌법 제76조에 대한 실제와 관련하여 가시적으로 되었고 "실제로 바이마르에서 외견상 합법적인 방법으로 쿠데타를 일으킬 수 있는 체제를 결단하였는가 아니면 헌법을 위하여 그러한 체제를 결단하였는가"라는 문제의 해결을 미룰 수 없게 하였다.[33]

---

31) 앞의 51ff.; StenBull NatR 1941 122f.(Holstein); Botschaft des BR vom 12. Februar 1915 BBl 1915 155f.; StenBNull 1915 111(Musy); 61ff.(de Meuron) 참조.

32) Giacometti, Festgabe für Fleiner 1937 82.

33) Bilfinger, Hallenser Verfassungsrede Nr. 43 1929.

그러나 이제 현대적 헌법발전의 특징은 형식적인 개정절차의 완화에도 불구하고 다른 많은 실질적 헌법개정들이[34] 다른 방법으로 관철되어 왔다는 사실이다. 형식상실과 형식상실에서 표현되는 규범적 헌법의 해체에 특징적인 것은 예컨대 다음과 같은 문장이다. "헌법개정이 효력을 갖기 위해서는 헌법개정이 입법자에 의하여 명시적으로 헌법개정으로 불려지는 것은 필요하지 않다." 특히 중요한 것은 임시적인 명제가 아니라 제국법원의 확인이기 때문이다.[35] 이러한 개정은 부분적으로는 규범적인 것이 발전하는 방향으로 나아가기도 하였다. 그러나 이러한 개정은 "역동적" 시대정신의 표현으로서 주로 반대의미

---

34) 독일이론은 실질적 헌법개정을 헌법조문은 개정되지 않았으나 가중다수가 인식상태로 남아있는 경우로 이해한다. Laband, Staatsrecht Bd. II 38f. 우리는 그것을 매우 일반적으로 헌법조문의 개정 없이 하나의 헌법규범을 실질적으로 다른 규범이 교체하는 경우로 이해하고자 한다. Giacometti, JöffR 1928 Bd. 16 329, 363f.; Verordnungsrecht und Gesetzesdelegation 28f.(단순한 입법의 방법으로 헌법의 권한규정을 개정하는 법률전부 法律轉付); Auslegung 5f., 22, 29f.; 다음의 새로운 방법들도 참조. SJZ 1934/35 261; Festgabe für Fleiner 1937 46f.; Verfassungsgerichtsbarkeit 87; Kuhne, Das Problem der Delegation und Subdelegation von Kompetenzen der Staatsorgane 74f., 106ff.; Fleiner, ZschwR n. F. Bd. 53 7a, 18af., 20a; W. Jellinek, Grenzen der Verfassungsgesetzgebung 8; Triepel, DJZ 1924 650ff. Bilfinger, Verfassungsumgehung, ArchöffR n. F. Bd. 11 163ff.는 "의심스러운 종류의 발전"(179), "많은 영역에서 체계로 악화된 헌법위반"과 그 결과 야기된 "법치국가 사상의 파괴"(190)를 이야기한다. "헌법초월적 제국법률"에 대하여는 또한 Thoma, Grundbegrffe HbdDStR II 153f.도 참조. 이러한 실제에 대한 대조물은 국민발안을 지연적으로 처리함으로써, 국민청원을 "저지함"으로써 헌법률의 입법을 방해하는 것이다. 그에 대하여는 예컨대 Triepel DJZ 1926 Sp. 845ff. 참조.

35) JW 1927 2198.

에서 작용하였다. 우리는 특히 아래에서 긴급권, 해석, 헌법변천과 정부와 같은 개별적인 중요한 현상들을 논할 것이다(III 이하 참조). 그러나 중요한 형식, 즉 일반적인 법률에 의한 실질적 헌법개정은 이곳에서 언급할 것이다.

헌법의 내용이 아닌 일반적인 법률의 내용이 법공동체에서 사실상 존중되는 것과 모순되는 곳에서, 즉 법원(法源)의 올바른 서열질서관계에 반하여 일반적인 법률(내지는 긴급한 연방결정 또는 심지어는 규칙[36])이 우위를 주장하는 곳에서 일반적인 법률은 실질적으로(또는 "직접적으로", "묵시적으로") 헌법을 개정한다. 이러한 일은 원래 모든 헌법에서 가능하지만, 법관의 심사권이 존재하지 않는 곳에서 실제가 된다.[37] 스위스 연방헌법 제113조 제3항의 문제점은 이러한 관련 하에 있다. 심사권의 이러한 배제는 위헌적 법률도 연방에 귀속된다는 것, 즉 다른 모든 관청에 의하여 존중되어야 한다는 것을 의미한다. 사람들은 이 독재적 규정의 중요한 의미를 몇 번이고 되풀이하여 강조해왔다. 이 규정은, 연방의회에 "법적 전권"을 부여함으로써,[38] (최소한 잠재적으로는) 규범적 헌법의 해체를 의미한다. 입법부는 더 이상, 사정이 헌법국가의 논리에 일치하는 것처럼, 단순한 "헌법에 의하여 제정

---

36) Giacometti, Festgabe für Fleiner 1937 58f.(헌법률입법자로서의 연방의회), 65f.(헌법률입법자로서의 연방상원).

37) 이러한 일은 최근에 미국에서도 관철되었다. Rappard ZschwR n. F. Bd. 53 98af.; 104af. 참조.

38) Giacometti, Verfassungsgerichtsbarkeit 87; Jellinek AStL 362f. "헌법률입법절차의 생략"에 대하여는 Giacometti, Festgabe für Fleiner 1937 58f.; 60: 국민과 신분의 헌법제정권력의 배제.

된 권력"(pouvoir constitué)이 아니라, 입법부의 입법행위는 실질적으로 헌법을 개정하는 힘을 가진다. 연방헌법 제113조 제3항의 규정은 입법부에 오늘날 점점 더 정치적으로 바람직한 것으로, 즉 불가피한 것으로 간주되는 신축성을 중개한다. 그러나 규범성의 관점에서 보면 법관의 심사권 배제는 헌법의 객관성과 불변성의 약화를 의미한다는 것은 극히 분명하다. 헌법의 "최고합법성"(superlégalité)이 의문시 된다. 그것은 "불안정한 상태"에 빠진다.[39]

지난 몇 년 사이에 - 아래로부터 그리고 위로부터 - "헌법의 은밀한, 눈에 띄지 않는 건강부회와 위반", "법률형식의 남용"이 점점 더 많이 나타났다. *Triepel*과 다른 사람들은 정당하게 이러한 체계적 헌법위반에 "무엇인가 파렴치하고 자가당착적인 것이 있음"을 강조하였다. 헌법은 그 "기본법적 의미"를 상실하고 있다. "불가침성"은 결국 공허한 요설로 되고 있다.

헌법의 피조물인 일반적인 입법자가 헌법을 실질적으로 개정하는 곳에서는 입법자는 어느 정도 그 권한 자체를 상실한다. 이는 "전형적인 (법률적인) 뮌히하우젠 식의 허황된 이야기이다"(*Merkl*).

---

39) Jellinek AStL 363, 538; Giacometti, Auslegung 5, 30f. 이러한 실제의 위험에 대하여는 또한 Dicey, Introduction 475도 참조.

비슷한 기능을 사람들이 프랑스에서 의회를 위하여 요구한 "위반권(저촉권)" (pouvoir de dérogation)도 수행해야 할 것이다. 이러한 개별법들은 "법의 냉정한 엄격함"(rigueur impassible des lois)에 대한 안전판으로서 정당화되었다. Dupeyroux in Mélanges Carré de Malberg 160f.

III. 긴급권

국민의 저항권이 근대 헌법국가의 합법적인 방법에 의하여 어느 정도까지는 "법논리적으로 해결"되어야 하듯이, 규범적인 것에 대한 그 당시의 생동하는 의지는 "긴급권", "위로부터" 헌법을 침해하고 정지하는 권리를 배제하고자 하였다. 절대적 불가침성의 이념은 예컨대 1831년의 벨기에헌법 제130조에서 규범적으로 규정되었고[40], 또한 유명한 밀리간(ex parte Milligan) 결정에서 오늘날의 법률가들에게는 거의 다른 세계에서 사절이 예방한 것처럼 타협의 여지없이 등장하였다. *David Davis* 대법관은 동 결정에서 다음과 같이 설시하였다. "합중국 헌법은 통치자와 국민을 위한 법률이고 마찬가지로 전시와 평화시의 법률이며, 그 방패로써 시간과 상황을 불문하고 모든 인간계급을 보호한다. 그 규정들 중의 어떤 규정이 커다란 국가의 급박한 사정에서 정지될 수 있다고 주장하는 이론보다 더 위험한 결과를 가지는 어떠한 이론도 일찍이 인간의 정신에 의하여 발명된 적이 없다. 그러한 규정은 직접 무정부상태나 압제에 이른다. 그러한 규정이 근거로 삼는 비상사태의 이론은 잘못이다. 왜냐하면 정부는 헌법 내에서 존립을 유지하기 위하여 필요한 모든 권한을 가지고 있기 때문이다."[41]

---

40) La Constitution ne peut être suspenduc en tout ou en partie. 또한 H. H. Zachariä, Deutsches Staats- und Bundesrecht 128도 참조. 또한 이미 Rousseau C.s. IV Chap. 6도 참조.

41) 4 Wall. 2 120f.(ex parte Milligan). Ernst Freund는 150년 동안 미국정부는 "국사행위"(acts of state)에 피난할 필요없이 기능했다는 것을 확인하였다.

미국의 국법학과 법원실제는 오늘날까지 이러한 정신의 그 무엇을 유지해왔다. 그에 반하여 유럽대륙의 이론은 이곳에서도 일반적으로 자진해서 실제의 발전을 따랐다. "단순한 규범성에 대한 실존적인 것의 우위"에 대한 확신은 점점 더 도그마로 되어갔다. 불가침의 헌법이 단순히 조건부 효력을 가진 규범질서로 되고 있다. 헌법은 "정상적으로 전제된 사정과 관련해서만" 여전히 법률이다. 주권자는 더 이상 헌법이 아니라 (널리 알려진 정의[42]에 따르면) "비상사태에서 결정하는 자"이다. 모든 규범적인 것은 그와 더불어 "단순히 부차적"으로 된다. 헌법과 법률로부터의 전향은 기꺼이 "신성한 불법"(santo illegalismo) (*Biondi*)으로 정당화된다.

이러한 발전경향은 "헌법내적" 긴급권의 제도들에서뿐만 아니라 "헌법외적" 긴급권의 제도들에서도 나타나고 있다.

헌법내적 긴급권, 즉 (매우 일반적으로 고쳐 쓰면) 급박성, 긴급, 위기, 전쟁 등의 경우에 헌법으로부터 (일시적인) 일탈을 승인하는 제도들의 총체는 그 자체로서 이미 규범적인 것의 후퇴를 의미하나, 그럼에도 불구하고 다소간 통제된 형태의 규범적인 것의 후퇴를 의미한다 (앞의 S. 98f. 참조). 그러나 그 외에도 반규범적 경향은 이러한 경향들 자체가 - 그리고 이러한 일은 거의 모든 국가에서 나타났다 - 뚜렷하게 확장되었다는 데서 나타나고 있다.[43] 긴급권의 실제에 대한 비판

Encyclopedia of the Social Sciences Vol. IV 254. 또한 프랑스에서도 1914/18년의 제1차 세계대전 전에는 "완전권력의 일반적 법"(Loi générale de pleins pouvirs)의 경우는 한 건도 없었다; Weyr, Annuaire 1937 56. 그에 대하여 예컨대 Leibholz ArchöffR n. F. Bd. 22, 23, 24 참조.

42) Carl Schmitt, Politische Theologie 11; VVdDStRL Heft 1, 91f.

에서 다음과 같은 것이 몇 번이고 되풀이하여 확인되었다. 객관적으로
심사한다면, 많은 경우에 긴급권을 원용할 전제조건이 도대체 충족되
지 않았다. 긴급권을 근거로 한 처분들이 헌법에 규정된 한계("불가침
적 내용", "독재 고정적" 규범 등)를 유월하였다. 비상사태의 해제(내
지는 정규적 입법에로의 환원)가 충분히 신속하게 이루어지지 않았다.
(헌법국가의 논리에 따를 때) "임시적인" 처분들이 점점 더 영속적인
것의 성격을 가지고 있다 등.[44]

실제적인 필요와 관련하여 발전된 이론이 1919년의 바이마르 헌법
의 국법에서 널리 승인을 받은 헌법침해의 이론이다. 처음에는 오히려
비판적으로 부정되다가 그 제도는 "관습법적으로" 관철되었고, 이론은
헌법조문을 개정함이 없이 구체적인 개별 사례에서(én vue d' un cas
donné) 헌법에 위반되지만 그 밖의 헌법조문은 계속해서 효력을 가
지는 그러한 명령을 합법적인 것으로 정당화하려고 하였다.

또한 이러한 제도에서도 긴급권의 특유한 법칙성이 발현한다. (긴
급사태를 위해서만) 예외로 생각된 것이 "일반적이고 무제한적인 원

---

43) 그에 대하여는 또한 Jacobi VVdDStRL Heft 1 135f.; Schmitt L. u. L. 35도 참조.

44) Fleiner BStR 418f.; Dringlichkeitsklausel ZblfStGemVerw 1927 577; ZschwR
    n. F. 53 14aff.; Giacometti JöffR 1922 329f.; Verordnungsrecht und
    Gesetzesdelegation 11: 경향은 일반적으로 점점 더 긴급명령권을 확장해석하는
    방향으로 나아가고 있다. Giacometti는 Festgabe für Fleiner 1927 368ff.에서
    "엄격한(그리고 "가장 엄격한") 척도"와 "아주 적은 예외"를 거듭 강조한다; in SJZ
    1933/34 289f.; Max Huber NSR 1934 161f.; Burckhardt ZschwR n. F. Bd.
    53 297a, Schweizer Monatshefte 1938 426ff. 특히 430ff. - 또한 이미 Benjamin
    Constant im Cours de politique constitutionelle Bd. III 17ff.의 통찰력 있고
    반어적인 견해표명도 참조.

칙"으로 될 것 같았다. 이론은 이곳에서도 "권한을 혼란하게 만드는 남용"의 위험을 인식하였고 "헌법의 전체체계와 조화적일 수 있는 범위"에 "헌법침해"를 한정하려고 하였다.[45] 그러나 규범적인 것의 해체는 이곳에서도 더욱 분명하게 되었다.

이러한 경향은 자명하게도 헌법외적 긴급권(헌법과 "더불어" 또는 헌법 "위의" 긴급권) 하에서 더욱 첨예해졌으며, 이에 대해서는 여기서 더 자세한 증거제시를 필요로 하지 않는다. 지난 몇 년이 경과하면서 문헌에서와 마찬가지로 국법실제에서 더 자주 국가이성의 명령을 인용하게 된 것은 사람의 이목을 끄는 현상이다. 그 이상으로 국법이론은 "실존적인" 또는 현저히 "정치적인" 사고로 전향하게 되었다. 사람들은 이러한 발전을 평가함에 있어 객관적으로 필요하다면 헌법의 탈락이 명령될 수 있다는 것, 국가이성의 명령이 객관적으로 존재한다는 것[46]을 간과해서는 안 될 것이다. 그러므로 여기에서 문제되는 것은 우선 가치평가가 아니라 긴급권 제도와 그 확장적용에 의하여 헌법의 규범력과 그 효력범위가 제한되고 약화될 수 있다는 사실에 대한 지적이다. "실존적인 것"은 점점 더 강제적으로 규범적인 것보다 우선권을 요구하고, 법이론은 점점 더 "특별한 것에 대한 일반적인 것의 잠재적인 적응능력"(*Leibholz*)을 담보해야 하는 수단과 방법을 정당화하고

---

45) Kelsen AStL 81f.에 대하여; Annuaire 1929 209; VVdDStRL Heft 5 69.

46) R. Thoma HbdDStR 11 155f.; C. Schmitt VL 99ff., 106ff.; VVdDStRL Heft 1 91; Jacobi, dasselbst 109f.; Leibholz, Die Verfassungsdurchbrechung, ArchöffR n. F. Bd. 22 1ff., 3; 이것(즉 헌법침해)은 헌법생활의 역동성에 의하여 강제되며 모든 질서체계에 불가피한 것이다.

이론적인 근거를 제시하고자 한다.

국가비상사태에서는 언제나 헌법이 침해되었다. 이러한 비상사태는 최근에 눈에 띠게 첨예해졌다는 것 또한 이론의 여지가 없다. 그러나 이러한 것은 다른 한편으로, "비상사태", "국가이성", "급박성"을 부르는 것은 어떻든 부분적으로만 객관적 필요성에 의하여 근거지어질 수 있는 방법으로 자제력을 잃게 된다는 것 또한 부정할 수 없다. 오히려 본질적인 것은 특히 또한 헌법위반을 "법학적으로" 근거짓고 정당화하는 방법에 의하여 요구되는 규범의지의 결정적 약화이다(위의 제1장 참조). 사람들이 정당하게 군주정적 국법의 잔존물을 인식한 이러한 다양한 "긴급권"의 이론들을 이곳에서 더 자세하게 평가하지 않더라도 이곳에서 우리의 관심의 대상인 헌법의 규범적 의미에 대한 증거인멸의 위험은 한편으로는 "영국·미국·프랑스의" 이론과 다른 한편으로는 독일의 이론을 암시적으로 대조함으로써 보일 수 있을 것이다.[47]

"독일의" 이론이 긴급권을 법학적으로, 즉 "더 고차원의", "불문의", "헌법의 본질에서 오는" 명제를 가지고 헌법과 "나란히" 또는 헌법보다 "상위에" 관련시키려 함에 반하여, 미국의, 영국의 그리고 프랑스의 이론은 긴급권의 이론을 비법학적인, 정치적인 이론으로 특징지었다.

---

47) 이는 스위스에서도 관찰된다: Giacometti SJZ 1934/35 257의 언급 참조; Barthélemy/Dues는 '발전된 입헌주의를 가진 오래된 민주주의'에 대해서는 이러한 일은 "놀라운 것"임을 강조한다, Traité 243.
　　이러한 구별은 나라에 따라 단지 전형적 경향만을 가리킨다. 물론 모든 국가에는 양 이론의 추종자가 있다.

"인간의 넓은 예측을 근거로 일시적 우위는 존재하지만, 헌법상의 긴급성의 사법적 우위는 존재하지 않는다"(Il existe une superiorité momentanée des faits sur cette grande prévision humaine qu'est la constitution, mais il n'y a pas de supériorité juridique de la nécessité sur la constitution).[48] 오히려 법의 지배(reign of law, règne de la loi)는 위기시에도 효력을 가진다. 모든 헌법위반은 헌법 파괴를 의미한다. 해당 행위는 위헌이며 위헌으로 남는다(불규칙한 법적 행위는 위헌이며 위법이다. un acte juridique irrégulier, inconstitutionnel, illégal). 해당 행위는 면책법률에 의하여도 법적으로 치유되지 않으며, 다만 정치적으로만 "면책될" 뿐이다.

이러한 전후관계에서 이러한 양 이론과는 다른 뉘앙스 이상의 것을 주는 것은 더 이상의 논거제시를 필요로 하지 않는다.[49]

긴급권에서도 실제와 이론에서 규범적인 것의 후퇴, "국가적 이익에 대한 법의 절대적 주도권"(suprématie absolue du droit sur

---

48) Barthélemy/Duez 243.

49) Giacometti SJZ 1934/35 257, 260과 특히 Festgabe für Fleiner 1937 62; Tringstén, Les pleins pouvoir, 일반적인 것에 대하여는 특히 7ff., 327ff. 특히(최대한의 권력을 일상적이고 체계적으로 사용하면 결국에는 민주주의를 제거하게 된다는) 333. 또한 Das Recht des Ausnahmezustandes im Ausland von Mandry, Schmitz, Glun u.a., herausgegeben von Smend도 참조; Barthélemy/Duez 240ff.; Le Fur RdC 1935 IV 135f.; Jennings, The Rule of in Total War, Yale Law Review 1941 374ff., 380ff.; Walther Burckhardt, Schweizer Monatshefte 1938 425ff., 특히 431ff.; K. Reber, Das Notrecht des Staates, 특히 28ff. 인쇄 중에 있는 Giacometti, Das Vollmachtenregime der Eidgenossenschaft(Zürich 1945).

l'intérêt de l'Etat)의 제거, 헌법의 해체가 특히 분명하게 나타난다. 우리의 신(新)결정주의적 시기에 긴급권은 오래된 우월권(ius eminens)의 기능을 수행한다.

| IV. 해석, 헌법변천 그리고 관습법 |

a) 사실적인 발전의 "역동성", 정치권력의 부각은 또한 매우 다양한 해석이론들에서도 표현된다. 이곳에서도 오직 전형적 경향들만을 암시할 수 있다. 국법실제에 대한 비판은 몇 번이고 되풀이하여 권한규범을 확장해석하려는 경향과 그에 대한 대개념으로서 반대되는, 금지하는 규범들의 제한적, 완화적 해석에 대한 경향을 제시하는 기회를 가졌다. 특히 미국의 헌법은 결정적으로 해석에 의하여 계속형성되었다.[50] "연성헌법"(loose constitution), "묵약적(默約的) 권력"(implied powers), "종국적 권력"(resulting powers) 그리고 "천부적 주권"(inherent sovereign powers)의 유명한 이론들을 상기하는 것으로 충분하다. 연방대법원의 헌법변천적 해석은 커다란 범위에서 헌법개정권력의 몫이라고 생각되었던 기능을 수행하였다. 그러나 미국에서

---

50) 특히 Bryce, American Commonwealth 1926 I 375 참조; 더 나아가서 관찰방법에서 특히 특징적인 Walton H. Hamilton, Constitutions, in Encyclopedia of the Social Sciences Vol. 3 255ff.의 논문; 더 나아가서 Hsü Dau Lin 811ff. - 해석의 방법에 의한 이러한 계속형성이 없다 하더라도 사실상 "헌법은 쓰여지는 순간부터 죽은 헌법이다"(Dès que l'on écrit une constitution, elle est morte)라는 대가의 말은 어느 정도 정곡을 찔렀다 할 것이다.

광범위하게 강조의 위치가 바뀌었고 헌법해석이 결정적으로 바로 헌법해명, 헌법안정 그리고 헌법발현에 기여했다면,[51] 다른 나라들에서의 해석은 자주 헌법의 맹백한 해체의 원인이 되었다. 이러한 경향들은 지난 수십 년이 경과하는 중에 점점 더 명백하게 되었다. 그러나 사람들이 그러한 경향들에서 신속하게 변화하는 상황과 요청에 헌법을 더 적응할 수 있게 하려는, 헌법을 "역동적으로" 형성하려는, "규범"에 대하여 "결정"에 더 광범위한 여지를 만들어주려는 의도를 인식하여야만 사람들은 그러한 경향들을 정당하게 이해하게 될 것이다. 쉽게 입증할 수 있듯이, 헌법의 해석은 헌법에 대한 기본적 생각에 의하여 결정적인 영향을 받는다. 사람들이 헌법을 기본적으로 "정치적 통일체의 종류와 형식에 대한 전체결단"으로 이해하면,[52] 이러한 "실존적 결단"에 대하여 모든 규범적 규정들은 가정에 따라 단순히 부차적인 것일 수밖에 없다. 개별적인 헌법률적 규범들을 해석함에 있어서도 바로 기본적인 정치적 결단이 결정적인 것이다. 국가의 "통합과정"의 법질서로서 헌법을 (동태적으로) 이해하는 것도 그 끊임없는 국가의 전체성으로의 이행에서 "신축적인, 보완적인, 모든 그 밖의 법해석과 차이가 있는 헌법해석을 허용할 뿐만 아니라 심지어 요구되는 것으로" 간주하는[53] 결과에 이를 수밖에 없다. 그렇게 그리고 비슷하게 헌법은 자

---

51) W. Jellinek JW 1929 2315ff.의 의미에서 이 개념들은 사용되었다.
   사법의 방법으로 헌법발현에 이르는 것은 개별적 방향에 따라 스위스에서도 행해지고 있다: Fleiner BStR 445ff., Giacometti, Verfassungsgerichtsbarkeit 5f., 50, 270f.
52) Carl Schmitt VL 20ff.의 "실정적 헌법개념"이 그러하다.
53) Smend, VR 78f., 133f.

주 "정치적" 법으로 이해되고(이에 대하여는 아래의 제6장 참조), 이는 해석을 위하여 기본적인 의미를 가지며 어떻든 결과적으로는 반드시 헌법의 규범적 의미를 약화시키게 된다. 방법론적으로 사람들은 이러한 해석방법들을 곧 "정신과학적으로"(*Smend*), "정신사적으로"(*Holstein*), "역사목적론적으로"(*Ule*) 보편타당하게 근거지으려고 했다. 헌법해석의 "특수성"과 "고유성"을 강조하는(그리고 지나치게 강조하는) 배후에는 많은 경우에 단지 규범적인 것의 가치를 평가절하하려는 경향만이 숨어 있다. 어떻든 바로 과거 수십 년 동안 국법은 이곳에서도 "헌법조문의 더욱더 빈번한 확장"(*Max Huber*)과 "헌법의 방일(放逸)한 재해석"(*D. Schindler*)을 경고했어야 할 것이다.

　b) 암시된 헌법이론적 기본관점으로부터 또한 헌법변천의 문제에 대한 다양한 입장표명들이 이해된다. 프랑스의 이론이 헌법의 규범적 기본관점을 근거로 헌법변천에 거의 주목하지 않았고,[54] 헌법변천을 어떻든 단순히 사회학적 현상으로 평가했다면, 독일이론은 법원론(法源論)에서 그것에 점점 더 커다란 의미를 부여하고 있다. 예전에는 이곳에서도 형식적 개정의 방법을 통해서만 실질적으로 헌법은 개정될 수 있다는 생각이 여전히 지배적이었다. 더구나 철저하게 실증주의적인 법률가들에게 주장되는 헌법변천은 법적으로는 바로 헌법침해였다. 중개적 이론은 헌법변천에 의하여 성립한 규범들을 최소한 아직 일종의 완전한 가치 없는 법으로 파악하려고 한다. 그래서 특히 *Hatschek*

---

54) Hsü Dau Lin, Verfassungswandlung 145f.; Hauriou, Présis 261.

는 "헌법관습"(Conventions of the Constitution)[55]에 관한 유명한 영국의 이론에 의존하여 관습률이론을 전개하였다. 그러나 점점 더 헌법변천에 의하여 성립된 규범들은 완전한 가치를 가지는 법으로 파악되게 되었다.

그 자체로서만 본다면 미합중국에서 사실상 그렇듯이 헌법변천의 이론은 규범적 헌법의 확장과 발현에 기여한다고 생각할 수도 있다. 그러나 법관이 아니라 정치권력이 변천의 의미와 효력범위를 결정하는 곳에서는 헌법변천은 필연적으로 헌법의 규범력을 해체하는 원인이 될 수밖에 없다.

이 문제에 대한 의견표명에 있어서도 헌법에 대한 기본생각이 결국 결정적이다. 헌법에서 "국가생활에서 정태적, 고수적 동기"(Fleiner)[56]를 인식하는 헌법관은 헌법변천의 현상을 해석함에 있어서 헌법에서 "끊임없이 변화하는 과제를 담보해야 하는" 통합체계를 인식하는 헌법관과는 다른 결과에 이를 수밖에 없다. 이곳에서는 "헌법은 이러한 신축성을 가지며 헌법체계는 경우에 따라서는 스스로를 보완하고 변화한다는 것은 성문화된 헌법의 내재적이고 자명한 의미"로 된다(!). 그러나 헌법의 규범력이 전체적으로 그리고 개별적으로 약화되는 것은 헌법의 "가변성"과 "신축성"을 힘주어 강조하는 것과 관련이 있다[57](이에

---

55) Dicey, Introduction 22ff.; Hatschek JöffR Bd. 3 4ff.

56) Institutionen 3.

57) Smend VR 79f., 137f.; Hsü Dau Lin, Verfassungswandlung 152ff. Hsü의 이론도 결과에 있어서는 규범적인 것을 문제시한다. 그는 때에 따라 Smend의 견해가 "아마도 어쩌면 지나치다"는 것을 강조하기는 한다(174). 그는 "헌법의 법적 성격"을 방어한다(154ff., 182). 그리고 그는 또한 "헌법변천의 한계"를 강조한다(175ff.).

대하여는 아래의 S. 142f. 참조).

c) 다른 한편으로 오히려 관습법이 거의 원용되지 않는 것이 현대 헌법발전의 "역동성"에 있어 특징이다.[58] 그렇지 않아도 신속하게 행해지는 입법과 병행하여 관습법이 여전히 좁은 범위에서 주장될 수 있었다면, 더욱이 관습법의 이론은 헌법의 (의도된) 신속한 변화를 정당화하는데 적절하지 않다. 사람들이 관습법의 개념을 종전의 모든 견해와 반대로 규정하려고 하지 않는다면 어떻든 사람들은 (상대적으로) "확고한 실제", "지속적인 습관"의 요소를 편력하지는 않는다. 그러나 이러한 요소는 규범적인 것의 완만한 발현의 방향을 지시하고 어떠한 경우에도 "역동적인" 경향에 기여하도록 할 수 없다. 그럼에도 불구하고 도처에서 헌법과 나란히 또는 심지어는 헌법보다 상위에 존재하는 관습법으로 불려지는 것은 자주 단순한 권한침탈이다.[59]

ArchöffR n. F. 22 27f.에 실린 그의 논문에서 더 분명하다. 또한 Leibholz, Das Wesen der Repräsentation 106; C. J. Friedrich, Constitutional Government and Politics 120f.도 참조.

58) Giacometti, Auslegung 3f.; Festgabe für Fleiner 1927 390l Fleiner BStR 421; 더 나아간 것으로는 del Vecchio, Rechtsphilosophie 306. 그러나 이곳에서 적용은 바로 관습법에 의해서가 아니라 문제가 미해결로 남아 있다는 것, Fleiner가 말하듯이 사람들이 "흠결"을 인정한다는 것에 의해서 이루어진다. 또한 Hsü Dau Lin, Verfassungswandlung 10f.; Nawiasky, Schweiz. Rundschau 1940/41 670ff.도 참조. "관습법의 역동성"에 대하여는 또한 Franz Arthur Müllereisert, Die Dynamik des revolutionären Staatsrechts, des Vökerrechts und des Gewohnheitsrechts, 특히 50ff.도 언급하고 있다.

59) 사람들은 종종 "혼히 그의 위반에 불과한 법의 변화"(évolution du droit ce qui n'est souvent que sa violation)로 표현한다: G. Scelle, RdC 1933 IV 692f.

이렇게 반규범적 경향을 심지어 관습법의 이론에서도 볼 수 있다면 사람들은 최근에 성문화된 헌법에 대하여 (찰나적인) 정치적 필요성의 우위를 근거짓고자 하는 곳에서 점점 더 특정의 해석방법과 헌법변천의 이론에 의지하고 있다.

V. 정부

헌법국가는 군주의 권력과 대결과정에서 성립되었다. 헌법국가는 "정부"에서 절대권력의 대표적인 것을 탐지하였다. 대륙적 그리고 민주적 경향은 이곳에서 정부를 단순한 "행정부", 단순한 "대리인" (agent)으로 끌어내리는 헌법정책적 노력에서 의견의 합치를 보았다.[60] 법률의 우위와 지배적 지위에 따라 헌법국가는 본질적으로 "법률국가"로 되었다. 이러한 "법률의 지배"는, 법치국가의 완성에 뒷받침되어, 분명히 지적될 수 있는 "헌법강화", "헌법해명" 그리고 "헌법실현"의 원인이 되었다. 헌법은 미국의 "사법심사"(judicial review)의 지배하에 불가침의 기본법에 대한 고도의 객관화를 포함하게 되었다("사법국가").

그에 비하여 오늘날의 발전은 "행정부"에 중심이 옮겨진다는 의미에서 수행되고 있다.[61] "사법국가"와 "입법국가"는 "행정국가"에 의하

---

60) 또한 Rousseau, C. s. III 1; Jellinek, Gesetz und Verfassung 70ff., 90ff.도 참조.
61) 그에 대하여는 특히 Giraud의 연구 Le pouvoir exécutif dans les démocraties d'Amérique 1938과 민주주의와 자유의 내적 관련을 훌륭하게 강조하나, 다른 한

여 또는 사람들이 의미에 적절하게 불러야 하는 것처럼 "정부국가"에 의하여 해체되고 있다. 이는 법률이 국가의 지배적 중심에서 배제되고 있다는 현저한 표현이다. 규범적인 것의 이러한 후퇴는 부분적으로 이미 앞에서 암시된 수많은 개별적 현상들에서 표현되고 있다.

"행정부의 방출"은 제한적인 범위에서만 형식적인 헌법률입법의 방법으로 초래되었다. 그러한 일은 대부분 헌법해석과 헌법변천의 방법으로 발생하였다.[62] 국가과제의 확대는 상설관청인 행정부에게 법적인 것 속에 표현되기를 갈망했던 예상 외의 사실상의 권력을 가져다주었다. 사람들이 형식적인 합법화를 추구하지 않고 다른 방법으로 헌법적 기초를 위조하려는 것이 현대 헌법실제의 특징이다. 정치는 불확정적인 것을 좋아한다. 그 이유는 불확정적인 것은 정치에 더 넓은 여지를 허용하기 때문이다. 이러한 경향은 현대의 헌법실제에서 매우 확연하게 나타나고 있다. 행정부의 권력증가는 인정되기는 하였으나 곧바로 법문의 고정된 형태를 취하지는 않았다. 그것은 흡사 때로는 넓게 때로는 좁게 권한을 제한하는 것을 허용하는 "관습률(규칙)"[63]이라는 법 이전의 응집상태에 머물러 있었다.

편으로는 바로 이러한 반대명제의 표현이자 보증이어야 할 헌법을 이상한 방법으로 오인하고 있는 La Crise de la démocratie et le renforcement du pouvoir exécutif, 1938 참조. 또한 Gascon y Marin, Laski und Laun im Annuaire 1935 113ff.의 보고도 참조.

62) Giacometti, JöffR 1928 329f.; SJZ 1934/35 370; 또한 Dubs, Oeffentliches Recht der Schweiz I 80f., 116에 있는 주목할 만한 부분도 참조. 그러나 또한 I 118과 II 92; Schindler, Zur Lage deer Schweiz im Jahre 1940 13f.도 참조.

63) 이곳에서 헌법규범 대신 관습률(규칙)이 요구되듯이 국제법에서는 조약 대신 신사협정(gentlemen agreement)이 요구된다. 예컨대 Bilfinger RdC 1938 I 210 참조.

이러한 무게이동은, 꽤 일반적인 현상으로서, 입법에서 드러났다. 새로운 헌법이론은 가끔 "행정부"에 - 권력분립의 본래의 엄격한 의미와는 명백하게 대조적으로 - "자주적인 규칙권"을 인정하려는 경향이 있다.[64] 그밖에도 꽤 일반적으로 권한위임의 실제가, 특히 입법부에 의한 행정부에의 입법권한의 위임이 관철되었다.[65] 또한 사람들이 이러한 위임실제를 실정법적으로 정당한 것으로 간주하는 곳에서도 입법권한의 위임은 그 작용에 있어 객관적 규범질서로서의 헌법의 효력을 매우 의미심장하게 해체하는 것을 의미한다. 왜냐하면 입법과 관련된 권한은 더 이상 반드시 헌법 자체에 의하여 규정되지 않고 일반적인 입법자의 의사의(즉 의회의 그때그때의 다수의 의사의) 재량에 맡겨지기 때문이다. 그 속에서 위임의 허용이 헌법체계에 대하여 의미하는 심각한 침입이, 한편으로는 (사람들이 일반적으로 헌법의 고유한 핵심으로 간주하는) 최상의 권한질서로서의 헌법의 의미축소로서 그리고 다른 한편으로는 권력분립이라는 헌법기관구성의 기본원리의 약화로서, 명백하게 드러난다. 그러나 또한 이로부터 그렇게 근본적인 제도를 오직 해석이나 헌법변천의 방법으로만 정당화하고자 하는 것이 얼

---

64) Giacometti, Festgabe für Fleiner 1927 380ff.; Festgabe für Fleiner 1937 72f.; Schindler SJZ 1934/35 305ff.

65) Giacometti, Festgabe für Fleiner 1927 363ff., 387ff., JöffR 330; SJZ 1934/35 257ff.; Verordnungsrecht und Gesetzesdelegation 7f., 21ff., 36; Schindler SJZ 1934/35 305ff., 313; Laferrière in Mélanges Carré de Malberg 294f., 305f.; Duguit, Traité IV 747f.; Tingstén a. a. O. 9f.; F. Kuhne, Das Problem der Delegation und Subdelegation von Kompetenzen der Staatsorgane 1f., 73ff., 106ff.; 더 나아가서 Weyr Annuaire 1937 41f.와 Annuaire 1938 28ff.

마나 문제를 가지고 있는가 하는 것이 해명된다. 그러나 그럼에도 불구하고 이러한 것이 가능하다는 것은 다시금 헌법의 중대하고 있는 "역동성"에 대한, 행위법뿐만 아니라 또한 권한질서를 가능한 한 그때 그때의 순간적 필요에 적응시키려는 경향에 대한 특징적인 징후이다.

그렇다면 예외상태에 의하여 규범적인 것으로부터의 정부의 이러한 해방은 더 커다란 영향을 받는다(위의 III 참조). 신속한 활동의 명령을 따르기 위하여 국가권력은 "행정부"에 집중된다. 법률에 근거한 행위를 "통치행위"가 대신한다.[66] "전능의 법률"(*Otto Mayer*)은 그 특색이 "구체적 상황에 그것이 목적종속적이라는 데 있는" "처분"에 굴복한다.

행정부의 이러한 부각은 사법권에 대한 행정부의 헌법적 지위에서 또한 눈에 띠게 명백하게 볼 수 있다. 이곳에서는 예컨대 행정부에게 이제 사법에 영향력을 행사할 가능성이 주어지지는 않으나[67] - 오히려 법관의 독립성 원칙은 법치국가의 수호신으로서 견지된다 - "행정부"는 특히 기능에 있어 "예외권력"으로서 점점 더 법관의 통제로부터 예외가 된다. 프랑스의 최고행정법원(Conseil d'Etat)이 정부행위, 즉 객관적 심사를 받지 않는 행정부의 행위의 영역을 10년 간의 판결에서 점점 더 좁혀왔다면, 몇 년 전부터 이론은 항상 일치된 견해로 그 전적인 폐기를 요청해왔고 - "모든 국가들의 공법적인 것들과 단어를

---

66) 또한 Max Huber NSR 1934 162도 참조; "정부행위"(actes de gouvernement)에 대하여는 Duez, Laun, Vauthier와 Smend in Annuaire 1931 II 35ff., 85ff., 192ff., 233ff.의 보고 참조. Petzsch-Heffter JöffR 1922/34 184f.

67) 우리는 이곳에서 항상 헌법국가를 이야기하고 있다.

몰아내야 한다!"(il faut bannir le mot et la chose du droit public de tout pays civilisé!)(*Duguit*)[68] - 우리는 오늘날 명확하게 회귀적인 경향을, 그러나 최소한 헌법국가에서는 헌법재판과 행정재판의 폭넓은 완성에서 정지를 경험하고 있다. 즉 사람들은 바로 "고도의 정치적" 통치행위를 그 "역동적으로 비합리적인 본질적 특성"(*Leibholz*)을 근거로 원칙적으로 사법심사에서 제외시키고자 한다. "정치권력"의 주체로서의 정부의 이러한 전진적 부각에서 - 그리고 그 속에 최근의 헌법발전의 결정적 현상이 있다 - "자신의 정치적 영향력을 의식하게 되는 직책은 그 권한의 범위를 점점 더 확장하고"[69] 규범적인 것으로부터 해방되고자 한다는 저 오래된 법칙이 다시 한 번 더 실현된다.

*

이러한 모든 현상들에서 규범적 헌법의 해체는 표현되고 있다. 우리는 이곳에서, 즉 헌법의 영역에서 처음에 제시된 규범적인 것의, 주의주의(Voluntarismus)로의 전향의, 전적인 정치화에 대한 경향의 몰락을 만난다. 왜냐하면 또한 대강 새 시대에 점점 더 정치적 법으로서의 헌법의 특성이 주장되지 않게 되었기 때문이다. 다음 장에서 이 개념이 가지는 상이한 의미들을 분석함으로써 이곳에서 다룬 발전경향들을 더욱 분명히 하는 기회가 주어질 것이다.

---

68) Traité Bd. III 736.
69) Carl Schmitt, Hüter der Verfassung 49.

제6장

"정치적 법"으로서의 헌법

| 제6장 |

"정치적 법"으로서의 헌법

우리가 근대헌법사를 개관하여 보면, - 모든 반대운동에도 불구하고 - 특이한 발전노선이 두드러진다. 근대 헌법국가는 절대적 지배주권에 대한 투쟁에서 성립하였고 정치권력을 전진적으로 제한함으로써 규범적인 것을 확장시키고 강화시켰다. 헌법재판의 확장에서 절정에 달한 규범적인 것의 이러한 부각을 얼마 전부터 강력한 반대운동이 교체하였다. 즉 자유로워지고자 하는 정치권력이 법의 질곡을 벗어났다. 많은 나라들에서 헌법은 과격하게 제거되었다. 그 밖의 나라들에서는 헌법은 다소간 광범하게 해체되었다. 가능한 한 총체적 규범성의 이상형이 성장하는 헌법국가의 앞에 아른거렸다면 사람들은 오늘날 "총체적인 규범진공"이라는 표제어로써 점점 더 위협이 되어가는 국법발전의 경향을 암시할 수 있을 것이다.

이러한 발전은 또한 국법문헌에도 반영되고 있다. 규범이 지배자의 의사에 대해서 그런 것처럼 국법이론은 점차 "정치"에 대하여 독립하였으며, 이는 일찍이 예컨대 이미 *J. H. Boehmer*가 1709년에 처음 출판된 그의 개론(Compendium) "일반공법 입문"(Introductio in ius publicum universale, 프라하 1743년)에서 국가를 "필요성의 이성"(ratione utilis)으로 관찰하는 "정치학"과 국가를 "정의의 이성"

(ratione iusti)으로서 관찰하는 "일반 공법"을 대비시킴으로써 증명하고자 했던 것이다. 헌법국가의 확장과 병행하여 국법이론은 독립하였고 규범으로서의 법을 더욱 강력하게 중심에 옮겨 놓았다. 오늘날 우리는 이러한 평형을 역전된 의미에서 경험하고 있다. 즉 헌법국가의 해체와 더불어 국법이론의 독립성도 점점 더 위협을 받고 있다. 정치를 위한 법이 그 속에서 규범적인 것이 점점 강력하게 후퇴하는 "정치적 법"으로 되고 있다. 결국 존재와 당위, 현실과 규범의 대립이 전적으로 정치와 법을 동일시하는 데서 극복되고 있다. 말을 바꾸어 말하자면 국법은 퇴임하였다.

이러한 전적인 가치하락이 있기 훨씬 이전에 헌법에서는 문제가 몇 번이고 되풀이하여 제기되었다. 문제가 되는 것은 어떤 의미에서는 헌법에 규범화된 영역의 특색과 관계가 있는 지속적 문제이다.

몇 번이고 되풀이하여 사람들은 문헌에서 헌법을 "정치적 법"으로 불러왔다. 그러나 이러한 상투어의 배후에는 그렇게 많은, - 의식적이든 무의식적이든 - 규범적 헌법의 해체의 원인이 될 수밖에 없는 불명료성과 경향이 은닉되어 있다. 따라서 사람들이 이 개념을 도대체 사용하고자 하는 한, 사람들은 그 의미를 정확하게 밝혀야 한다. 우리의 작업과 관련하여 다양한 저자들이 이 개념과 결합시키는 상이한 의미내용을 추적하고 "정치적인 것"의 참고가 헌법의 규범적 (법명령적) 의미를 모호하게 하거나 해체하는 곳에서 필요한 경계선을 긋는 과제가 분명해진다.

1. 때때로 "정치적 법"(droit politique[1])이란 표현은, 그 표현으로

써 어떻든 헌법조문의 법규범적 의미의 약화를 표현하거나 암시하지 않는, 단지 "헌법"에 대한 해석을 의미할 뿐이다. "정치적"이란 말은 이곳에서는 "국가적"이라는 말과 동의어로 사용된다. 그러므로 "정치적 법"은 국가적 관계의 (기본적) 질서에 대한 법이다. 사람들이 그 개념을 이러한 의미에서 사용하고자 하는가 여부는 용어관습의 문제이다. 우리는 그 개념이 다의적이고 불명확하기 때문에 그 개념을 부적절한 것으로 피하고자 한다.

2. 사람들이 헌법의 발효와 더불어 이전에는 단순히 강령, 정치적 이데올로기였던 것이 법규범의 체계로 변화했다는 것에 대하여 명확하게 남아 있다면, 헌법을 특정의 정치적 이념 내지는 이념복합체의 표현으로 특징짓는 것 또한 적절하다. 모든 헌법은 정치적 질서관, 특정의 정치적 가치, "정치적 기초견해"(*Fleiner*) 그리고 형성원리의 표현, 그것도 "법적 표현"이다.[2]

---

1) 예컨대 루소의 사회계약론의 부제목: 정치적 법의 제원리(Pricipes du droit politique) 참조; 더 나아가서 II 12: 정치적 법(lois politique) 또는 기본적 법(lois fondamales); 아마 또한 Bluntschli, Allgemeines Staatsrecht 6. Aufl. Bd. I 123: 헌법률들은 "예외없이 현저히 정치적 성격"을 가지나, "필연적인, 구속적인 법"을 창설한다가 그러한 입장이다.

2) Giacometti SJZ Bd. 31 260, 370; Auslegung der schweiz. BV 29. 이곳에서 헌법은 "어떤 의미에서 자율성"을 가지는 "정치적 규범체계"로 특징지어진다. Schindler, SJZ 1934/1935; Wackernagel, Der Wert des Staates 192ff.: "국가의 기본질서에 대한 특정의 정치적 확신, 정치적 신앙고백의 전환"으로서의 헌법; 또한 같은 책 272에 인용된 J. Ray도 참조; Santi Romano, Corso di Diritto Constituzioale 3. Auflage 15.

헌법을 "한 국민의 정치적 통일체의 종류와 형식에 관한 결단"으로 규정하는 *Carl Schmitt*의 매우 유명한 정식도, *Schmitt*의 경우 "결정 주의적으로" 생각된 것을 사람들이 규범적인 것으로 번역한다면, 받아 들일 수 있다. 왜냐하면 국법적인 의미에서 헌법은 결단("결정")이 아니라 규범체계로서 이러한 결단의 결과이며, 정치적 의지는 아니나 아마도 법규범적 표현이고 그와 더불어 특정의 정치적 의욕의 객관화이다.[3]

"정치적인 것", 즉 이곳에서는 법형성적 의욕과 "법" 사이의 경계획정은 우선은 어떤 어려움도 발생시키지 않는 것으로 생각된다. 헌법의 발효와 더불어 - 개별 조항에 대해서는 시행규정이나 경과규정에서 새로운 법의 효력(vacatio legis)이 규정될 수 있다 - "정치적인 것"은 법규범체계로 객관화된다. 이전에 예컨대 혁명의 선언이나 정당의 강령에 표현될 수 있었던 요청들이 헌법에 수용됨으로써 법명령의 특정한 의미를 가지게 된다.

그러나 사실상 모든 법적용의 전제인 - 모든 헌법의 조문이 실제로 법문으로 생각되고 있는지 여부는 모든 헌법의 조문에서 우선 확정되어 있어야 한다 - 이러한 구별은 그렇게 단순하게 실행될 수 없다. 이러한 사실은 헌법들은 법규 외에 매우 자주 또한 단순히 "프로그램적 조항"도 포함하고 있다는 것과 관계가 있다. 헌법제정자들은 헌법에서 국가의 법규범적 기본법을 볼 뿐만 아니라 또한 동시에 그러한 기본법

---

3) 이러한 의미에서 사람들은 E. von Hippel, Einführung in die Rechtswissenschaft 99와 의견을 같이하여 "교의적 정치학"을 이야기할 수 있다. "실질적 국가이념"의 표현으로서의 헌법에 대하여는 Horneffer, Die Entstehung des Staates 122ff. 참조.

을 국민을 위한 일종의 정치적 교리문답서로 만들려고 생각했기 때문이다. 사람들이 편집에 관여하게 하고 자료에 필요한 형식과 적확한 체계를 부여하는 것을 의무로 하는 법률가들로서도 단순히 프로그램적인 것을 전적으로 또는 가능한 한 헌법으로부터 추방하는 것은, 모든 엄숙한 전문(Präambel, Proömium)이 없을 뿐만 아니라 또한 용어에 이르기까지 법률적 편집자(*Kelsen*)의 제안을 따른 1920년 10월 1일의 오스트리아 연방헌법에서 그런 것처럼,[4] 매우 드물게만 가능하다. 그리고 그럼에도 불구하고 또한 이곳에서도 "순수한 체계의 관점"이 정치적 바람에 양보할 수밖에 없었고 한 곳 이상에서 법률가가 "중요한 법률내용"을 추측할 수 없는 규정들이 수용되었다.[5] 그러나 전체적으로 이 사려 있고 객관적인 헌법은 최적의 법적 정확성을 달성하였다.

대부분의 헌법들에는 이러한 첨예한 법적 프로필과 구성에 있어서 엄격한 논리적 철저성이 결여되어 있다.[6] 그렇다면 이곳에서 법적인 것을 적출해내는 것, "비구속적 법률내용"[7] 자체의 성격을 묘사하는 것 그리고 법명령적 조항들, 즉 특정의 명령과 금지를 내용으로 하는 그러한 조항들을 단순히 프로그램적인 조항들로부터 분리시키는 것은

---

4) 예컨대 "권력"이란 용어, "주권적"이란 표현 등의 삭제; Kelsen, Kommentar zur österr. BV 65, 67.

5) Kelsen a. a. O. 65쪽의 제1조에 대하여, 66쪽의 제2조에 대하여.

6) 그와 동시에 바로 정치적으로 뛰어난, 오래 가는 헌법들도 법적으로 보면 매우 종종 결점이 있다는 것을 강조할 필요는 없다. 또한 Fleiner, BStR 14f.에 있는 Gottfried Keller의 격조 있는 말도 참조.

7) Eisele, ArchzivPraxis Bd. 69 317ff. 참조. 또한 Stahl, Philosophie des Rechts Bd. II 2 283도 참조.

학문의 과제이다. 이러한 과제는, 예컨대 스위스 연방헌법 제2조의 예가 보이듯이, 매우 커다란 의미를 가진다.[8]

정당한 해석에 따르면 연방헌법 제2조는 단순히 프로그램적 의미만을 가진다. 그리고 이는 오늘날의 문헌에서는 꽤 일반적으로 인정되고 있다.[9] 그러나 연방입법자는 몇 번이고 되풀이하여 그 조항을 원용하였고 문헌에서도 사람들은 가끔 그 조항에 근거하여 권한을 부여하려고 시도하였다.[10] 그러나 문제되는 것은 단순한 "목표정식"이다. 사람들이 그러한 목표정식에서 권한의 근거가 되는 법규를 탐지한다면, 그로부터 모든 오직 바랄 수 있는 권한들이 추론될 수 있을 것이다. 그러나 그렇게 하는 것은, 실정적인 개별 권한조항들의 원칙적 유보의 경우에도 이러한 거의 윤곽 없는 일반조항이 만연할 수밖에 없게 됨으로써, 분명히 헌법의 전체 의미와 체계에 역행한다. 사람들이 공공복리 조항을 텍스트에서 "스위스연방 구성원들의 권리의 보호와 자유"에 관한 공공복리 조항 앞에 있는 조항에 의하여 제한되는 것으로 보고자 하는 경우에도 "공공복리의 촉진"이라는 마지막 조항으로부터 모든 권한을 추론하는 것을 무슨 수로 막을 수 있겠는가!

---

8) 폴란드의 국법은 1935년 4월 23일의 폴란드 헌법 모두의 10조에 의하여 비슷한 과제에 직면해 있었다. 그것은 법규인가 아니면 어떻든 법을 위하여 의미가 있는가?

9) Fleiner BStR 43; Giacometti, Auslegung 28, 23; Burckhardt Kommentar zur BV 3. Aufl. 9f.; 다른 견해: Nawiasky, Aufbau und Begriff der Eidgenossenschaft 26.

10) Giacometti, Auslegung 10, 24에 있는 논증 참조; Burckhardt 11f.; Willoughby Bd. I 62ff.; 그러나 이러한 "헌법의 정신"은 해석을 위하여 중요하다. daselbst 67f., 특히 70f. 참조.

이러한 제한으로써, 즉 정치적 "목표정식"으로 그리고 그렇게 함으로써 비법규로 명확하게 성격을 규정함으로써 - 그 때문에 오직 연방헌법 제2조를 증거로 끌어대는 모든 법률들에는 위헌이라는 오점이 수반되는데 - 법적용을 위하여 필수적인 명확성이 확보되었다. 그러므로 이러한 의미에서의 "정치적"이란 말은 법규가 아닌(내지는 아직은 법규가 아닌) 헌법의 (개별적으로 특정된) 문장들이다.

이와는 반대되는 의미에서 바이마르 헌법 하에서 법규와 정치적 프로그램의 문제는 기본권을 쟁취하기 위한 투쟁에서 시급한 것으로 되었다.[11] 헌법국가에서 연방헌법 제2조와 같은 프로그램조항에 대하여 그 밖의 헌법규정들의 규범적 의미를 사람들이 비법규를 법규로 잘못 해석하고 이렇게 해서 기괴한 전권을 헌법에 도입함으로써 위태롭게 하지 않는 것이 문제된다면, 바이마르 헌법의 기본권을 둘러싼 논쟁에서는 거꾸로 바로 법규로 생각된 헌법의 규정들을 단순히 정치적 프로그램규정으로 격하시키고 그리고 그렇게 함으로써 구속력을 박탈하려는 경향에 반대하는 것이 문제되었다.

회고컨대 사람들은 "권리를 위한 투쟁"에서 두 단계, 즉 기본권의 법적 내용이 "주관적 공권"으로 뚜렷하게 명확해지고 강화되는 제1단계와 헌법과 헌법이론의 위기로 인도되어 그 속에서 다시금 특유한 약화와 재해석이 부각되었던 제2단계를 구별할 수 있다. 그것은 말하자면 헌법의 법규범적 내용의 농축과 발산의 과정이다.

바이마르 헌법의 제2부("독일인의 기본권과 기본의무")는 최초로

---

11) 또한 아래의 166f.도 참조.

독일의 법학을 매우 당황하게 하였다. 독일의 법학은 전통이 없었다. 군주정의 국법이론은 기본권의 문제를 거의 주목하지 않았고 기본권을 법적으로 전반적으로 그의 법철학에서(Bd. II S. 281ff.) 기본권에서 문제되는 것은 "법률이 아닌 정치적 선언 또는 이론적 요구", 불확정적 "경향", 단순한 "판단"이 문제되기 때문에 헌법에 기본권을 수용하는 것을 혹독하게 비판한 *Fr. J. Stahl*과 비슷하게 평가하였다. 바로 그는 그가 적절하게 "기본법의 규정들이 확실하고 불가침적"이라는 데서 탐지한 "기본법의 존엄"을 존중하려고 하기 때문에 그가 그 의미를 이해할 수 없는 기본권에 대하여 반대한다.

바이마르 헌법 초기에 실제와 학문은 부분적으로 비슷한 방향에서 움직이고 있다. 그러나 사람들은 마침내 *Friedrich Naumann*에 의하여 원래 사회적 · 교육적 입문서로만 생각되었던 기본권과 기본의무의 목록 - "일종의 정치적 격언 모음" - 이 토의가 진행되면서, 국민입법회의에서 보고자 *Düringer*가 확인할 수 있었던 것처럼, "법적으로 파악할 수 있는 내용을 받고 특별한 실체법적 부분으로서" 조직에 관한 제1부에 대비될 수 있을 정도로 형성되고 엄밀하게 규정되었다는 것을 명백하게 알게 된 것처럼 보였다.

그럼에도 불구하고 바이마르 헌법 제2부의 이러한 법적 내용은 처음에는 다시 사라질 위험이 있었다. 이러한 헌법사적으로 흥미 있는 과정은 사람들이 모든 또는 개별적인 기본권들의 "직접적인 법적 효력"을 부정하였다는 것, 기본권들을 입법자에 의하여 그것들이 실정화됨으로써 구속력을 가지게 되는 단순한 "일반적 법원리", 즉 "미래(에 교환할 수 있는) 어음"[12]으로 간주하거나 또는 법적 내용이 전적으로

부정되었다는 것 그리고 사람들이 기본권들에서 단지 "정치적 판단", "프로그램", "선언", "장광설", "선서", "입법자의 독백", "고결한, 그러나 구속력 없는 췌언", 단순한 "방침" 등을 보았다는 것에서 표현되었다. 그러나 그 후 점점 더 넓은 전선에서 직접적인 법내용이 점점 더 형성되는 저 과정이 시작되었다. 개별적인 기본권조항들에 대하여 행해진 것은 해석작업이었고 그와 동시에 점점 더 처음에는 전적으로 프로그램적인 것으로("정치적인 것"으로) 간주되었던 조항들에 법적 의미가 부여되었다. 그렇게 제2부는 현저하게 결국 일반적 해석원칙을 허용하는 저 법적 응집상태로 강화되었다. 이를 예컨대 *Thoma*는 다음과 같이 표현하였다. "표현, 이론사 그리고 성립사와 결합될 수 있는, 어떤 기본권규범의 수많은 해석들 가운데서 언제나 해당 규범의 법적 효력을 가장 강하게 발현하는 해석이 우선되어야 한다."[13] 그렇게 해서 사람들은 처음에는 "거의 가치를 인정하지 않으면서" 다루었던 기본권을 결국에는 "거의 전체 헌법의 가장 중요한 구성부분"[14]으로 인식하였고 기본권의 기본법적, 규범적 의미를 적확하게 연방대통령은 연방헌법 제70조를 근거로 일반적 법률뿐만 아니라 또한 연방헌법 제76조에 따라 3분의 2 다수로 의결된 법률에 대해서도, 그러한 법률이 개별적인 경우에 기본권규범들을 침해하는 것을 내용으로 하는 한, 공포를 거부할 권리(와 의무)를 가진다고 해석하였다. 그렇다면 그

---

12) 바이마르 헌법의 주편집인이었던 Hugo Preuss는 처음부터 기본권의 수용을 달갑지 않게 생각하였다. Thoma in Nipperdey I 4, Note 4와 13 Note 1 참조.

13) a. a. O. Bd. I 9.

14) Triepel VVdDStRL Heft 4 89.

밖에도 사람들은 국사재판소에 그러한 "법률"의 적용을 거부하도록 소를 제기할 가능성을 가져야 한다는 것이다. "동일한 것이 상응하는 국민표결에도 적용되어야 할 것이다."[15]

이러한 추론에서 그러한 헌법조항들의 법규범적 성격은 분명히 드러난다. 기본권은 또한 최고의 정치적 관청들에 대해서도 단순한 프로그램, 단순한 "행위선전"(*Sander*), 그때그때 그것을 따르거나 따르지 않는 것이 행정청의 재량에 속할 수도 있는 규칙이라는 의미에서 단순히 "정치적 법"이 아니라 진정한 법규범이다.

3. "정치적 법"의 개념은 개별적 구성부분이나 헌법 전체에 이러한 성격이 인정되는 곳에서 훨씬 포괄적인, 원칙적인 의미를 가진다. 근거제시[16]는, 정치적인 것의 통일적인 개념은 없기 때문에, 개별적인 저자들에 따라 매우 다양하다. 그러나 어떻든 일반적이고 원칙적인 결론은 헌법조항들은 다소간 넓은 범위에서 법명령적 의미를 갖지 않고 어떻든 "조건적", "유동적", "동태적"이며, 그리고 그렇기 때문에 최소한 객관적인 법관의 심사를 불가능하게 한다는 것이다. 그밖에도 헌법의 이러한 "특성"은 다양한 저자들의 경우에 다시금 매우 다양한 의미와 파급효과를 가지기 때문에 이는 몇 명의 중요한 저자를 근거로 해명되어야 한다. 현대적 국법이론의 대가인 *Georg Jellinek*에서 시작하여 *Heinrich Triepel, Carl Schmitt, Rudolf Smend*와 *Erich Kaufmann*

---

15) Thoma in Nipperdey I 47; Gerber, dasselbst I 313, 309ff.; 아래의 166ff. 참조.

16) 대부분 단순한 주장에 머물러 있다.

의 저술들에서 부각되는 헌법의 정치화가 제시되어야 할 것이다.

I. 우리가 알고 있는 한, *Georg Jellinek*는 어디에서도 "정치적 법"이라는 개념을 사용하지 않는다.[17] 그에 반하여 우리는 그의 저작에서도 "법은 결코 국가 내부의 심각한 권력충돌을 해결하는데 충분하지 않다"[18]는 언급을 몇 번이고 되풀이하여 만나게 된다. 그러므로 국가적인 것의 영역에 대하여 전적인 규범성은 불가능하다. 옐리네크는 공법에 대한 견해를 모든 경우에 대하여 결정규범을 포함하는 자체로서 완결된 체계, "극도로 비난해야 할, 다른 법부분들에서 차용한 유추"[19]로 표현한다. 몇 번이고 되풀이하여 *Jellinek*는 법의 한계를 강조하였고, 위기 시에 법의 "깨지기 쉬운 속성"과 "법을 변경하는 권력에 대한 법의 무력"[20]을 역설하였다. 최선의 헌법이라 하더라도 경우에 따라서는 "사실적 권력관계에 의하여 채워지는" 흠이 있기 마련이라고 한다. "현실의 정치세력은 모든 법적 형식과는 무관하게 작용하는 자신의 고유한 법칙에 따라 움직인다"[21]는 역사적 경험에서 출발하여 또한 *Jellinek*는 최초로 헌법의 특별한 법원(法源)으로서 헌법변천의 이론을 전개하였다.

---

17) 어떻든 체계적 개념으로서는. 정치와 법학의 관계에 대하여는 또한 AStL 13ff.도 참조. 물론 "능동적 시민의 지위"의 의미에서 주관적 권리로서의 "정치적 권리"는 다르다. 그에 대하여는 System der öffentlichen Rechts 129f., 140ff. 참조.

18) AStL 356.

19) AStL 356.

20) AstL 343, 788, 359.

21) Verfassungsänderung und Verfassungswandlung 72.

그러나 *Jellinek*가 국가와 법의 기본관계를 규정함에 있어 "국가적 실존의 사실에서 모든 법은 극복할 수 없는 한계를 가진다"라는 명제 를 정점에 둔다 하더라도, 그가 몇 번이고 되풀이하여 바로 최고 국가 기관들 상호간의 관계는 법적 요소보다 오히려 권력요소에서 형성되 고 발현한다는 것을 확인한다고 하더라도[22] 그는 - 그리고 이곳에 결 정적인 것이 있다 - 이 영역을 단연코 "정치적 법"의 영역으로 한계를 정하고 교의화하지 않았다. 역사(그리고 아마도 또한 그의 시대) 경험 은 규범적인 것의 독재에 대한 그의 회의에 분명히 커다란 영향을 미 쳤다. 그리고 또한 그의 (숙명적인) "사실의 규범력"이론[23]도 이러한 지반 위에서만 성장할 수 있었다. 그러나 그는 본질적으로 "정치적 법"의 이론을 전개하지는 않았다.

*Jellinek*의 저작들의 많은 곳에서 우리는 그가 모든 것에도 불구하 고 법규범적인 것을 강화하고 확장하는 방향으로의 발전을 보았다는 것을 인식할 수 있다. 예컨대 그가 "법적 진공들은 예외적인 경우에만 나타나고 채우려는 경향이 있다"[24]는 것, 현대국가에서는 "국가의 법 에 의한 국가의 기속에 대한 확신이 끝없이 성장하는 대중에게서 눈에 띤다"는 것, "법발전의 더 높은 단계에서는 심지어 국가의 법창조활동 도 법적으로 평가될 수 있다"[25]는 것을 확인하고 있다면 그렇다. 그는 "법질서의 불가침성"에서 그 편에서 이미 "문화민족의 법에서 포괄적

---

22) AStL 536.
23) AStL 337ff.
24) AStL 359
25) AStL 372f.

으로" "모든 입법자의 자의를 벗어난 근간에" 침전된 역행할 수 없는 끊임없는 문화발전의 조건을 보고 있다.

"정치적인 것"의 영역은 *Jellinek*의 견해에 따르면 어떻든 법에 의하여 전진적으로 제한될 수 있는 영역이다. 불가침적 규범질서로의 국법의 객관화는 그 보장제도의 완성에 의하여, 특히 공법영역에 그것이 확장되는 데서 그가 "현대국가의 완성에서 매우 중요한 진보의 하나"를 인정하는 사법제도의 완성에 의하여 제약된다.[26) "공법을 강화하는 상승적 보장의 과정"과 관련하여 그는 그의 고전적 저작을 "남아 있는 일은 어렵게 획득한 불가침적 법질서라는 재보를 국가와 인류가 영속적으로 소유할 수 있도록 형성하는 일이다"[27)라는 미래에 대한 전망으로 마치고 있다.

II. *Heinrich Triepel*은 자주 헌법을 명시적으로 "정치적" 법으로 특징지었다. 그러나 이 다면적인 개념은 그에게서, 다른 어떤 저자에게서와는 달리, 명시적인 정의에 의하여 또는 최소한 맥락에 의하여 (상대적으로) 명확하게 규정된다.

우선 헌법을 "정치적" 법으로 해석하는 것은 바로 헌법은 "정치적인 것을 위한 법"이라는 것, 즉 헌법은 "실제로는 정치적인 것 이외의 다른 것을 대상으로" 하지 않는다는 것을 말하고자 하는 것이다. 헌법의 규범력은 그와 같은 것에 의하여 어떻든 침해되지 않는다. 오히려 그와는 반대이다. 국법의 본래의 대상을 명백히 함으로써 바로 법의

---

26) AStL 794, 360.

27) AStL 795.

내용도 적당하게 파악되어야 한다. 그러므로 국법의 대상으로서 정치적인 것을 이렇게 강조하는 것은 *Gerber - Laband - Kelsen* 노선의 국법상의 형식주의와 구성주의에 반대하고 순 논리적인 것에 대하여 목적론적 방법의 법을 대변하는 것이다. 논리적 순수주의, 즉 모든 목적에 대한 설명을 배제하고 단순히 형식적인 것에 헌법을 한정하는 것은 결국 반드시 "국법이론과 법이론을 고갈하게 하는" 결과에 이를 수밖에 없다. "국법규범의 전면적인 이해"는 "정치적인 것" 없이는 거의 가능하지 않다. "반정치적 노선"이 평가적인, 즉 "정치적인 것"과 관련된 판단을 하지 않더라도 국법을 이론적으로 능수능란하게 다룰 수 있다고 생각한다면 그것은 자기기만에 굴복하는 것이다.

이러한 의미에서 *Triepel*은 유명해진 그의 연설 "국법과 정치"(1927)에서 국법의 규범들은 "규범을 창조하고 형성하는 정치세력과 매우 밀접한 관계에"[28] 놓여져야 할 것을 요구하였다. 그러나 "정치적" 법은 이곳에서 아직은 (의식적이든 또는 무의식적이든) 오늘날 이 카멜레온과 같은 개념의 특색을 이루는 불명료한, 논쟁적인, 규범완화적인 또는 바로 규범적대적인 의미를 갖는 것은 아니다. *Triepel*은 "천박한 상대주의"와 "조야한 공리주의" 측의 모든 목적법학과 마찬가지로 "정치적" 법을 위협하는 위험들을 오인하지 않고 모든 "정치적 경향"에 대하여 단호하게 반대한다. 그러므로 이곳에서 "정치적" 법은 단지 "논리적·형식적 개념작업에 정치적 고려"를 결합하라는 요구를 의미할 뿐이다(목적론적 방법). 그렇게 함으로써 규범적인 것이 약화

---

28) 19, 37.

되거나 변조되어서는 안 되고 내용적인 것("정치적인 것")과 관련을 맺음으로써 비로소 참으로 완전한 의미에서 발현되어야 한다. "정치적인 것"은 자의나 객관적 평가에 대한 위임이 아니라, 목적론적 방법은 자신이 고집하는 척도를 "객관적인 것의 영역에서 추구할"[29] 과제를 제시한다. 그와 동시에 법률에, 특히 헌법률에 표현된 평가는 구속적이다. 또한 이러한 "정치적 법"(또는 더 훌륭하게 표현하면 정치적인 것을 위한 법)의 의미는 어떠한 경우에도 "당위이지, 존재"가 아니거나 양자의 불명료한 "혼합"이다. *Triepel*은 이러한 규범적 의미를 많은 경우에 고도의 법이상주의로써 방어하였다.[30]

*Triepel*은 그가 헌법재판의 한계를 규정하려고 시도한 다른 곳에서 "정치적" 법의 개념에 다른 확장된 의미를 부여하였다. *Triepel*에 따르면 우선 광의의 "정치적인 것"은 "국가목적과 관련되는 모든 것"임에 반하여, 협의의 그리고 특수한 의미에서 "정치적인 것"은 오직 "최고의, 최상의, 최종적인 국가목적과 관련되는 것, 국가적 '통합'과 관련되는 것, 창조적 권력으로서의 국가와 관련되는 것"[31]만이다. "정치적인 것"의 일부는 처음부터 법적인, 최소한 법률에 의한 규범화의 대상이 아니다. 그러나 또한 규범화된 영역도 - 그리고 이는 바로 헌법의 영역이다 - "정치적" 법의 영역으로서 그 특성을 보유한다. 그러므로 모든 헌법적 분쟁은 정치적 분쟁이다. 그리고 이러한 의미에서 마지막

---

29) 39.

30) VVdDStRL Heft 19, Heft 4 89f.; Staatsrecht und Politik 20, 40 DJZ 1932 Sp. 1508.

31) VVdDStRL Heft 5 7f.

으로 *Triepel*은 - *Rudolf Sohm*의 유명한 교회법적 기본명제와 유사하게 - 다음과 같은 명제를 공식으로 표현한다. "헌법의 본질은 어느 정도까지는 헌법재판의 본질과 모순된다."[32]

*Triepel*은 역사적 예를 근거로 "정치적인 것", 특히 "고도로 정치적인 것"이 소송형식의 절차에서 법관에 의한 판단의 대상에서 제외된다는 것을 입증하였다. 또한 그는 헌법재판의 한계와 헌법재판에 특유한 절차에 대해서도 중요한 견해를 표명하였다. 그러나 "정치적 법"의 본질로부터 이러한 견해를 근거지은 것은 문제가 있는 것으로 남아 있다. 이 공식은 그 불확정성 때문에 두 가지 측면에서 실패할 수밖에 없다. 즉 그것은 헌법재판으로 심사할 수 없는 행위의 영역과 심사할 수 있는 행위의 영역을 적절하게 구획할 수 없을 뿐만 아니라 또한 매우 다양한 오해를 불러일으킬 수밖에 없을 것이다. 본질적으로 부정적인, 즉 바로 헌법재판을 배제하는 것을 지향하는 공식은 거의 필연적으로 "정치적" 법은 더 이상 객관적으로 적용할 수 있는 법이 아니며, 바로 정치적 법의 특성은 "정치권력"은 최종적이고 독점적으로 그러한 것을 결정한다는 견해에 도달할 수밖에 없다.[33]

III. *Carl Schmitt* 헌법학의 "정치적인 것"의 개념은 훨씬 더 영향력이 크고 동시에 문제점도 더 많다.

---

32) a. a. O.
33) Triepel 자신은 자주 그의 이론을 극단적인 경향들로부터 거리를 두었다.; a. a. O. 7; DJZ 1932 Sp. 1508.
   그 이후의 발전, 특히 "헤게모니"에 대한 저술은 이러한 맥락에서 우리의 관심사가 아니다.

1928년의 "헌법학"과 다른 작품들에서 예컨대 헌법제정권력과 헌법개정권력의 구별, 법치국가적·규범적으로 지극히 중요한 "법률에 의한"과 "법률을 근거로 한"을 구별하는 법률의 이론, 형식남용에 대한 지적, 처분에 관한 이론 등과 같은 상세한 규범성을 언급하는 수많은 예들을 만나기는 한다.[34]

그러나 대단한 이론적 기교로써 전개된 이러한 규범성[35]은 특유의 불확실성을 가진 것이다. 마치 후렴처럼 "단순한 규범성"에 대한 실존적인 것의 우위에 대한 언급이 전 작품을 관통하고 있고 바로 이 저자가 특히 상세하게 설명한 저 "정치적인 것"의 개념을 참조하도록 지시한다. Schmitt에 따르면 국가의 개념에 의하여 전제되고 모든 국가론의 중심인 이러한 "정치적인 것의 개념"에 의하여 규범적인 것의 불확실성은 명백해진다. 정치적인 것의 기본적이고 특별한 판단표지로 생각되는 "친구와 적의 구별"은 선과 악을 초월하고 있고 그 어떤 판단표지나 규범으로부터도 연역할 수 없는 "독립적인 대립"이다. 이러한 대립으로부터 극단적인 경우에는 "사전에 행해진 일반적 규정에 의해서도 또한 '당사자가 아닌' 그리고 '중립적' 제3자의 판결에 의해서도 결정될 수 없는" 저 갈등이 발생한다. 이로부터 또한 법의 연약한 기반과 법에 대한 "결정주의"의 끊임없는 문제제기가 명백해진다. 법은 "자신의, 상대적으로 독립적인 영역"을 가지기는 한다. 그러나 Schmitt가 몇 번이고 되풀이하여 그리고 힘들여 규범의 전제로서 정상적 상황

---

34) VL 152; Hüter der Verfassung 37.

35) "불가침성이론"에서 그는 규범성을 "헌법의 성화(聖化)"(Thoma)에까지 추진하였다, 그러나 이러한 고도로 추진된 규범성의 불안정한 성격을 기만할 수는 없었다.

을 강조한다면,[36] 그가 눈에 띌 정도로 근면하게 "헌법의 주권이라는 비유" 또는 "법의 지배"에서 허구를 밝히려고 시도한다면, 그가 법은 "커다란 정치적 결정의 그늘에서 가장 안전하게" 발달한다고 본다면, 그곳에서 "결정주의"(그리고 이는 규범적인 것의 오인과 부인을 뜻한다)가 드러난다. 이와 같은 것은 우리의 전후관계를 위하여 중요한 헌법이론의 두 가지 중요한 예, 즉 "실정적 헌법개념"과 헌법재판의 문제에서 더욱 명백하게 되어야 할 것이다.

*Carl Schmitt*의 "헌법학"의 기초를 이루는 것은 이른바 "실정적 헌법개념"이다.[37] 그에 따르면 헌법은 "정치적 통일체의 종류와 형식에 대한 전체결단"이다. 그러나 그 개념은 더 "존재"와 관련이 있다가 더 "당위"와 관련이 있다가 하지만 *Schmitt*의 경우 이론적 발전에서 거의 지속적으로 진동한다. 몇 번이고 되풀이하여 이러한 "헌법"은 더 "상위의 것"으로서, "선행하는 것"으로서 "헌법률"에 대조된다. 실정적 의미에서 헌법은 "법률적 규정이 아니라 정치적 결단을 본질적 내용"으로 한다. *Schmitt*는 또한 항상 헌법은 규범과 규범성에 용해될 수 없다는 것, "헌법의 본질은 법률에 포함되지 않는다는 것"을 상기

---

36) VVdDStRL Heft 1 91f.; L. und L. 71; Begriff des Politischen 34; Hüter der Verfassung 72; Politische Theologie 20; Die Kernfrage des Völkerbundes 22: 모든 법은 상황법이다; Ueber die drei Akten des rechtswissenschaftlichen Denkens 10, 22f.; Positionen und Begriffe, 자주 여러 곳에서.

37) 이 헌법개념에는, 정치적인 것의 개념에 있어서와 마찬가지로, 모든 가치관련이 결여되어 있다. 헌법은 그 어떤 의미에서 그 어떤 권력의 "기본결단"이다. 그 속에는 *Carl Schmitt*의 이론이 다양한 관계에서 다시금 그가 투쟁한 실증주의의 이론과 일맥상통하는 것이 들어 있다.

한다. 헌법의 통일성은 그 자체에 있는 것이 아니라 정치적으로 실존하는 권력에 있다는 것이다. 실존적인 모든 기본결단에 대하여 모든 실정화된 규범은 단순히 상대적이고 이차적이다. 모든 법률성과 규범성은 "다만 이러한 결정의 기초 위에서 그리고 범위 내에서만" 효력을 가진다. "올바르게 관찰하면 기본적 정치적 결정들은 또한 실정적 법학을 위해서도 결정적인 것이고 본래 실정적인 것이다."[38]

*Triepel*의 명제는 "모든 헌법은 정치적 법이다" 였다. *Carl Schmitt*는 피상적으로는 비슷한 것을 가르친다. "국법을 탈정치화시키는 것은 바로 국법을 탈국가화하는 것이다."[39] 그러나 "정치적인 것"의 효력범위는, 이미 앞에서 이야기한 것에서 분명해지듯이, 양 저자의 경우 매우 상이하다. *Triepel*의 경우 규범적인 것은 어느 정도까지는 증가된 정치적 강도의 변경(邊境)에서만 문제된다면, *Schmitt*의 경우 규범성은 "결정주의"에 의하여 끊임없이 위협을 받고 있다. 이러한 사실은 특히 헌법재판에 대한 입장표명에서 나타난다. 그의 정치적인 것의 개념과 그의 실정적 헌법개념으로부터[40] *Schmitt*는 사법의 대상영역을

---

38) VL 25, 42, 121. 왜냐하면 Schmitt는 또한 몇 번이고 되풀이하여 "의지할 데 없는 (원문대로!) 규범성에 대하여 정치적 의미의 우월성"을 강조하기 때문이다. Volksentscheid und Volksbegehren 30 Anm. 1. 왜냐하면 "이러한 이론의 실존주의적이고 행동주의적인 내용"에서 E. R. Huber, Wesen und Inhalt der politischen Verfassung 50, 59는 또한 "헌법이론의 새로운 구성을 위한 양보할 수 없는 출발점"을 인식하기 때문이다.

또한 W. Henrich in Gesellschaft, Staat und Recht 176도 참조. Heller, Staatslehre 264는 Schmitt에 있어서의 바로 "헌법의 규범적 요소에 대한 헌법적 몰이해"에 대하여 이야기한다.

39) VL 125.

40) VL 53.

매우 한정적으로 규정하고 - 그는 몇 번이고 되풀이하여 "모든 사법형 식은 좁은 한계에 구속되어 있다"는 것을 강조하며 특히 법관의 헌법 의 수호자의 지위를 엄격하게 부인한다. 사법이 사항적 한계를 유월하 면 "사법형식의 정치"라는 "유사규범성"을 결과한다는 것이다.[41] *Carl Schmitt*에 따르면 사법의 범위는 "구성요건적 포섭"이 가능한 정도까 지만 미친다. 그리고 이러한 (좁은) 영역 내에서만 또한 법관의 독립 도 바로 측정할 수 있고 계산할 수 있는 법률에 대한 구속의 대개념으 로서 의미를 가진다.

물론 사법의 "사항적 한계"를 이처럼 좁게 해석하는 배후에는 오직 매우 힘들게 부당전제(petitio principii), 즉 "규범적인 것에 대한 실 존적인 것의 우위"를 모든 순간에 유의하여야 하고 전제에 따라 모든 규범적인 것이 - 그리고 그와 더불어 모든 규범적인 것이 - 단순히 이 차적인 것으로 남아 있어야 하는 저 권력의 배출이 숨어 있다.[42]

이러한 이론의 발전의 그 이후의 단계들, 많이 언급되는 "구체적 질 서사고"로의 이행은 우리의 관련범위를 벗어난다.[43]

---

41) 48에서 그는 중요한 것은 법이론적 합목적성의 문제가 아니라 "정치적 · 실천적 합 목적성의 문제"라는 것을 강조하기는 한다. 그러나 헌법이론적 기본관념은 명백하게 규정적으로 남아 있다.

42) Hüter der Verfassung 22ff., 특히 또한 Anm. 2 auf 38f. "사법의 대상이 될 수 있는 '규범'과 사법의 대상이 될 수 없는 '규범'"의 구별.

43) Ueber die drei Arten des rechtswissenschaftlichen Denkens, 1934; Politische Theologie 2. Auflage, 서문; Positionen und Begriffe im Kampfe mit Weimar-Genf-Versailles 참조.

IV. *Rudolf Smend*에게서도 다음과 같은 명제를 볼 수 있다. "국법은 정치적인 것을 대상으로 하며, 그것은 정치적 법이다."[44] "정치적 통합"에서 그는 "헌법의 고유한 핵심과 의미"를 인식한다. 이러한 "정치적인 것의 내용적으로 규정된 개념"을 그는 그의 헌법이론의 중심에 놓고 그 개념을 실정법의 해석을 위하여, 국법이론과 일반국가학을 위하여 효과가 큰 것으로 만들려는 시도를 한다.

오늘날 우리는 당시 찬사와 격렬한 거부를 받은 이 통합론을 좀 더 냉정하고 좀 더 객관적으로 판단할 수 있다. 그 이론으로부터 시작된 커다란 자극은 이론의 여지가 없으며, 원칙적인 반대진영 자체 내에서도 인정되고 있다. 국가학은 그 이론에 의하여 일반적으로 그리고 특히 개별적인 문제들에서 풍부한, 없어지지 않는 도전을 받았다.[45] 그에 반하여 국법이론과 실정법 해석에 대한 그 이론의 기여는 매우 의문스럽다. 이러한 관점 하에서만, 즉 통합의 의미원리로부터 규범적인 것을 이해한다는 관점 하에서만 우리는 그 이론을 우리의 맥락에서 평가하여야 한다.

*Smend*는 목표제시적으로 통합론의 과제를 저 "불쾌하고 어떤 객관적 필요에 의해서도 정당화되지 않는 정치적인 것의 개념 확장"과

---

44) Politische Gewalt 19.

45) Kelsen, Der Staat als Integration; Stier-Somlo HWdRW Bd. VI 387ff., 특히 390 상단은 매우 부당하게 또한 이러한 사실에 이의를 제기하였다. Wackernagel, Der Wert des Staates 40ff.; "전적으로 동태적인 국가관의 거부" dasselbst 43f., 35f.; Schindler, Verfassungsrecht und soziale Struktur 122. E. R. Huber, Wesen und Inhalt der politischen Verfassung 25의 경우 심지어는 동태적 성격의 거부.

"형이상학의 영역으로의 도피"를 예방하여야 하는 것으로 해석하였다.[46] *Wilhelm Kahl*이 교회법의 기초를 닦기 위해 노력한 것과 비슷하게 국법적인 연구는 더 이상 "나침반과 키 없는 항해"여서는 안 되고 "'법원칙의 확고한 기반 위에서" 행해져야 할 것이라는 것이다. 왜냐하면 *Smend*와 수많은 그의 이론의 대변자들은 또한 중요한 해석원칙들을 발전시켰고 헌법의 전 부분에서와 마찬가지로 개별적 법문들에서 그 해석원칙들을 인증하였다. 그렇게 *Smend*는 헌법의 기본권에 대한 여러 가지 오해에 반대하였고 기본권의 헌법적 효력범위를 전체로 방어하고 개별적으로는 기본권의 규범적 의미를 구별하고 발전시켰다.[47] 이곳에서(또한 다른 법문들에서와 마찬가지로) 그는 단순한 문자해석과 단어해석에 대하여 그리고 형식주의와 고립적 관찰에 대하여 헌법의 전체맥락과 그 기초를 이루는 가치체계로부터 개별적인 것들을 평가하여야 할 필요성을 전적으로 정당하게 강조하였다. 국법상의 개별문장들을 해석하는 일은 모두 한 나라의 국법의 "의미 전체의 형태로(sub specie)"만 가능하다.[48]

그러나 다른 한편으로는 이러한 발전은 규범적인 것의 특유한 약화,

---

46) Politische Gewalt 15, 21.

47) 특히 예컨대 VVdDStRL 1929 Heft 4 44ff.(66에서 그는 "헌법의 엄호벽"에 대하여 언급한다); VR 161f.; 또한 Hensel, ArchöffR n. F. 14 321ff.도 참조.
    물론 또한 기본권에 대한 상술도 여러 번 되풀이하여 불명료한 성격을 가진다. 좀 더 명확한 것은 Bürger und Bourgois im deutschen Staatsrecht 1933 13f.와 22f.의 Anm. 13f.에 있다.

48) VR 138, 134; Smend의 경우 그때그때 전체에 대하여 개별적인 것을 위태롭게 하는 "헌법의 정신으로부터의" 이러한 해석은 미국의 이론에서는 맹백하게 규범적 의미를 가진다. 특히 Willoughby Bd. I 67ff., 특히 70f. 참조.

소멸 및 의문시와 대립한다. 헌법은 또한 이곳에서도 근본적으로 "국가의 법질서"로 규정되기는 하나, 그것은 매우 특별한 의미에서 그렇다. 왜냐하면 "정치적 법으로서 헌법(Verfassung)은 규범일 뿐만 아니라 또한 현실이기도 하기 때문이다. 헌법(Verfassung)으로서 현실은 통합작용을 하는 현실이다." 헌법(Verfassungsrecht)의 대상은 "전체로서 국가의 생활과정이다."[49] 헌법(Verfassung)은 "항상 국가의 생활전체를 새롭게 갱신하는" 데서 그 의미를 갖는 이러한 "통합과정"의 개별적 측면들을 규범화한 것이다. 헌법(Verfassung)의 핵심은 "정치적 정신의 통합법칙성을 실정법적으로 규범화한 것"이다. 그리고 헌법(Verfassung)은 "한 국가의 정치적 전체생활의 (반드시 법적은 아닌) 법칙"(원문 그대로!)이다.[50]

이로부터 실정규범의 불확실성이 분명해진다. 어떻든 헌법(Verfassung)은 "이러한 통합과정의 개별적 측면들"을 법률에 의하여 규범화한 것일 뿐이다. "충일한 생활력"은 완전하게 파악되지 않고 단지 "암시되고" "그 통합력에서 자극될" 뿐이다. 헌법(Verfassung)의 특성은 그것이 "개별적 규범", "단 하나의 구체적 생활현실의 개별적 법칙"이라는 데 있다.[51] 이로부터 "경직되고 타율적인 효력"은, "추상적으로 많은 개별적인 경우들을 도식화하여야 하는" 법처럼, 헌법의 특색을 나타낼 수 없다는 것이 추론된다. 그러나 바로 이곳에서 규범

---

49) VVdDStRL Heft 4 46.

50) VR 75, 78, 80, 87; 75에서는 헌법의 법규범적 견해는 느닷없이 "실증주의와 형식주의"와 동일시된다.

51) VR 160, 134.

적인 것의 가치절하, 특히 개별 헌법조문들의 규범적 의미의 가치절하가 분명하게 나타난다. 전체성의 우위는 그에 비하여 개별규범이 점차 사라질 정도로 강조된다. "신축적인, 보완적인, 모든 그 밖의 법해석과 아주 상이한 헌법해석"(!)은 헌법(Verfassung)의 의미에 의하여 "허용될 뿐만 아니라 또한 심지어 요구되기까지" 한다는 것이다.[52] 자체로서 올바른 해석원리는 이러한 과장에서 규범을 부정하게 된다. 법규범과는 반대로 "통합규범"의 비윤곽성, 불명확성은 또한 헌법은 법영역의 경계획정에 기여하지 않는다는 항상 되풀이되는 소견진술에서도 반영되고 있다.[53] 왜냐하면 또한 *Smend*에 따르면 헌법(Verfassung)은 "모든 법질서 자체의 본질적 동기"도 아니며 또한 법질서가 효력을 가지기 위한 하나의 조건 또는 '바로 그' 조건도 아니기 때문이다. 그 "법적 특성"은 "특히 최고의 정치적 국가기관들의 배합이라는 그 특수한 체계에 있다." 그러나 이러한 "법적 특성"은 - 그리고 그 속에서 다시금 "통합법"의 애매한 것과 어렵게만 정의될 수 있는 것이 표현된다 - 바로 "권한목록을 배열하고 기관들 상호간의 관계를 형식법학적으로 분석함으로써는 파악되지" 않는다. 헌법(Verfassungsrecht)은 "기술적" 법(행정법, 민법)과는 반대로 바로 "통합법" 또는 "정치적 법"[54]이다. "양자는 매우 상이한 차원에 있다."(!) "질서를 부여하고 형성하는 권력전개"에 지향된 "통합요소"와 "법가치"에 지향된 "법생활의 요소"

---

52) VR 79.

53) VR 86f., 148f.; 또한 132의 독특한 부분도 참조.

54) 이 개념들은 전적으로 동의어로 사용된다. 가끔 가다가는 또한 "정치적 통합법"에 대해서도 언급된다, 148; 또한 133, 154도 참조. Tatarin-Tarnheyden ZgesStW Bd. 85 6.

의 이러한 분열은 전체 헌법(Verfassung)을 관통한다. "통합가치"의 관점에서는 후자는 헌법(Verfassung)에서 바로 "이물(異物)"(!)로 생각된다.[55]

그러나 *Smend*의 경우 규범적인 것의 해체는 규범견고성과 규범확정성의 이러한 완화에서뿐만 아니라 또한 특히 통합의 "역동성"에 의한 규범지속성의 손상에서도 나타난다. 현재의 시점에서 보면(sub puncti temporis) 실정 개별규범은 "국법의 의미전체"에 양보할 뿐만 아니라 또한 "헌법(Verfassung)의 특유한 정신법칙적 의미"는 어렵게만 파악되는 헌법의 "역동화"의 원인이 되기도 한다. 몇 번이고 되풀이하여 헌법(Verfassung)의 "신축성, 변화가능성과 보완가능성"[56]이 강조된다. "점진적으로 합헌적 요소들, 제도들 그리고 규범들의 서열관계와 비중관계를 이동시키는" "헌법변천"은 통합론에서는 극도로 인정되고 정당화된다. 즉 "헌법(Verfassung)이 이러한 신축성을 가지고 있고 헌법의 체계가 경우에 따라서는 저절로 보완되고 변화된다(!)는 것은 성문화된 헌법(Verfassung)의 단순히 내재적이고 자명한 의미(!)일 뿐이다."[57]

또한 통합론도 헌법의 객관적 성격과 규범적 의미가 헌법의 과도한 역동화에 의하여 의문시되는 헌법의 과도한 역동화(그리고 즉 정치화)에 원인을 제공하고 있다. 이러한 이유에서 또한 *Smend*의 경우에도 (전제에 따라) 국사재판에 좁은 영역만 남겨지게 된다.[58]

---

55) VR 148, 98f.

56) VR 79, 137.

57) VR 79.

V. 규범적 헌법의 거의 완전한 해체와 가치절하의 원인을 제공한 것은 또한 *Erich Kaufmann*의 이론이다. 또한 *Kaufmann*도 어떤 조문의 규범적 성격을 매우 넓게 인정하기는 하였다.[59] 또한 이곳에서 규범적인 것을 위태롭게 하는 것은 결정주의가 아니다. 그러나 아마도 그는 "법에서 본래 법적인 것"에 대하여 실정법의 빛을 바래게 한다. "객관적 에토스"의 더 상위의 규범질서에 (불충분한) 실정화된 질서는 항복하여야 한다. 모든 실정법규범은 자기 자신을 초월하여 (transcende me ipsum) 그가 적용하는 객관적 에토스에 어느 정도 갈채하여야 한다.

이러한 기본생각에서부터 *Kaufmann*은 "헌법의 모든 초정신화"를 경계한다. 규범적(성문의) 헌법의 영향력에 대한 회의는 고의로 된다. "헌법은 도대체가 국민 속에 존재하는 윤리적 그리고 카리스마적 힘들이 정당한 질서에서 표현될 수 있는 형식과 윤곽만을 창조하고 준비할 수 있다."[60] 헌법은 항상 "의사형성과정의 정서(整序)된 경과"를 위한 "윤곽"만을 형성한다. "모든 헌법의 기본범주"[61]의 자율에 대하여 개별적 규범은 그때그때 양보하여야 한다.[62] 규정하는 것은 더 이상 성문화된 헌법텍스트가 아니라 한편으로는 "모든 헌법의 불문의, 자연법적 현재고"이고 다른 한편으로는 "살아 있는 헌법의 원래의 창조자

---

58) VR 135f., 143f., 172f.; Annuaire 1931 II 192ff., 특히 218ff.
59) VVdDStRL Heft 3 5f.
60) Zur Problematik des Volkswillens 10f. 참조.
61) Zur Problematik des Volkswillens 18 참조.
62) 그러므로 또한 다음과 같은 표현이 몇 번이고 되풀이된다: "원하는 것은 성문헌법에 들어 있다", 예컨대 a. a. O. 13; VVdDStRL Heft 3 15.

이자 변경자"인 "현실적인, 결정적인 사회학적 제 세력"(의회, 정당
등)이다.[63] 이러한 더 상위의 규범질서와 규정적인 사회학적 요소들의
관계는 물론 명확하지 않다. 그와 동시에 *Hauriou*에 의존하여 발전
된 "제도"이론은[64] 실정규범의 가치절하의 원인이 된다. 또한 헌법에
서 형식주의로부터 전향할 것을 요구하는 것도, 이곳에서 일어나는 것
처럼, 다시금 실정화된 규범의 동기부여력은 매우 제한적이라는 기본
적 생각의 표현일 뿐이다. 또한 이러한 것과 - *Schmitt*와 *Smend*의
경우와 비슷하게 - 국사재판에 대한 소극적인 태도는 관련이 있다. "사
법심사의 대상이 될 수 있는 재료"의 영역은 *Kaufmann*에 의해서도
매우 좁게 제한된다.[65]

    *Erich Kaufmann*은 가끔 "공공연한 정신과학적 동력론이 본질과
본질의 불변의 정태적 법칙성을 오인하지 말" 것을 경고하였다.[66] 그
러나 그는 매우 모순되게 그 본질적 의미에 따라 정태적이고 정태적일
수밖에 없는 바로 저 규범질서의 규범력을 감소시키고 제한하는 헌법
의 이론을 전개한다. 바로 *Kaufmann*의 이론은 현저한 의미에서 "정

---

63) Zur Problematik des Volkswillens 14; "Die Westmark" 1921 207(Hsü Dau
    Lin 182 인용); 또한 RdC 1935 IV 399도 참조.

64) 그러나 Kaufmann의 "보편주의적 집단주의"에서 "제도"는 항상 보편적 인권(droit
    humain unversel)에 대한 그의 신념을 강조한 Hauriou의 경우와는 전혀 다른 의
    미를 가질 수밖에 없다는 것은 이곳에서 단지 암시할 수밖에 없다.

65) 사람들은 널리 알려진 말에 의존하여 바로 다음과 같이 말할 수 있다: "나에게 헌법
    재판에 대한 너의 입장을 말하라 그러면 나는 너에게 네가 어떤 종류의 헌법개념을
    가지고 있는지를 말해주마." 또한 이 말의 역(逆)도 효력이 있다는 것은 자명하다.

66) Problematik des Volkswillens 8; VVdDStRL Heft 3 11f., 22의 또한 매우 훌륭
    하고 의미 있는 상설도 참조.

치적인 법"으로서의 헌법에 대한 이론이다.[67]

*

새로운 헌법의 발전을 분석하면 모든 관계에서 우리가 규범적인 것
의 해체로 해석한 현상을 인식할 수 있다. 헌법은 점점 더 그 기본법
적 성격을 상실하고 있다. 그것은 더 이상 불가침적 규범들의 체계가
아니다. 그것은 더 이상 "절대적으로 유효한 질서원리"(*Triepel*)가 아
니다. 이러한 규범적인 것의 후퇴는 한편으로는 그 범위의 축소로, 다
른 한편으로는 그 규범적 성격과 확정성의 감소로 우리들과 마주한다.
규범적 의미체인 "헌법"에 그 특수한 모습을 부여하고 비로소 그 기본
적 기능을 가능하게 하는 견고성, 명확성, 불변성은 불확정성, 유연성,
유동성에 의하여 약화된다. 그와 동시에 급성의 공개적 헌법침해보다
더 위험스러운 것은 규범적인 것을 순차적으로 무력하게 하고 문제시
하는 비밀스런 과정이다.

헌법이론은 이러한 발전을 다양한 방법으로 동반하였다. 또한 이곳
에서도 우리는 *Parmenides*(*파르메니데스. 고대 그리스의 철학자.
그는 '존재하는 것'만이 있으며, '존재한다는 것'은 이성의 대상으로

---

67) 영국에서 Bagehot의 저서 The English Constitution과 비슷하다. 이 고전이 된
저서는 정치적 지혜와 통찰력 있는 관찰이 풍부하나, 실제로는 법문을 다루지 않고
정치적 오성이나 관습을 다루고 있다(Dicey, Introduction 20 참조); 또한 Lassalle
의 유명한 연설 "Ueber Verfassungswesen"(Politische Reden und Schriften
BNd. I 40ff.); Somlò, Juristische Grundlehre 309ff.도 참조.

서 사고할 수 있는 것으로, 존재와 사고를 동일시하였다 - 역자)와 *Heraklit*(*헤라클리이토스. 고대 그리스에서 변증법 사상을 가장 잘 표현한 철학자. 밀레토스 학파의 세계관에서 이미 나타난 생성·변화의 사상을 발전시켜, 불을 만물의 근원으로 파악하고, 불이 만물로, 만물은 불로 전환한다는 근본사상 아래 만물은 그 반대물로 전화·생성하고, 부단히 유전 panta rhei한다고 보았다 -역자)의 영원한 대립의 세계관적 토대에서 인식할 수 있는 매우 원칙적인 이론을 만나게 된다. 그러나 우리의 시대정신의 경향은 의심의 여지없이 자체로서 더 상위의 것과 더 훌륭한 것으로 생각되는 동력론에 속한다. 이러한 경향은 또한 국법이론에서도, 공개적이건 비공개적이건, 체계적 근거제시에 그리고 시사문제에 관한 이론에 의하여, 입장이 허가되었다.[68] "역동적"이란 말은 사회학에서는 좋은 의미를 가지나 법학에서는 모든 종류의 불명확성을 야기하는 주문이다.

우리가 다시 한번 회고적으로 그 말과 결합된 정해져 있지 않은 의미를 현실화시킨다면 그 의미는 일반적으로 규범적인 것의 격퇴가 된다. "역동성"은 결국 헌법의 모든 구성적인 요소들을 의문시하는 것을 의미한다(위의 제2장 참조). 우선 그것은 "법률질서"를 의문시한다. 그리고 난 다음에는 그것은 "제한적 질서"의 불가능성을 주장한다. 더

---

68) 또한 Burdeau a. a. O. 29도 법률가들도 불가피하게 결국 스스로를 희생시킬지도 모르는 "생명의 원시신앙"(culte primitif de la vie)에 충성을 맹세하는 것을 보게 되는 것을 유감으로 생각한다! - 또한 Tatarin-Tarmheyden도 이미 1928(ZfesStW 85 11)년에 이러한 방법으로 국법이 "법학 분과 일반의 서열을 상실하고 전적으로 정치화된 외견법학으로 변질될" 위험에 처하지 않을지 여부의 의문을 제기하였다; Heinrich Barth, Der Schweizer und sein Staat 11.

나아가서 그것은 신속한 행동의 필요성을 힘주어 주장함으로써 또한 민주적 결정의 가능성에 이의를 제기하고, 끝으로 정의된 바에 따라 기본법적 질서의 지속성을 부인한다.

헌법은 - 합법적인 방법에 의해서든 또는 비합법적인 방법에 의해서든 - 해체된다. 그러나 또한 아직도 "효력을 가지는" 규범들의 의미와 효력범위도 의문시된다. 그들은 그들의 "경직된 타율적 효력에 대한 청구권"을 상실한다. 헌법은 "전래된 엄격히 법적인 법관(法觀)에 의하여"(Bilfinger) 판단되지 않는다!

또한 "정치적인" 법이라는 표현도 최후로 분석하면(ultima analysi) 항상 어떻든 헌법의 규범적 의미의 약화, 국가이성의 유보, 심사의 배제를 의미한다. 규범은 "성문 헌법조항의 우연한 내용(!)과 무관하게" (Smend) 추구된다! 사람들은 헌법규범의 객관성과 헌법분쟁을 문제삼고 그리고 그럼으로써 선험적으로 "사법심사의 대상이 될 수 있는 재료"로서의 성격을 문제삼는다. 점점 더 "국가이성"에 대하여 "법이성"이 배후에 등장한다.[69]

이러한 "해석"은 규범적 헌법을 약화시키는 원인을 제공한다. 규범은 객관적 해석을 할 수 없는 "유동적" 의미관련에 양보한다. 규범은 "역동적"으로 된다. 즉 순간적인 결정에, "정치"권력의 의사에 더 많은 여지가 부여된다. 헌법이 "(통합적) 자기형성에 대한 헌법생활의 경향

---

69) 사람들은 과거 수십 년 동안 몇 번이고 되풀이하여 지나치게 극단까지 추구된 헌법재판의 결과로서의 "사법의 정치화"를 경계하였다. 그러나 이러한 이념을 지나치게 강조하는 것에 대하여 또한 사법은 또한 결정하지 않는 것에 의해서도 "정치화된다"는 것도 강조되어야 한다. 또한 Giacometti, Festgabe für Fleiner 1937 81도 참조; "법이성"과 "법적 양심의 항복"에 대하여는 Heller, Staatslehre 226.

을 방임하는 것"(*Smend*)은 바로 헌법의 의미에 그 원인이 있는 것으로 생각된다! 헌법규범은 그의 본래의, 법명령적 의미를 상실하고 결국 "수십개의 옆문, 도망갈 길, 탈출구가 있는 개념", 즉 "무제한의 다의성의 수단"으로 된다.[70]

학문적 논쟁에서 규범적인 것의 이러한 위기는 이따금 매우 첨예한 형태로 나타났다.[71] 그리고 나서는 결국 사람들이 더 이상 동일한 대상에 대해서 언급하지 않는다는 징후적 확인에까지 나아갔다. 그러나 이러한 규범적인 것의 "역동화"와 의문시는 결국 다름 아닌 "국가생활의 전적인 정치화를 신성시하는 것"(*Tatarin-Tarnheyden*), (유사 類似) "순간적 권력상황의 종교적 고발"(*H. Heller*)인 것이다.

규범적 헌법이 전진적으로 해체되고 결국 "유동적 응집상태"(*Carl Hilty*)에 있다고 확신되기까지 한다는 것을 어떻든 사실로서의 학문은 기록하여야 한다. 그러나 국가의 규범적 기초질서 일반이 가치로서, 의미 있는 그 무엇으로서 간주되는가 여부는 그에 대한 대답이 국가관과 정치관에 - 결국은 인간관과 인간을 규정하는 생각에 - 좌우되는 문제이다.[72]

선국가적 그리고 초국가적 가치와 질서가 인정되는 곳에서는 국가

---

70) Carl Schmitt, Hüter der Verfassung, 41.

71) 예컨대 VVdDStRL Heft 4 86(Thoma); Burckhardt, L'Etat et le droit, ZschwR n. F. Bd. 50(1931) 137a참조.

72) 이에 대하여는 또한 W. Jaeger, Paideia 1ff., 140ff.도 참조; B. Knauss, Staat und Mensch in Hellas 33ff., 37: 그러므로 또한 최고의 국가에 대한 심오한 이론들은 즉시 윤리로 이행한다. 정치적인 것의 의미에 대한 문제제기는 인간적인 것의 의미에 대한 질문이다.

는 단순히 봉사적 질서로, 인간을 위하여 존재하는 "필요적 제도"로 생각된다. 이러한 견해는 필연적으로 제한적 질서의 의미의 헌법에 이른다. 이곳에서 "정치적인 것"은 선과 악을 초월하는 범주가 아닐 뿐만 아니라 선과 악으로부터 추론될 수 없는 것도 아니라 (제한된) 국가목적에 의하여 규정된다. 헌법은 정치적인 것이 넘어서는 안 되는 경계를 넘는 것을 방어하는 장벽, 정치적인 것이 악마로 되는 것으로부터 국가를 보호하는 것이어야 한다. 사물의 이러한 "영구적 질서"를 배경으로 하여 또한 헌법의 기본원리들은 불변이어야 하고 헌법은 원칙적으로 정태적 성격을 가져야 한다.

현대에 영구적 질서에 대한 믿음은 폭넓게 약화되었다. 통일적 가치질서는 가치의 절망적인 다원화와 절대부정에 굴복하였다. 규범적 기본질서에 표현될 수 있었던 국가적인 것에서의 (상대적으로) 지속적이고 불변적인 목표설정 대신 그 앞에서 모든 규범적인 것이 양보하고 중요하지 않게 되는 정치적 의사의 역동성이 들어선다. "권력에의 의지"는 규범에의 의지를 해체하였다. *Carl Schmitt*의 정치적인 것의 개념은 이러한 전환에 대한 특유한 서명이 된다. 국가가 무제한적으로 되고 정치적인 것이 무규범적으로 되는 곳에서는 물론 법과 국가의 대립도 "극복된다". 국법은 "역동적으로" 해체되었다. 그것은 대상을 상실하였다. 왜냐하면 "유동적인 법", "유동적으로 효력을 계속 형성하는" 법, "역동적인 법"은 기껏해서 아직도 법적 "동기를 수용하는 것"을 허용할 것이나, 그러한 불안정한 토대 위에서는 어떻든 국법이론은 더 이상 가능하지 않다.

예후 판정을 하거나 심지어는 예언을 하는 것이 학문의 과제는 아니다. 그러나 학문은 사실을 기록하여야 한다. 따라서 헌법학은 헌법의 해체를 확인하고 그 해체를 구명하여야 한다. 그와 동시에 학문은, 특정의 위기문헌의 방법에 따라, 헌법의 이러한 병리학을 촉진해서는 안 되고 이러한 분석, 특히 "역동성"의 지배적 현상에 대한 연구를 규범적 헌법의 의미법칙성을 명확히 하는데 기여하여야 한다.

민주적 헌법국가의 근본적 문제점을 보이고자 하는 마지막 장에서 규범적인 것의 이러한 자율은 더 해명되어야 할 것이다.

제7장

헌법과 민주주의

헌법과 민주주의

규범적 헌법은 그 어떤 헌법 하에서도 민주주의에서와 같은 중심적 지위와 최선의 "불가침성"에 도달한 바 없다. 그럼에도 불구하고 또한 이곳에서도 규범적인 것은 지속적으로 민주적 다수결원리와 어느 정도의 긴장관계에 놓여 있다. 현대는 이러한 긴장을 첨예하게 만들었고 그 속에서 바로 규범적인 것에 의한 정치적 형식원리의 제한이 결정적인 것이 되는 "합헌적"("헌법적") 민주주의를 다수결의 "결정주의적" 요소를 중심에 두는 "절대적"("조야한") 민주주의에 대하여 뚜렷하게 하는 것이 시급한 과제로 된다. 이곳에서 우리의 관심사는 개별적인 민주주의의 합헌적 형성과 그 현대적 문제점이 아니라 민주적 헌정국가에서의 의사와 규범의 특수한 문제점이다. 규범적 헌법과 마찬가지로 민주주의원리에는 자율성이 있다. 어떻게 이러한 "민주주의의 논리"(logique de la démocratie - *Barthélemy*)가 "헌법의 논리"(logique de la Constitution)[1]와, 어떻게 국민투표적 국민의사의 정당성이 성문화된 헌법의 합법성과 모순될 수 있는가 그리고 어떻게 이러한 모순이 - 그 자체로서는 결코 필연적이거나 심지어는 사고상 불

---

1) 이러한 헌법의 논리가 "순수법학"의 규범논리와 동일하지 않다는 것은 앞에서 설명한 것에 의하여 더 이상 특히 언급될 필요가 없다.

가피한 것은 아니다 - 바로 오늘날, "결정주의적" 사고에로의 전환의 징후를 띠고, 위험한 방법으로 새롭게 분명히 나타날 수밖에 없고 규범적인 것을 후퇴하게 하는가가 보여져야 할 것이다. 실제뿐만 아니라 또한 이론도 점점 더 규범적합성(합법성, 합헌성)에 의한 정당화에서 보다 민주적 다수의 의사에 의한 정당화에서 더 상위의 것, 법적으로 더 강력한 것을 보려는 경향이 있다. 또한 이러한 발전도 규범적인 것의 쇠퇴를 배경으로 하여 관찰되어야 한다. 민주적 원리와 *Fritz Fleiner* 가 이따금 언급하고 있는 자유의 "유기적 통일성"은 위협받고 있다.

오늘날 형성중인 초기입헌주의에 커다란 영향을 준 서로 상반되는 경향을 가진 규범과 "주권적" 권력 간의 대결이 반복되고 있기 때문에, 짧게 이념사를 뒤돌아보는 것이 전체적인 문제점을 명확하게 하는데 도움이 될 것이다.

예전에 그렇게 세력이 있던 이중적 제왕론이 후퇴한 후 지배자주권론과 국민주권론이 서로 대치하였다. "그러나 입헌주의 운동은 하나 또는 다른 출발점으로부터, 깨지기 쉬운 주권개념으로부터 헌법을 위한 지반을 쟁취하는데 의존하였다"(*Otto von Gierke*).[2]

군주정적 헌법의 형성은 주권자 스스로를 구속하는 헌법의 가능성을 원칙적으로 부정한 절대군주정이론에 대한 투쟁이었다. 헌법은 지배자주권이 더 이상 절대적이라고 주장되지 않는 곳에서만 성립될 여지가 있다. 그와 함께 "절대적 통치"(imperium absolutum) 외에 결국 "제한된" 또는 "입헌적" 군주정으로 발전된 다양한 형태의 "제한적

---

2) Genossenschaftsrecht Bd. IV 451; 저자의 Gewaltenteilung 20ff.

통치"(imperium limitatum)가 등장한다. 군주정적 헌법의 연구는 어떻게 해서 "군주정원리"의 결정주의가 몇 번이고 되풀이하여 나타나고 정립된 법을 상대화하며 국가생활에서 규범적 헌법이 언제나 단순히 이차적으로 남는가를 보여준다.[3]

그러나 또한 민주주의에서도 헌법은 다수결이라는 잠재적 절대주의에 의하여 끊임없이 위협받고 있다.[4] 이러한 일이 전혀 일어나지 않는 평온한 발전의 시기도 있지만, 또한 다시금 잠재적인 긴장이 현저한

---

3) Preuss DKZ 1924 Sp. 652; Barthélemy/Duez 195f., 183; Waldecker AStL 550ff., 641ff.; Carl Schmitt VVdDStRL Heft 1 85.

4) 몇 번이고 되풀이하여 사람들은 민주주의는 "본성적으로" 자유롭지 않다는 것을 인식해왔다. Esprit des Lois XI/4(édit. Garnier Bd. I 150). 전반적인 문제점은 대부분 "민주주의와 자유주의"라는 표제어 하에 논의되어왔다. G. de Ruggiero, Geschichte des Liberalismus in Europa 356ff.; Fleiner BStR 25, 316; His, Geschichte Bd. III 354, 1178ff.; Giacometti, Verfassungsgerichtsbarkeit 45; Schindler, Verfassungsrecht und soziale Struktur 116f., 133f. 참조. 최근의 문헌으로는 Meisser, Demokratie und Liberalismus, ZüDiss 1941 99ff., 108ff.; Jagmetti, Der Einfluss der Lehren von der Volkssouveränität und dem pouvoir constituant는 국민주권원리와 헌법제정권력(pouvoir constituant) 사이의 (가능한) 모순을 지적한다(특히 197f. 참조); 또한 물론 과장되어 있기는 하지만, 바이마르헌법의 제1편의 "가치중립성"(조직원리)과 바이마르헌법 제2편의 "가치충만"(기본권) 간의 모순을 보이고 있는 Carl Schmitt의 동명의 저서(Berlin 1932)에 있는 "합법성"과 "정당성"의 반대명제도 참조. 또한 W. Jellinek in VVdDStRL Heft 2 257; Leibholz, Die Auflösung der liberalen Demokratie 11f., 21ff., 50f.; Westphalen Dürstenberg, Das Problem der Grundrechte 23f., 29f.; Sender, Probleme der Demokratie 97ff., 109, 115도 참조. - 매우 훌륭한 것으로는 *Benjamin Constant*의 전체 저술, 특히 Esquisse d'une Constitution(1818) 31ff.과 A. de Tocqueville, De la démocratie en Amérique, 특히 Bd. II Kap. 6ff.; Duez in Mélanges Carré de Malberg 118. 특히 또한 (실제의 발전은 올바르게 파악되었으

모순으로 폭발하는 시대도 있다.

이미 고대 그리스의 도시민주주의에서 이러한 자발적 전향이 민주주의의 헌법생활에서 매우 훌륭하게 나타난다. 민회의 절대적 권력은 절대적이고 무제한적인 것이기는 하였다. 그러나 그럼에도 불구하고 다양한 특별한 제도들에서 민중(Demos)으로부터 규범(Nomos)을 보호하려는 시도가 표현되었다. 비록 끊임없는 변화에 대한 경향이 국민성 속에 깊게 근거를 둔 것이었다 하더라도 또한 이곳에서도 - 더 이상 법률에 대한 의지에 의해서가 아니라 순간적인 기분에 의하여 명령되는 - 규범을 위반하고 규범에 충격을 준 불건전한, 끊임없는 국민표결의 창안에서 몰락기가 명백하게 인식되었다. 그러나 또한 민중도 그렇게 결국에는 독재자로 될 수 있었다.[5] *Aristoteles*는 그의 "정치학"에서 이러한 전후관계를 제시하였다. 그리고 그의 분석은 또한 현대적 문제점의 핵심을 찌르고 있다.

규범과 의지의 이러한 충돌은 민주주의의 전역사를 통하여 추적될 수 있다. 현실적인 문제점을 다루는 우리의 연구는 최소한 미연방헌법의 성립사와 프랑스혁명의 이념사에 대한 짧은 회고를 필요로 한다.

필라델피아 헌법제정회의와 "공화주의자"에서의 논쟁에서 대립은 명확하게 현실적이었다. "헌법의 아버지들"에게 모든 국가권력이 국민

나 다른 저술들에서도 몇 번이고 되풀이되는 10 하단의 명제는 옳지 않은) Kelsen, Wesen und Wert der Demokratie 10ff.도 참조; 우리와 관련해서는 특히 또한 합법성원리와 민주주의원리 사이의 모순에 대한 70ff.도 참조. AStL 320ff., 361ff., 366f., 325: "필경 구할 수 없는 개인의 자유"!

5) Jakob Burckhardt, Griechische Kulturgescichte Bd. I(Kröner TyA 83ff.; Bryce Bd. I 183, 186f., 198 상단; Knauss, Staat und Mensch in Hellas 98ff.

으로부터 나온다는 것은 불가침의 신조였다("국민의 정부" popular government). 그러나 동시에 헌법을 다수의 한 순간의 원망(願望)으로부터 보호하는 것이 그들의 헌법정책이 중심적인 관심사였다. 그들은, "연방주의자"에서 몇 번이고 되풀이하여 역설되었듯이, "민주주의"가 아닌 "공화국"을, 또는 오늘날에 일반화된 반대명제로 표현하면, "대중" 민주주의가 아닌 "입헌적" 민주주의를 원하였다.[6] 헌법은 똑같이 의식적으로 군주정적 절대주의는 물론 민주정적 절대주의에도 반대하였다. 보통법의 권위의 도움을 받아 이러한 "법률의 지배"("법의 지배" government of laws, "법의 우위" Supremacy of the Law)를 건설하는 것이 가능하였다.

또한 프랑스혁명에서도 국가사상가들과 헌법제정자들은 이 문제와 씨름하였다. 한편에는 법률의 대사제 *Montesquieu*가, 다른 한편에는 급진적 민주주의의 정열적인 사상가 *Rousseau*가 버티고 서 있었다. 그리고 이러한 사실은 특히 "법의 정신"(Esprit des Lois)이 1791년의 (자유주의적) 헌법에 반영되어 있듯이, 1793년의 (급진 민주주의적) 헌법의 제정자들은 "사회계약론"(Contrat social)의 충실하고 말 잘 듣는 대가들이었다.[7]

지배자주권에 대한 오랜 세월에 걸친 투쟁에서 마침내 국민주권이

---

6) 특히 예컨대 Federalist No. 78(Hamilton), No. 10; 14; 39(Madison); Rappard ZschwR n. F. Bd. 53 61aff.; Beck, Die Verfassung der Vereinigten Staaten 241ff., 326; Ch. G. Haines, A Government of Laws or a Government of Men 1ff.

7) 저자의 "Gewaltenteilung" 46ff., 68ff., 80ff. 참조. 1791년 헌법(Art. 3, tit. III, chap. II)은 여전히 다음과 같이 규정하였다. "프랑스는 법보다 우월한 권위는 없다"(Il n'y a pas en France d'autorité supéricure à celle de la loi).

승리하였다. "제3의 당파" - 끊임없이 패배하던 자! - 가 법의 주권[8]을 옹호하였다. 예컨대 *Fénelon*은 "주권자의 전제"(despotisme des Souverains)는 물론 "하층민의 전제"(despotisme de la populace)에 반대하는 입장을 표명하였다. 또한 *Leibniz*도 헌법은 절대적 주권 주장이 있으면 존재할 수 없다는 것을 인식하였다. 그리고 *Mirabeau* 는 혁명에서 *Montesqieu*의 유명한 명제를 대변하였다.

그러나 혁명세력은 국민주권의 이론을 루소의 사회계약론을 통하여 받아들였다. 루소는 "국민"을 위하여 절대적 전권, 전적으로 무제한적 인, 불가양의, 분리할 수 없는 그리고 대리될 수 없는 주권의 반환을 청구하였다(C. s. I 6f., II c. 1-2, 7, III c. 15-16). 또한 루소에 따르 면 이러한 "주권"(pouvoir souverain) - 비록 "전적으로 절대적이고, 전적으로 신성하고, 전적으로 불가침"이라 하더라도(tout absolu, tout sacré, tout inviolable) - 은 한계가 있기는 하다. 오히려 그는 "이성법"(loi de raison)으로부터 국민은 반드시 법령을 알고 있어야 한다는 결론을 이끌어낸다. 또한 주권자인 국민이라도 개별적인 경우 (개별적 사건 affaire particulière, 개별적 대상 object particulier) 를 결정할 권한은 없다. 그 속에는 개인들을 다시금 그들의 (최초의 권

---

8) 영국의 국법에서 "주권을 주장한 세 명의 신청인, 즉 왕, 의회 내의 왕, 법" 사이의 이 러한 투쟁에 대하여는 Maitland, The Constitutional History of England 298f., 특히 *Coke*의 이론 dasselbst 300ff. 참조. 또한 Rappard, ZschwR n. F. 53 63af.; Le Fur in Mélanges Hauriou 353; Gierke, Genosenschaftsrecht Bd. III 633, Aithsius 142, 189, 202ff., 289("민주주의의 국가절대주의적 노선"); 264f.(규범적 인 것과 국가절대주의 사이의 영속적이고 파란만장한 전투에 대하여); Schindler, Verfassungsrecht und soziale Struktur 115f.도 참조.

리의 premiers droits) "천부적 자유"(liberté naturelle)로 후퇴하게 하는 사회계약의 파괴가 있다는 것이다(II 4, I 6).

사람들은 루소의 이론을 설명함에 있어 주권의 이러한 한계에 대하여 거의 주의하지 않았고 어떻든 커다란 의미를 부여하지도 않았다. 그의 이론의 내적 결과는 다수의 의사의 무한계성으로 나타난다. 그렇기 때문에 사람들은 또한 몇 번이고 되풀이하여 사회계약은 근본에 있어서 "전제정에 독재를 더한 이론"(théorie du despotisme le plus absolu - *Barthélemy*" - 민주주의적 전조를 가진 *Hobbes* - 을 의미한다는 것을 확인할 수 있었다. 그리고 모든 규범적인 것, 모든 성문화된 질서, 모든 "헌법적인 것"은 몇 번이고 되풀이하여 강조되는 그때그때의 다수의사의 주권에 의하여 의문시된다. "집단을 이루고 있는 국민"(peuple en corps)은 절대권력(legibus solutus)이다. 이는, 그것이 - 혁명의 변증법의 과격성의 법칙에 따라 - 군주정적 절대주의에 대하여 루소에 의하여 정식화되었듯이, 기본명제이다. 민주주의 국가에서 헌법을 쟁취하기 위한 투쟁은 종국적으로는 항상 이러한 숙명적인 원리에 반대하는 투쟁이었다.[9]

"헌법의 논리"(logique de la constitution)는 헌법의 기본규범들

---

9) 특히 Sieyès, Qu'est-ce que le Tiers Etat? 115f.: "국가가 어떤 방식으로 원하든가 국가가 원하는 것으로 충분하다; 모든 형식은 괜찮으며 국가의 의지는 항상 최고법이다. ⋯ 그것을 되풀이하는 것을 두려워하지 말자; 국가는 모든 형식과 원하는 어떤 방식으로 독립적이고, 그 의지는 모든 실정법의 최고소유자와 기원 앞에서와 같이 국가 앞에서 모든 실정법이 중시되도록 발현하는 것으로 충분하다!"(De quelque manière qu'une nation veuille, il suffit qu'elle veuille; toutes les formes sout bonnes et sa volonté est toutjours la loi suprême ⋯ Ne craignons point de le répéter:

의 불가침성과 법의 원리(principe du droit)에 기인한다. 그에 반하여 "민주주의의 논리"(logique de la démocratie)는 모든 형태의 국민의사의 무조건적 권위를 주장한다. 그것은 권력의 원리(pricipe du pouvoir)에서 출발한다. 합헌적 민주주의에서는 국민의 의사도 주권적이 아니다. 즉 국민의 권한도 규범화되고 제한된 것이다. 모든 진정한 기본권규정은 민주적 다수결의 원리의 제약, 일반의지(volonté générale)의 "주체"나 "대표자"에게는 한계를 의미한다. 이러한 움직일 수 없는 규범의 우위 - 헌법이 규범적 질서로서 의미를 잃지 않으려면 - 는 민주주의 원리에 의하여 의문시된다.

"결정주의적" 다수결원리에 대한 규범적인 것의 후퇴는 다양한 단계에서 수행되었다. 절대적("대중적") 민주주의에 대한 이러한 경향은 모든 국가들에서 똑같이 명백하게 나타난 것은 아니나 그럼에도 불구하고 꽤 일반적으로 나타났다. 그리고 헌법정책과 이론에서는 또한 이곳에서도 특정의 가치(특히 기본권)를 확고하게 방어하는 것에서부터, 왕인 다수가 자신의 의지를 헌법제정자로서, 통상의 입법자로서 또는 끝으로 심지어 단순히 개별적인 행동에서 알리는지 여부와 무관하게, "왕인 다수"에게 전적으로 항복하는 것에 이르기까지 모든 명암이 나타나고 있다. 왕인 다수의 의지 앞에서는 모든 규범적인 것은 힘을 잃고 무너진다. "모든 형식은 바람직하며, 국가가 바람으로 충분하다 (toutes les formes sont bonnes, il suffit qu'elle la nation veuille)!!

Une nation est indépendante de toute forme et de quelque manière qu'elle veuille, il suffit que sa volonté paraisse pour que tout droit positif cesse devant elle, comme devant la source et le maitre suprême de tout droit positif!)

다수의 헌법이론들은 이 두 가지 극단을 조화시키려는 시도를 한다. 그것이 좀 더 규범적인 것의 쪽으로든, 그것이 좀 더 "결정주의적인 것"의 쪽으로든.

I. 규범적인 것의 독재는 규범적인 것이 또한 "헌법제정권력"을 구속하는 곳에서도, 즉 또한 헌법제정권력이 헌법을 제정함에 있어서 자유롭지 않은 곳에서도 완전한 것으로 생각된다. 또한 국가도 "영원한" 질서와 가치를 존중해야 한다. 선국가적이고 초국가적인 효력을 가지는 어떤 "기본권들"과 원리들이 존재한다.[10]

사람들은 헌법의 이러한 움직일 수 없는 토대(이론의 여지없는 개념들의 집합체 "bloc des idées incontestables")를 매우 다양한 방법으로 - 때로는 좀 더 신학적으로 신의 명령으로서, 때로는 좀 더 철학적으로 이성의 절대적 원리로서 - 근거지었다. 법이론에서 사람들은 그 토대를 또한 몇 번이고 되풀이하여 모든 실정법에 선행하는 법원리(사회질서와 정의의 대원리 grands principes dórdre social et de justice)로 표현하였다.[11] 사람들은 철저하게 모순되는 실정법을 "불법"(illègitime)으로 선언하였고 국가에 대항하여, 또한 민주적으로 정

---

10) 바로 이러한 성격을 강조하고 국가가 보장한다는 모든 이념을 배제하기 위하여 미국 헌법의 "아버지들"은 원래 기본권을 수용하지 않으려 하였다. Hamilton "Federalist" No. 84 참조.

11) Hauriou, Précis de Droit Constitutionnel 255: "정의와 사회질서의 개인주의적 대원리의 합법성"(légitimité des grands pricipes individualistes d'dordre ey de justice qui ont fait la civilisation)은 헌법과 헌법제정권력 위에 있다; 또한 권력분립원리도 헌법제정권력보다 우위에 있다, 251, 238f., 298; Duguit, Traité 3.

당화된 국가에 대항해서도, 저 전국가적 가치를 보호하기 위하여 저항
권을 규정하였다.

그러나 절대다수의 법학자들은 이러한 견해에 반대하여 실정법의
이름으로 전선을 구축하였고 이러한 "전국가적 권리들"의 모든 법적
(법학적) 의미를 부정하였다.[12] 많은 저자들에게 "법"은 정의상(per

Aufl. Bd. III 596ff., 603f.; 1789년의 규범서열: 기본법("프랑스의 사회계약"으로
서 인간의 권리선언 말 그대로) - 헌법 - 통상적 법은 오늘날에도(1928) 여전히 유
효한 법이라 할 것이다; 606f., 641, 689f., 565ff.; Le Fur in Mélanges Carré de
Malberg 354f.; Renard daselbst 490; Duguit, Annuaire 1929 204, 또한
Barthélemy, dasselbst 205(상위법 le droit supérieur; 어떤 순간의 자연법 droit
naturel d'un moment donné); Georges Scelle, Précis du Droit Gens Bd. II
355f.: "법의 초헌법적 원리"(die principes superconstitutinnels oder pricipes
essentiels du droit objetif)도 참조; 또한 3f.도 참조 - 미국헌법에서 "기본명제"에
대하여는 v. Mangoldt, Rechtsstaatsgedanke und Regierungsform in den
Vereinigten Staaten von Amerika 2, 4, 53 참조; 특히 또한 Marshall in Fletcher
v. Peck와 Chase in Calder v. Bull(3 Dall. 386), Müller in Loan Association
v. Topeka도 참조. Willoughby 66과 66f.의 Anm. 82에서 인용; 또한 Bd. I
598f.; Beck, Die Verfassung der Vereinigten Staaten 254f.도 참조 -
E. Zweig, Lehre vom pouvoir constituant 240ff.; Carl Schmitt VL 25f., 102ff.,
L. u. L. 60f., HbdDStR II 591f.; Walter Jellinek, Grenzen der
Verfassungsgesetzgebung 1, 3ff., 9ff.; Erich Kaufmann VVdDStRL Heft 3
3f., 20f.("또한 입법자도 그것에 구속을 받는 입법자에 대한 법원리들"); Gerber
VVdDStRL Heft 7 7: 헌법의 토대는 법적 절차에서 변화될 수 없다; Simons,
Holstein ArchöffR n. F. 17 145f.에서 인용 -
Fleiner, Tradition, Dogma, Entwicklung 12(최후의, 움직일 수 없는 토대);
Rappard, ZschwR n. F. Bd. 53 78a상단; 또한 144a와 145a; Schindler,
Verfassungsrecht und soziale Struktur 136도 참조. (Kelsen이 몇 번이고 되풀
이하여 주장하듯이) 바로 민주주의는 상대주의의 기초 위에서는 존재할 수 없다:
dasselbst 141f., Staat und Politik der Gegenwart als Ausdrucksform der

definitionem) 오직 국가적·실정적 법(그러나 다른 경우에는 또한 국가가 권한에 따라 규정한, 법적 성질을 가지는 모든 것)이기 때문에 그들은 그렇게 한다. 그들은 가치 일반과 같은 전실정적(前實定的) 법 원리들의 객관성을 부정한다. 그들의 법실증주의는 일반적인(철학적·세계관적인) 생의 실증주의의 표현이다. 그에 반하여 다른 저자들에게 있어서는 실증주의는 확실히 "실정법"의 방어에 불과하다. 그들은 때때로 기본가치들의 추종자이나 법에 대해서는 이러한 가치들을 그들의 실정법적 효력부여에 따라서만 인정한다.[13] 그러므로 이곳에서 전국가적 그리고 초국가적 법("자연법")은 특히 사람들이 그러한 법에 의하여 실정법이론의 (상대적) 완결성과 철저성이 위험에 처해지는 것을 두려워하기 때문에 부정된다.[14] 이러한 사유태도는 철저하게 전진적 "헌법한계의 자동화"(W. Jellinek)의 원인이 될 수밖에 없을 것이다. 법의 주권은 실정규정의 주권에 굴복한다.

이러한 태도의 문제점은 자유주의적 헌법국가의 시대에는 은폐된

menschlichen Psyche 16; Walther Burckhardt, Staatliche Autorität und geistige Freiheit 18ff., 30 참조 -

중세의 규범주의에 대한 현대 결정주의의 대립은 매우 훌륭하게 예컨대 Gierke, Althusius 73ff.와 Genossenschaftdrecht Bd. III 610ff., 624ff.로부터 밝혀진다; 또한 Willoughby Bd. I 66에 실려 있는 Bonham 사례에서의 Coke의 유명한 표현(Dictum)도 참조.

12) Dupeyroux in Mélanges Carré de Malberg 156f.

13) 예컨대 Carré de Malberg, Contribution à la théorie générale de l'Etat Bd. I 57 Note 6; 207f. Note 8; Mélanges Carré de Malberg 77f.; Giacometti, Verfassungsgerichtsbarkeit 61.

14) =13a) 저자의 취임강의 "Staatsrecht und Staatsallmacht" 참조.

채 남아 있을 수 있었다. 자유주의적 헌법국가는 전국가적 법을 대체로 실정법적으로 재가하고 또한 보호하였기 때문이다. 그러한 문제점은 이미 더 이전에도 이따금 나타나기는 하였다. 그러나 그러한 문제점은 현대에는 도대체 더 이상 한계를 인정하지 않는 국가에 대하여 바로 위기가 될 정도로 폭발할 수밖에 없을 것이다.

그렇게 해서 또한 "헌법제정권력"(pouvoir constituant)까지도 구속하는 규범에 대한 질문이 새로운 긴박성을 띠고 제기된다. 그것은 국법의 결정적인 문제일 뿐만 아니라 또한 법과 문화 일반의 결정적인 문제이기도 하다.

II. 실제와 이론에서 꽤 일반적으로 전능한, 어떠한 규범에 의해서도 제한되지 않고 제한될 수 없는 헌법제정권력에 대한 이론이 인정을 받았다. 어떻든 이 이론은 유럽대륙에서 프랑스의 이론에 의존하여 - 미국의 이론과는 가능한 한 상반되게 - 지배적인 이론이 되었다. "헌법제정"권력은 모든 것을 할 수 있다. 그 의지는 국가 내에서 최고의 법적 의지이다.

그러나 이 원리의 급진적 "결정주의적인 것"은 또한 헌법제정권력(constituent power)과 헌법개정권력(amending power) 내지는 전면개정과 부분개정의 구별에 내포되어 있는 규범주의적인 것에 대해서도 관철되었다. 규범적으로 보면, 한편으로는 헌법창조(내지는 전면개정)의 일회성과 다른 한편으로는 개정(부분개정)을 구별하는 것은 좋은 의미를 가진다. 그와 동시에 후자는 개별적 헌법조항들만을 대상으로 함에 반하여, 전자는 전체로서의 헌법의 기본적 원리들에도 해당

된다. 왜냐하면 예컨대 스위스 연방헌법 제119조와 제121조에서 그렇듯이 많은 헌법들은 또한 이러한 구별을 실정법적으로 확정하고 있기 때문이다. 그러므로 부분개정의 방법으로 예컨대 기본권을 폐지하려고 한다면 그것은 어떤 결과도 얻을 수 없을 것이다. 그러한 국민발안은 비록 부분개정의 형태를 취한다 하더라도 실질적으로는 전면개정을 의미하게 될 것이기 때문이다. 그러나 실제에서는 그러한 규범적 구별에 대하여 민주적 의사의 우위가 명백하게 주장되었고[14] 이곳에서 이론은 종종 그렇듯이 사실적 발전을 따랐으며 사실적 발전에 또한 기꺼이 근거를 제공하였다. 처음에 사람들은 매우 일반적으로 개정규정의 법적 의미를 의문시하였고[15] 그리고 나서는 특히 이미 언급된 구별의 실행가능성을 문제삼았다. 그 논증을 따라가면 결국(ultima analysi) 거의 예외 없이 규범은 바로 "민주적 주권자"의 의지에 양보하여야 한다는 것은 "국가생활의 현실에서 그러한 법문들은 정치적 세력의 압박을 견뎌내지 못한다"(R. Thoma)는 경험으로부터 추론된다는 결론을 발견하게 될 것이다.

그러나 그럼에도 불구하고 또한 이미 언급한 구별의 규범적 의미를 근거지으려는, 즉 어떻게 해서라도 헌법의 기본적인, 지주적인 원리들(따라서 예컨대 민주주의원리, 자유권, 권력분립, 연방주의)과 개별적 헌법조문들을 구별하려는, 그에 따라 "헌법제정권력"(pouvoir constituant)으로부터 헌법개정권력을 구분하려는 시도도 있어 왔다

---

14) 예컨대 Motion Gobat, Verhandl. der Bundesversammlung Dezember 1894 No. 54 참조.

15) 위의 109f. 참조.

(위의 109f. 참조). 그러므로 "헌법개정"권력(또는 부분개정에 대한 권한)은 개정규정뿐만 아니라 또한 헌법 - "정치적 통일체의 종류와 형식에 대한 전체결단"(C. Schmitt)으로서의 헌법 - 의 기본원리들에도 구속되며, 이로써 헌법개정권력은, 헌법의 철저하게 발전된 규범적 의미가 주장하는 바와 같이, 제한된 합헌적 권한으로 될 것이다. 그러므로 일반적인 헌법개정(부분개정)의 방법으로는 개별적인 헌법률적 규정들만 개정될 수 있을 뿐, 저 기본원리들(과 물론 그만큼 강력한(a fortiori) 설득력을 가지는) 전체로서의 헌법도)은 개정될 수 없다. 헌법 "제정"과 헌법 "개정"은 질적으로 다른 것이다.[16]

이러한 구별은 진정한 헌법개정권력자 외에 또한 의회가 헌법개정법률을 발포하는 곳에서 특히 집요한 것이 되어야 할 것이다. 헌법개정에 대한 권한에서 "전능한 주권자와 심지어 헌법제정권력의 주체를 보는 것"은 매우 "약식의 절대주의"였고 그에 대하여 C. Schmitt가 모든 "무제한적 전권"으로부터 헌법개정권한을 분리하려고 시도한 것은 어떻든 여전히 순 규범적 · 헌법국가적인 생각이었다. 그렇지 않은 경우에는 전체 헌법은 단순히 "개정절차", 백지헌법일지도 모른다.[17]

그러나 입헌국가의 논리에 따라 국민이 헌법제정권자(의무적 헌법

---

16) Carl Schmitt VL, 99, 102f.; Hauriou, Présis 249; Freidrich, Constitutional Government and Politics 117f., 162f.; 미국의 경우는 William L. Marbury, The limitation upon the amending poewer, Harvard Law Review 33 223ff. 의 시도; Carl Schmitt VL 106과 Lambert 112ff.에서 인용; 또한 노르웨이 헌법 제112조 제2항도 참조: 또한 이제는 H. Nef in ZschwR 1942 108ff.; Giacometti, KantStR 448ff.도 참조.

17) Carl Schmitt, Hüter der Verfassung 16, 113; JW 1929 2314. *Anschütz* - 오

국민투표)인 곳에서도 그 문제는 제기된다. 그러나 바로 이곳에서는 어떻게 사람들이 실제와 이론에서 민주주의원리에 대하여 이러한 규범을 후퇴하게 하였는지를 보일 것이다.[18] 그들이 규범적·입헌적 견해를 발전시킨 것과 같이, 상이한 대"국민"(단순한 입법자로서의 국민, 헌법개정권력으로서의 국민, 헌법제정권력으로서의 국민)의 자리를 주권적인 세계의 창조자(플라톤의 데미우르고스)로서의 국민이라는 대중민주주의적("결정주의적") 견해가 차지한다.

Ⅲ. 그러나 민주주의 원리의 약진은 입헌적 생각에 따르면 엄격히 헌법적인 권력인 "일반적인"("보통의") 입법자도 점점 더 헌법의 한계

직 하나의 예만 들자면 - 는 헌법개정에 한계를 설정하려는 이러한 모든 시도들을 "새로운 종류의 이론들"로 처리하였다: Komm. 14. Auflage 404f. 그에 따르면 헌법개정절차의 방법에 의하여 성립하는 "모든 것은 내용과 정치적 효력범위의 차이 없이" 합법적이다.

18) - 여럿 가운데서 특히 교훈을 주는 예로서 - 335,000명의 서명에서 표현된 것과 같은 "국민의사"의 공포를 "형식적 고려"에서 무시할 수 없다는 것이 몇 번이고 되풀이하여 유효한 것이 되는 "위기발안"(Kriseninitiative)의 합헌성에 대한 토론 참조. StenBull NatRat 1935 14. 또한 Carl Schmitt L. u. L. 63; Fleiner ZschwR n. F. 53 23a: 국민투표는 "'치유력'이 없다"도 참조.

사실상 "위기발안"에서 문제된 것은 부분개정을 열망하는 형식을 취하는 전면결정의 열망이었다. Giacometti, SJZ 1935/36 99; StenBull NatRat 1935 21, 46, 74 참조 -

부분개정에 의해서 전면개정을 대체하려는 일반적인 경향에 대하여는 또한 Hauriou, Précis 254도 참조; 이미 Hilty, Die Bundesverfassungen der schweiz. Eidgenossenschaft 409는 부분개정의 이러한 "파괴과정"을 경계한 바 있다; 또한 이렇게 "고립된 부분개정의 한 가운데서 헌법의 규범체계로부터 개별적 토대들을 구출하는 것"에 대한 Bilfinger, Archöffr. n. F. Bd. 11 181f.의 정당한 비판도 참조.

를 무시하는 효과를 가져왔다.[19] 그곳에서 다수 국가에서 과거 10년의 헌법생활을 특징지운 의회절대주의에의 발전의 본질적 경향이 표현된다. 이러한 의미 있는 현상은 실제와 이론에서 사람들이 "일반적인" 입법자를 "최고의 권력"으로 또는 심지어는 일반의지(volonté générale)의 본래의 대표자 또는 수탁자로 단언하는데서 정당화되었다. 입법자의 행위는 더 이상 헌법의 제 규범과 합치하는데서 정당화되지 않고 어느 정도까지는 근본적으로 민주주의원리로부터 정당화되었다. 즉 또한 헌법유월적 행위도 정당하게 된다. 민주적 정당성은 헌법적 합법성보다 상위에 있다. 보통의 입법자는 헌법에 의하여 창조된 권력(pouvoir constitué)으로부터 헌법제정권력(pouvoir constituant)으로, 헌법초월적 권력으로 된다. 헌법률과 보통의 법률의 구별은 중요하지 않게 된다.

그러나 그 밖의 권력과의 관계에서 이러한 변화는 특히 행정부와의 관계에서 평등한 질서가 입법부의 상위의 질서에 양보한다는 데서 표현된다. 규범적인 것의 본질로부터 결론되는 (헌법국가적인) "법률의 우위"를 (민주주의 원리로부터 결론되는 "결정주의적") "입법자의 우위"가 대체한다. 권력분립을 점점 더 권력집중이 대체한다. 이와 더불어 헌법의 규범적인 것에 대한 결정적 보장은 사라진다.[20]

이러한 문제점은 자명하게, 이미 지적된 바와 같이, 동일한 기관이 일반적인 입법과 헌법제정을 담당하는 곳에서 특히 첨예한 것으로 된

---

19) Fleiner, ZschwR n. F. Bd. 53, 19a.

20) 또한 "가능한 한 더 넓은 국민의 권한을 민주적으로 추정한다는 것"(Carl Schmitt, Volksentscheid und Volksbegehren 39)도 헌법적 민주주의에서는 자리가 없다.

다. 예컨대 (연방헌법 제89조에 따른 일반적인 입법과는 반대로) 헌법제정에 "참여한 시민의 투표의 다수"뿐만 아니라 또한 "다수 칸톤"의 표를 요구하는 연방헌법 제123조와 같은 규정이 그 규범력을 유지하는 반면에, 그러한 경계획정을 시도하는 그밖의 규범들은 해당 기관의 그때그때 관철되는 다수결이라는 민주주의 원리에 대하여 스스로를 주장할 수 없다. 해당 기관이 헌법제정의 형식과 조건에서만 규정해도 무방한 것은 단순한 입법의 방법으로 정립된다("조작된 주권적 행위"). 또는 거꾸로 표현하면, 해당기관이 헌법제정의 형식과 조건에서만 규정해도 무방한 것이 매 순간마다 일반의지의 대표자로서의 자신의 지위를 원용할 수 있다면, 즉 민주적 다수가 모든 형식에서 모든 행위를 자발적으로(eo ipso) 법적인 행위로 만든다면, 즉 바로 합법성이 정당성에 의하여 대체된다면, "단순한" 입법자로서의 그의 권한은 대상이 없게 될 것이다. 그렇게 해서 군주권력의 절대주의를 제거하는 것이 그 역사적 과제였던 일반의사의 이론은 의회절대주의의 창도자로 된다. 그러나 헌법은 의회절대주의의 지배 하에서는 결국, *Carré de Malberg*가 언젠가 표현하였듯이,[21] "최고의지의 표시가 적은 것은 의회의 의지를 포기하는 행위이다"(moins une manifestation de volonté suprême qu'un acte d'abandon à une volonté parlementaire).

IV. 규범과 의지가 충돌하는 경향을 분명히 하기 위해서 끝으로 그

---

21) La loi, expression de la volonté générale 119; 또한 아래의 140ff.도 참조.

속에서 규범적인 것이 최소한으로 수축하는 민주주의의 구조가 개관되어야 할 것이다. 다수결의 "결정주의"는 그 규범적대성에서 다수의 의지가 일반적 · 추상적 법문에서뿐만 아니라 구체적인 규정들에서도 선언되는 모든 개별적인 순간에 성문화된 규범에 대하여 자신의 우위를 주장하는 정도까지 극단화될 수 있다. 이는 그 속에서 또한 일반적 · 추상적 법령과 개별적 · 구체적 집행행위의 구별이 가지는 규범적 의미가 사라지는 자의적(sic-volo-sic-iubeo) 민주주의의 이론적 극단이다. 또한 헌법국가적으로 엄금된 사권(私權)상실 기소장, 상황으로부터 형성된 법률(lex pro re nata) 등의 형식들도 이곳에서는 전제에 따라 전혀 "위헌적"일 수 없다. 이러한 과격한 원리의 논리에 따르면 결국 또한 헌법상의 법관의 독립도 주권자의 그때그때의 의사에 대하여는 더 이상 존재할 수 없을 것이다. 국민은 민주적 대명(大命)의 방법으로 또한 절차도 결정하게 될 것이다. 규범적으로 관찰하면, 결국 헌법은 다음과 같은 한 문장에만 존재하게 된다. 국민은 모든 것이 허용된다. 그리고 이를 근거짓기 위해서는, 모든 절대주의에서 그런 것처럼, "이것이 우리의 정확한 의지이다"(Tel est notre bon plaisir)!

이러한 헌법이 없는 민주주의는 항상 타락한 형태, 그리고 그렇기 때문에 또한 항상 결국 - 권력의 고유법칙성을 따르는 - 주권적 독재로 급변하는 국민투표적 민주주의의 독재로의 이행형태를 나타낸다. 이로써 극단적 한계상황이 지적되었다. 그러나 이러한 방향으로의 특정 경향 - 민주주의의 주의주의적 선회 - 은 대부분의 민주주의에서, 규범적인 것의 몰락과 관련하여 관철된다.[22]

헌법의 이러한 모든 기본문제들에서 문제가 되는 것은 결코 단순히 이론적인 문제들이 아니다. 오히려 또한 실정법상의 개별적 문제들에 대한 (다소간 분명히 의식적인) 입장표명도 어떻게 그러한 이론적 기본견해에 의하여 규정되는가 하는 것이 보여져야 한다. 더 민주주의 원리에 정향된 일관성과 헌법의 원리로부터 추론되는 다른 일관성이 있다. 이러한 사실은 다음과 같은 세 가지 중요한, 서로 관련되는 문제들에서 지적될 수 있다. (1) 기본권, (2) 법률의 개념 및 (3) 법관의 심사권.

1. 기본권

민주주의 원리의 약진은 실제와 이론에서 기본권의 권리능력의 변경(capitis deminutio)의 원인이 되었다. 그러나 우리가 위에서 개관한 단계의 사다리를 따른다면 일반의지의 원리에 대하여 기본권의 규범력을 평가절하하는 것을 내보일 수 있다. 그 점에서는 (일시적으로) 또한 1914/18년의 세계대전 이후의 일시적인 평가절상도 사정을 바

---

22) 또한 Carl Schmitt VL 275("어용사법의 민주화된 다두제")도 참조; 또한 Handbuch des deutschen Staatsrechtes II 587도 참조. 다른 모든 가치를 부정하는 이러한 "독재형식의, 반법치국가적인 … 폭군적인" 민주주의에 대하여는 또한 G. Leibholz, Die Auflösung der liberalen Demokratie 19도 참조. - 한계로서의 "명령의 일반 성 에 대 하 여 는" Rousseau C. s. II 4; W. Jellinek, Grenzen der Verfassungsgesetzgebung 8f.; Esmein/Nézrd Bd. I 28 참조. 행정영역에서 "민주주의 원리와 합법성원리의 결합불가능성"에 대하여는 Kelsen, Vom Wesen und Wert der Demokratie 70ff. 참조. 민주주의의 "극단적 헌법형태"의 보정(補正)에 대하여는 Schindler, Verfassungsrecht und soziale Struktur 135ff. 참조. 또한 His, Geschichte des neueren schweizerischen Staatsrechtes Bd. II 313 도 참조. - 또한 A. de Tocqueville Bd. II 164ff., 19ff.(민주주의에 대한 균형으로서의 "법학자의 정신" esprit légiste)도 참조.

꿀 수는 없었다.[23]

a) 최초의 이론은 기본권의 전국가적 그리고 초국가적 성격을 주장
하였다. 기본권은 "무조건적으로 불변의, 폐지할 수 없는 그리고 불가
침의 권리"로 유효하였다. 사람들은 기본권을 또한 민주적 다수의 의
지에 대해서도 의당 방어할(noli me) 힘을 가지는, 절대적 한계를 나
타내는 정치이성의 현현으로 간주하였다. 그러므로 기본권은 또한 헌
법제정권력에게도 불가침의 규범이었다. 즉 헌법제정자는 기본권을
단지 인정하고 보호할 수 있을 뿐 결코 부정하고 배제할 수는 없다. 기
본권은 "실정법 이전의 것이며 실정법보다 우월하다"(antétieurs et
supérieurs aux lois positive). "기본권"과 "권력분립"은 헌법의 절
대적으로 필요한 기본적 원리이다(1789년 8월 26일의 인간과 시민의
권리선언 제16조).

기본권의 이러한 절대적 자율 - 지배적 견해의 넓은 흐름에 대하여
- 은 현대에 이르기까지 몇 번이고 되풀이하여 개별적인 저자들에 의
하여 대변되었다.[24] 바로 오늘날 그 찬성자가 증가한다는 것은 대충 사
실이 아니다. 권리가 사실상 유지되는 한, 많은 저자들은 "자연법적"인

---

23) Carl Schmitt, Zehn Jahre Reichsverfassung JW 2313; HbdDStR Bd. II 572ff.;
    또한 기본권의 평가절하에 대하여는 Westphalen Fürstenberg, Das Problem
    der Grundrechte 24f.; Leibholz, Die Auflösung der liberalen Demokratie
    23ff.; E. R. Huber, Bedeutungswandel der Grundrechte, ArchöffR n. F. 23
    8, 15ff., 79ff.도 참조; "강한"(헌법적으로 고정된) 기본권과 "약한" 기본권에 대하
    여는 또한 Merkl, Die ständisch-autoritäre Verfassung von 1934 164도 참조.
24) 또한 여전히 Carl Schmitt HbdDStR II 580, 특히 Anm. 24, 591f.와 특히 Anm.

것으로 기본권의 선국가성을 주장하는 것을 부인하고 싶어한다. 우리 시대의 위기는 또한 이곳에서도 순 형식주의의 불충분을 웃음거리로 만들었다.

바로 이곳으로부터만 영국의회의 전권("의회주권" Parliamentary Sovereignty)도 정당하게 이해될 수 있다. 의회가 영국인의 기본권을 사실상 보호하는 한, 영국의 법률가들은 의회에 대하여 이러한 주권을, 예컨대 유명하고 자주 인용되는 다음과 같은 *de Lolme*의 표현(Dictum) 에 나타나는 바와 같이, 외견상 무제한한 것으로 인정한다. "의회는 여자를 남자로 남자를 여자로 만드는 것을 제외하고는 모든 것을 할 수 있다는 것은 영국법률가들에게 있어 기본원리이다(It is a fundamental principle with English lawyers, that Parliament can do everything but make a woman a man and a man a woman)."[25] 그러나 사람들이 위에서(47) 인용한 *Dicey*의 확인을 간과하고 우리의 유럽대륙적 주권관을 근거로 영국의회의 "주권"은 영국의회에게 전적인 처분권을 부여하는 것으로 생각한다면, 사람들은 영국의 헌법을 근본적으로 오해하는 것이 될 것이다.[26] 그러나 "기본권"은 - 비록 형식적인 헌법 문서에 의하여 보장되고 있지 않다 하더라도 - 그 어떤 헌법 하에서보

11에서 인용된 많은 저자들에게서 그러하다.

25) Dicey, Introduction 41에서 인용.

26) Dicey, Introduction 37ff., 179ff., 197, 468 말미, 466: 의회의 주권이 형식을 부여한다면, 국법의 우위는 헌법의 본질을 결정한다(If the sovereignty of Parliament gives the form, the supremacy of the law of the land determines the substance of our constitution). - 왜냐하면 또한 영국의 이론도 몇 번이고 되풀이하여 의회에 의한 헌법의 특정원리의 침해는 혁명에 필적한다는 것을 강조하기 때문이다:

다 영국의 "법의 지배"에 의하여 더 잘 보호되고 있다는 것이 사실이다. 우리는 이러한 "영국헌법의 신비"를 이곳에서 추적하지 않을 것이다. 그러나 이러한 사정으로부터 "경성"헌법의 체계를 위하여 기본권의 "폐지"(비헌법화 déconstitutionalisation)를 생각할 수 없다거나 또는 심지어 바람직한 것이 아니라는 결론을 추론해내는 것은 어떻든 치명적인 결과를 초래하는 궤변일 것이다.

b) 그러나 규범의 이러한 자율성은 점점 더 민주주의 원리의 절대성 요구에 대하여 후퇴할 수밖에 없었다. *Rousseau*와 *Sièyés*의 이론을 근거로 "헌법제정권력"은 제한되지도 않고 제한할 수도 없는 권력으로 고양되었다. 헌법제정권력은 또한 기본권에 의해서도 구속되어서는 안 되는 것이다. 기본권은 헌법제정권력에 의한 정립을 근거로 해서만 실정적이고 유효한 법으로 된다.

국법이론은 헌법의 기본원리와 개별적 헌법규정들과 그에 따라 헌법제정과 헌법개정의 상응하는 권한을 최소한 구별한다는 의미에서

Dicey, Introduction 197; A. B. Keith, The Constitution of England 1940 Bd. II 374ff., 특히 379; McIiwain, Yale Law Journal 1940 355 상단에서 인용. - 또한 사람들은 이러한 "의회주권"에도 불구하고 총선거를 근거로 한 선거인단의 수권이 없으면 기본적인 헌법상의 변경은 행해질 수 없다는 것도 간과해서는 안 된다. Loewenstein JöffR Bd. 20(1932) 311ff., 237f. 참조. 그러므로 이러한 "위임이론"에 따라 의회주권도 국민주권에 의하여 제한된다. Keith Bd. II 10ff., Bd. I 12f. 참조. - 이러한 맥락에서 보통법(Common Law)의 의미에 대하여는 또한 Rappard, ZschwR n. F. 53 64a, 139a도 참조. 왜냐하면 Meyers, American Democracy to-day 38은 또한 바로 미국헌법은 다름 아닌 "영국인의 권리의 법전화"에 지나지 않는다는 것을 확인하고 있기 때문이다.

기본권을 더 잘 보장하려는 시도를 하였다. 이 이론에 따르면 기본권은 - 헌법국가의 기본원리로서 - 헌법제정권력의 전체결단에 의해서만 폐지될 수 있을 뿐 결코 단순한 헌법개정(부분개정)의 방법으로 폐지될 수 없다. 기본권은 여전히 헌법적 효력을 가진다.

c) 그러나 실증주의적 이론에서는 이러한 구별은, 비록 실정법에서는 어떤 규범도 인위적으로 창조되지 않고 단지 헌법국가의 내적 논리에서 근거지어지는 규범이 표현됨에 불과함에도, 특히 실정법에서 어떠한 단초도 주어지지 않은 곳에서 거의 호응을 얻지 못했다. 의심스러운 가치상대성에 의하여 철저하게 인도된 "천편일률적인 헌법"(위의 61 참조)의 관점으로부터는 이미 헌법 내에서 규범서열의 그러한 시도는 "자연법적으로" 생각될 수밖에 없다. 그에 따르면 또한 단순한 헌법개정(부분개정)의 방법에 의해서도 기본권은 폐지될 수 있다. 기본권은 여전히 "헌법률적 효력"만을 가질 뿐이다. 이러한 단계에 이르기까지 국법이론은 *Richard Thoma*가 일찍이 다음과 같이 표현한 경험에 인도되어 어떻든 꽤 일반적으로 발전에 동참하였다. "국가로 형성된 국민의 권력이 가지는 집합적 위엄은 국가에 복종하는 자들의 자유와 권리의 모든 절대성을 배제한다."[27]

d) 그러나 이곳에서도 다음과 같은 *Montesquieu*의 지혜가 옳은

---

27) HbdDStR Bd. II 608; 이러한 견해가 특정의 역동적 · 결정주의적 견해와 관련을 가진다는 것은 그가 다음과 같은 것을 역설이라고 선언하는 다른 곳(ArchöffR n. F. Bd. 23 370)에서 분명해진다. "연륜이 짧은 민주주의는 민주주의를 건설하는 대신 새로운 민주적 권력을 신임하여 그에게 다수를 … 관료주의 국가에서 성장한 과도기

것으로 입증된다. "원칙의 힘은 모든 것을 이끈다"(La force du pricipe entraîne tout). 일반의지는 구속되지 않으려 한다. 외국인의 권리변경(capitis deminutio media)은 또한 여전히 원칙(maxima)을 따른다. "기본권"은 점점 더 여전히 법률에 따라서만 효력을 가진다. 기본권의 헌법상의 명문화는 더 이상 헌법적 한계의 의미를 가지는 것이 아니라 단순한 프로그램, 단순한 "선언", "정치적 판단"의 의미를 가진다. 기본권은 단순한 "질서원리"로 된다. 이와 함께 기본권은 비로소 법률단계에서, 입법자라는 후견인의 동의(auctoritas interpositio)에 의해서 비로소 실정법적 승인을 받는다. 그 효력은 상대화되고 그 법적 유효범위는 제한된다. 사람들은 더 이상 "기본권"의 의미심장한 의미에 대하여 말할 수 없다.

e) 한계상황으로서 또한 단순한 법률의 한계도 존재하지 않는 곳에서도, 즉 일반의사가 또한 개별적인 경우에 "기본권에 반하는" 법률과 괴적 명령을 발하는 경우에도 "기본권"의 전적인 평가절하를 이야기할 수 있다.[28]

2. 법률의 개념

의 헌법제정자의 법적 견해나 이익형량에 단단히 구속할 것을 위임한다." 또한 예컨대 Walter Jellinek, Verwaltungsrecht 10("특정의 법치국가적 저지"에도 불구하고)도 참조.

28) 또한 Carl Schmitt, Volksentscheid und Volksbegehren 45f.; G. de Ruggiero, Geschichte des Liberalismus 360f.도 참조.

민주주의의 주의주의적(voluntaristische) 선회는 기본권의 가치감소와 매우 밀접한 관계에서, 법률개념의 헌법적으로 중요한 선회에서 표현된다. 규범적 법률개념은 "정치적인"("결정주의적인") 법률개념에 의하여 해체된다. 규범적인 법률개념에 따르면 법률은 매우 특정의 내용적 성질들(이성성, 올바름, 정의, 평등 등)을 가진 일반적 추상적 규범이다. 법률의 효력(법적 효력 validité juridique, 법적 합법성 légitimité juridique)은 법률이 이러한 기본가치들(기본적 원리 principes fondametaux)에 일치한다는 것에 근거한다. 의지가 아닌, 또한 국민의 의지도 아닌 법률의 이성적인 내용이 법률을 만든다. 비이성적인, 정의롭지 않은 명령은 또한 법률의 명령에 의해서도 법률로 되지 않는다. 왜냐하면 법률은 의지적인(voluntas) 것이 아니라 이성적인(ratio) 것이기 때문이다. 예컨대 1791년의 헌법이 선언한 것과 같은 "법의 우월성"(primauté de la loi)은 "이성의 우월성"(primauté de la raison)을 선언하는 의미를 가졌다.[29]

그 전통이 고대 그리스에 소급되는 - 사람들은 법률의 개념을 아리스토텔레스의 법률개념이라 불러도 무방하다 - 이러한 (규범적, 법적) 법률개념과 마찬가지로 오래된 선사(先史)를 회고할 수 있는 "정치적"("결정주의적", "절대주의적") 법률개념은 대립된다. *Hobbes*는 진리

---

29) 이미 Platon, Gesetze, Buch IV; Montesquieu, Esprit des Lois, I 3; Haauriou, Précis 237ff.; Esmein/Nézard I 443; Burdeau a. a. O. 10f., 18ff., 44f., 52; C. Schmitt, VL 138ff., L. u. L. 24ff.; Heller VVdDStRL Heft 4 102; Smend VR 107f.(자연법의 법률개념은 "가치의 세계"에 대한 "말하자면 탯줄"이다); Bluntschli, Allgemeines Staatsrecht 6. Auflage Bd. I 141; Knauss, Staat und Mensch in Hellas 99, 235f. 참조.

가 아니라 권위가 법을 만든다(Autoritas non veritas faclt legem)
고 선언했고, *Bodin*은 "왜냐하면 법률은 바로 최고의 권력에 의하여
명령된 것"(Est enim lex nihil aluid quam summae potestatis
iussum)[30]이라는 널리 알려진 정의를 하였다.

그러므로 법률은 특정의 국가기관에 의하여 공표되는 국가적 법령
이다. 그러나 또한 이러한 국가기관에 법적 명령을 마련해주는 법령도
내용적 속성과 무관하게, 또한 그 법령이 구체적인 사례를 규율하는가
또는 일반적 추상적 규범을 내용또는 하는가라는 상황과도 무관하게
법률로 된다. 그러므로 이러한 의미에서 법률은 본질적으로 "명령"이
다. "법의 우월성"(primauté de la loi)을 "입법자의 우월성"(primauté
du législatur)이 대체하였다. 법률은 정치의 수단 또는, "정부의 태
도"(procédé de gouvernement)로 된다.

이러한 이상형적 대립 사이에 금방 더 한 쪽을 향하다가 금방 다른
한 쪽을 향하는 국법현실과 국법이론이 놓여 있다. 그러나 또한 이곳
에서도 분명히 내보일 수 있는 진보적 형식화와 법률의 정치화에서,
"법의 고전적 개념"(notion classique de la loi)으로부터의 전향에
서 규범적인 것의 쇠퇴, 주의주의(voluataristische)에로의 전향이 반
영된다. 그와 동시에 국가권력의 절대화가 군주정(총통국가) 쪽으로
가는가 아니면 의회절대주의 쪽으로 가는가 그것도 아니면 "대중적"
민주주의 쪽으로 가는 여부는 중요하지 않다. 절대주의적 의지는 절대
주의적 표현형식을, 즉 바로 더 이상 규범적으로 규정되지 않고 주권

---

30) De republica I 8; 또한 Gaius I § 3도 참조.

자의, 그때그때의 의회다수의 또는 국민다수의 (일반적 또는 구체적) 명령을 내용으로 하는 법률을 만들어낸다.[31]

제 발전경향[32]을 더 명확하게 인식하기 위해서 사람들은 이러한 극단적인 경우들을 주의하여야 한다. 또한 이곳에서도 우리는 이론에서 다시금 "민주주의의 논리"(logique de la démocratie)와 "헌법의 논리"(logique de la constitution)의 대립, 즉 법률을 더 이상 법적 정당성(légitimité juridique)에서가 아니라 정치적 정당성(légitimité politique)에서 근거지으려는 경향을 만나게 된다.

"민주주의의 논리"는 철저하게 결정주의적 법률개념의 원인이 된다. 즉 그때그때의 다수의 의지는 법률과 동일시된다. 인간의 권리선언 제6조는 *Rousseau*에 의지하여 현대의 국법상에 결정적인 영향력을 남기고 다수의지에 장해가 되는 모든 법적 제약을 제거하고 민주주의의 절대주의적 경향에 법적 축성(祝聖)을 하는 "법은 일반의지의 표현이다"(La loi est l'expression de la volonté générale)라는 유명한 정식을 만들어내었다. 다수가 원하는 것은 바로 이 의지에 의하여 법률과 법으로 변화하고 심사의 대상이 되지 않으며 전제에 따라 모든 법적 평가의 대상에서 제외된다. "법이 말할 때, 양심은 침묵한다"(Quand la loi a parlé, la conscience doit se taire)(*Bailly*).

---

31) Aristoteles, Politik 1292a 131.

32) 이러한 발전경향의 원인을 본래의 "개인주의적 성향"(tendance individualiste)에 대한 "국가관리적 성향"(tendance étatiste)의 약진에서 찾고 있는 Burdeau, Archives de Philosophie du Droit 1939 9ff. 참조; 이미 혁명에서 상호 투쟁한 이러한 경향들은 화해될 수 없다. 그렇게 한다면 법률의 종국적인 파멸의 원인이 될 것이다.

법률에 대한 이러한 원칙적 견해가 얼마나 결정적으로 입장표명뿐만 아니라 기본적인 국법적 문제를 규율하는가, 얼마나 실정법상의 개별문제들을 규율하는가를 현대인 중에서 일반의지의 표현으로서의 법률에 대한 이론을 가장 철저하게 대표한 저자, 즉 *Carré de Malberg*의 예를 들어 간략하게 보여도 무방할 것이다.

*Carré de Malberg*에 따르면[33] 법률은 전적으로 의회(입법부)에 의하여 대표되는 일반의지의 표현이다. 그 자체로서 법률은 국가 내에서 최고의, 주권적 권위의 의지표현이다. 법률은 그 어떤 내용에도 구속받지 않는다. 법률은 또한 필연적으로 일반적 · 추상적으로 확정되어야 하는 것은 아니다. 법률은 도대체 어떤 방법으로도 규범적으로 규정되거나 제한되지 않는다. 유일한 판단기준은 형식적인 것, 즉 의회에 의한 통과이다.[34]

*Rousseau*에 따르면 법률의 일반성(généralité de la loi)은 여전히 무조건적으로 법률의 이념과 결합되어 있었고 그 개념을 위해서 창설적이었다(C. s. II 6, III 1). 그리고 그는 이러한 일반성을 이중적 의

---

33) 특히 최후의 개괄적 연구: La loi, expression de la volonté générale, 1931 참조; 저자는 서문(과 그 밖의 곳에서)에서, 또한 부제목도 이야기하는 바와 같이, 실정 프랑스법에 따라 법률개념의 발전을 다루는 것이 중요하다는 것을 힘주어 지적하기는 한다. 그러나 실정법에 그 주된 명제를 그가 지치지 않고 반복하여 형식으로 주입하려고 시도하는 그의 이론의 투영이 오인될 수 없을 정도로 남아 있다. 그밖에도 *Carré de Malberg*가 "일반의지"를 옳지 않게 해석한다는 것을 Burdeau a. a. O. 13 Anm. 1는 정당하게 언급하고 있다. - 독일에서 일반성과 지속성을 부정하면서 절대주의적 법률개념을 대변한 것은 *Laband*였다. Heller, Begriff des Gesetzes in der Reichsverfassung VVdDStRL Heft 4 106 참조.

34) a. a. O. 14, 22f., 27, 38.

미에서 이해하기는 하였다. 한편으로는 기원과 관련하여 법률은 전 국민이 전 국민을 위하여 또는 전 국민에 대하여 규정하는 한에서만 법률, 즉 일반의지의 표현이다. 이러한 일반의지의 "대표" (Repräsentation)는 배제된다(C. s. II 1, II 7, III 15). 그러나 다른 한편으로는 일반성은 또한 필연적으로 내용과 관련하여 국민의 의지는 그것이 일반적인 규범에서 선언됨으로써 주권적인 법률로 된다. "세부적 목적에 대한 일반의지는 전혀 없으며, 법의 목적은 항상 일반적이다"(il n'y a polint de volonté générale sur un objet particulier, l'objet des lois est toujours générale)(C. s. II 6, 7; II 4).

이러한 일반성도 *Carré de Malberg*에 의하면 개념필연적인 것으로 간주되지 않는다.[35] 1875년의 프랑스 헌법, 또한 1791년 프랑스 헌법과 인권선언의 기초가 되어 있는 법률의 개념은 오직 최고의 국가입법자의 주권적 의지에 의하여 규정된다고 한다. 그는 이러한 법률개념을 바로 이미 16세기에 *Bodinus*에 의하여 인식되었으나 그 후 18세기에 *Montesquieau*와 *Rousseau*에 의하여 다시 "은폐된"(원문 그대로!) "현대적" 법률개념으로 표시한다.[36]

지배적으로 중심에 놓여진 이러한 법률개념으로부터 - 법률은 이곳

---

35) Contribution à la théorie générale de l'Etat Bd. I 288ff., *Carré de Malberg*에 의하여 대표되는 이러한 이론이 전통과 모순되지 않는다는 것을 입증하려고 시도하는 Dupeyroux in Mélanges Carré de Malberg 137ff. 그에 대하여는 Burdeau a. a. O. 17f. 참조. "일반적 규율 - 특별규범"의 원칙적인 것에 대하여는 또한 Schindler, Verfassungsrecht und soziale Struktur 29f.; Esmein/Nézard Bd. I 28도 참조.

36) a. a. O. 23.

에서 다시 한 번 거의 "신비한 존엄"에 도달한다(*v. Hippel*) - 민주적 헌법의 이론을 위하여 중요한 결론이 도출된다.

법률이 일반의지의 표현으로 생각되는 곳에서는 헌법과 일반적인 법률의 구별은 희미해진다. 바로 비본질적인 것으로 된다. 일반의지의 논리로부터 도출되는 이러한 사정을 *Carré de Malberg*는 특히 프랑스의 국법에서 입증되는 것으로 생각한다. 결국 의회는 헌법뿐만 아니라 일반적인 법률들보다 우위에 있다. 왜냐하면 의회는 일반의지의 대표자이기 때문이다.[37] 그러나 일반의지는 언제나 그리고 어떠한 형태를 취하든 주권적이다. 이곳에서는 헌법제정권력과 (헌법에 의하여 제정된 권력으로서의) 입법부의 권력(pouvoir législatif)의 구별은 전제에 따라 더 이상 존재하지 않는다. 그렇기 때문에 1875년의 헌법제정자는 또한 그렇게 간결한 헌법에도 만족하였고 이 자체로서 단순히 "미성숙한" 헌법은 그때부터 "입헌제폐지"(비헌법화 déconstitutionalisation)의 방법으로 계속적으로 해체되었다.[38] 또한 인간의 권리선언도 의회의 의지에 대한 어떤 제한도 아니며, 오히려 주권적으로 (일반적인) 입법의 방법으로 "개인적 권리들의 종류와 크기"(Quale und Quantum)를 규정한다. 의회는 법률에 의하여 또한 언제라도 행정부의 법적 지위를 변화시킬 수 있다. 행정부는 의회와의 관계에서 동등한 지위에 있지 않고 주권적 입법부의 단순한 "대리인"에 지나지 않는다. 이러한 절대적 하위질서는 법률이 일반적·추상적 명령뿐만 아니라 또한 개인적·

---

37) 그러므로 결국 법률은 단순히 여전히 "그때그때의 의회다수의 그때그때의 의지"일 뿐이다.

38) 103ff.

구체적 명령을 포함할 수 있을 정도로 그만큼 더 뚜렷이 나타난다. 법률은 일반의지의 표현으로서 구속하며 그러한 것으로서 전제에 따라 또한 모든 심사의 대상도 되지도 않는다.[39]

이러한 법률개념의 절대주의는 필연적으로 규범적 헌법을 전적으로 공동화하고 규범적 헌법의 "초합법성"(superlégalité)을 사라지게 한다. 그러한 일은 도대체가 상위의 헌법제정자의 퇴위를 전제한다. 주권적인 (일반적인) 법률과 함께 주권적 헌법은 더 이상 존재할 의미가 없다.

사람들은 국법이론에서 몇 번이고 되풀이하여 그밖에도 취향에 따라 일반적이거나 개별적일 수 있는 "단순히 의지에 따른 명령"으로서의 법률의 절대주의적 개념이 규범적 권력분립적 헌법을 필연적으로 위태롭게 한다는 것을 인식하여 왔다. 특히 *Carl Schmitt*는 그의 초기 연구들에서 여전히 커다란 통찰력을 가지고 "법률의 지배"의, 개인적 자유와 헌법국가의 조직원리들과 헌법국가적 법률의 일반적·추상적 성격 - "모든 법치국가적 사고의 고유한 핵심" - 의 체계적 관련을 보인 바 있다.[40]

또한 이곳에서도 "법의 규칙"(règle de droit)으로부터 단순한 "정

---

39) 29ff., 121ff.; 왜냐하면 Carré de Malberg는 또한 Bagehot에 의지하여 행정부를 의회 아래 두는 질서에서 의회원칙의 본질적인 것을 보고 있기 때문이다. 그에 대하여는 또한 Capitant in Mélanges Carré de Malberg33, 49f.도 참조.

40) Carl Schmitt VL 138ff.; Hüter der Verfassung 75, 128f.; L. u. L. 20ff., 83f.("법률개념의 변질"); 또한 Duguit, Traité Bd. II 16ff.의 경우에도 "추상성"의 방어를 강조한다; Burdeau a. a. O. 18: "이러한 가치(즉 일반성)는 법의 영원성과 추상적 특징의 보완물이다"(cette qualité(sc. généralité) est le cpmpément de la permannence et du caractère abstrait de la loi); 또한 46f.도 참조.

부의 태도"(방식 procédé de gouvernement)[41]로의 이러한 법률의
타락이 "대중적"("절대적", "국가주의적") 민주주의로의 입헌적 민주
주의의 추락과 어떠한 관계에 있는가 하는 것이 명백하다.

3. 법관의 심사권

법관의 심사권을 둘러싼 헌법정책적·법이론적 논쟁에서 사람들은
몇 번이고 되풀이하여 "헌법의 본질"로부터 그에 대한 찬성 또는 반대
의 결정적 논거를 도출하려는 시도를 하여왔다. 그러나 권력분립원리
로부터의 논증은 결코 적절하지 않을 뿐만 아니라 견지할 수 없는 부
당전제(petitio principii)[42]에 근거하고 있고 또한 "헌법의 본질"로부
터의 결론도 그때그때 사람들이 "헌법의 논리"를 따르느냐 "민주주의
의 논리"를 따르느냐에 따라 모순되는 결론에 이르게 될 것이다.

철저한 규범적 관찰은 헌법과 법률의 적용에 있어 객관적 해석을
요구하나 또한 그러한 것을 허용하는 규범복합체를 인식한다. 헌법이
"불가침의" 기본법으로서, 완전한 법(lex perfecta)으로서 유지됨으로
써 단순한 법률들은 헌법적 한계를 지켜야 한다. 이러한 헌법의 우위
를 무조건적으로 유지하는데서만 헌법은 국가의 규범적, 법적 기본질
서로서의 그 의미를 유지한다.[43] 그에 따라 법률의 합헌성심사에 있어

---

41) Burdeau a. a. O. 9; Le Fur in Mélanges Carré de Malberg 358: 다수의 법은
   종종 이성의 법이나, 힘의 법과도 부합하지 않는다는 것이 진리이다"(La vérité est
   que la loi de la majorité peut parfois ne correspondre, ni à la loi de la raison,
   ni même à celle de la force).
42) 그에 대하여는 저자의 "Gewaltenteilung" 238ff. 참조; 또한 Pitamic in der
   Festschrift für Kelsen 302도 참조.

중요한 것은 객관적 해석의 문제이기 때문에, 독립된 법관은 원칙적으로 예정된 "헌법의 수호자"이다.

이는 법관의 심사권을 변호하는 원칙적[44] 논증을 관통하는 시종일관성이다. 그래서 *Marshall* 대법원장은 1803년의 마베리 대 매디슨 결정[45]에서 미연방대법원 법관의 심사권을 근거지었고 바로 그는 이러한 방법으로 헌법의 법규범적 성격을 확보함으로써 "헌법의 제2 아버지"로 되었다. 이러한 법관의 심사권에 대한 미국의 문헌에서 한편으로는 헌법의 절대적 우위가 표현되고 있다.[46] 입법권과 헌법제정권력의 엄격한 구별에서, 즉 입법부를 (경성) 헌법 하에 두는데서 미국헌법은 (형식적인) 의회의 전능("의회주권" Parliamentary Sovereignty)에 근거하는 영국헌법과 구별된다.[47] 그러나 다른 한편으로는 사법심사(judicial review)의 이론에서 앵글로색슨적 법사고의 공통된 특징, 즉 법관법(judge-made law)의 우월적 지위가 발현된다. (민주적으

---

43) 반면에 프랑스의 이론은 역설적인 확인에 처해 있다고 보았다: "헌법은 최고의 법이다. 그러나 입법자는 헌법을 무시할 수 있다"(La Constitution est la loi supréme et cependant le législateur peut la méconnaitre)(Barthélemy/Duez 225). "이차적 규범"으로서의 법률규범에 대하여 "일차적 질서의 규범"으로서의 헌법규범에 대하여는 Bierling, Prinzipienlehre Bd. I 107ff.

44) 이것만이 이러한 맥락에서 우리의 관심사이다. 다른 한편으로는 법관의 심사권을 찬성하고 반대하는데 원용되는 수많은, 나라와 시대에 따라 다시금 매우 다양한 정치적 성격의 근거들이 있다. 예컨대 Kaufmann VVdDStRL Heft 3 19f.와 아래의 181의 각주 58 참조.

45) W. Willoughby Bd. I 3f., 같은 책 66의 *Bonham*사건에서 *Coke*의 견해도 참조.

46) 이미 "Federalist" No. 78(Hamilton); W. W. Willoughby, The Constitutional Law of the United States Bd. I 1ff.; Rappard ZschwR n. F. 53 55aff. 참조.

47) =46a) 그러나 또한 위의 각주 26도 참조.

로 정당화되는) 입법자의 의지가 아니라 - 유럽대륙적 견해에 따라서
와 같이 - 법관이 최종적으로 무엇이 법인가를 결정한다. 법률은 여기
서는 아직은 의지(voluntas)라기보다는 오히려 이성(ratio)이다. (법
관에 의하여 보호되는) 법률의 이성에 일치하지 않는 것은 법률이 아
니라 "입법의 무모한 시도"이다. 또한 헌법 자체도 헌법제정권력의 의
지라기보다는 법관에 의하여 전개된 규범질서, "사법적 주석"(glosse
judiciaire)(*Lambert*)이다.

"법원이 행할 것의 예언, 까다로운 것이 아닌 바로 이것을 나는
'법'으로 이해한다." 유럽대륙의 법률가들에게 바로 의회의 입법자적
의지를 이해하기 힘들 정도로 무시하는 이 유명한 *Holmes*의 말은 이
러한 사정으로부터 이해될 수 있다.[47]

그러나 또한 영국의 헌법적 사고도 - "의회주권"에도 불구하고! -
사물의 본질을 달리 보지 않는다. 그래서 예컨대 *Dicey*는 대륙의 헌법
규범들이 가지는 법적 효력을 평가함에 있어 위헌적 법률에 대한 보장
은 없으며, 헌법조문들은 최종심급의 법원에서 그 집행을 결정하는 규
정들이 아니기 때문에 "현실적으로 법문들이 아니다"라는 결론을 내
린다. 그러므로 헌법조문들은 단지 "정치적 도덕의 격언들"(maxims
of political morality)에 불과하다.[48] 그에 반해서 영국헌법의 규범들
은 일반적인 의미에서 입법의 산물이 아니라 법원에서 권리를 쟁취하
기 위한 시민들의 (수백 년에 걸친) 투쟁의 침전물이다. 그는 영국의
헌법을 바로 "법관헌법"(judge-made Constitution)으로 정의한다.[49]

---

47) Ebenstein, Reine Rechtslehre 177.
48) Introduction 130.

"민주주의의 논리"도 마찬가지로 철저하게 상반된 결과에 이를 수밖에 없다. 저곳에서 *Marshall*이 그런 것처럼 이곳에서 기본적인 논증은 *Rousseau*에 의하여 지시된다(사회계약론 제2책 제6장). 법률은 일반의지의 표현이며, 일반의지는 정의에 따를 때 주권적이다. 그 결과 일반의지의 행위는 심사될 수 없다. 후일의 이론은 - *Rousseau*에 거역하여 - 의회를 일반의지의 대표자로 간주하고 의회에 사법권보다 우월한 지위를 부여하였다(예컨대 스위스 연방헌법 제113조 제3항!).[50] 그 결과 의회는 사법권에 의하여 통제될 수 없다. 그밖에도 일반의지의 이러한 교의에서는 법률과 헌법의 구별은 그 창설적 의미를 상실한다. 양자는 똑같이 일반의지의 표현으로 생각되며, 일반의지가 현실화되는 순간 모든 현존하는 법률은 일반의지에 양보하여야 한다. 그러나 이로써 처음부터 법률을 법관이 심사하기 위한 객관적 척도로서의 (경성) 헌법규범도 결여된다. 바로 여기에서 척도가 되는 것은 더 이상 규범의 위계가 아니라 권력의 위계, 즉 그의 의지가 법적으로 더 강한 의지인 "주권자와 가장 가까운 자가 누구인가"이다(*Jacobi*).

---

49) Introduction 192.

50) Giacometti, Festgabe für Fleiner 1927 380 참조, Verfassungsgerichtsbarkeit 35: 법치국가이념에 근거를 두고 있는 헌법재판의 관념은 이제 민주주의원리의 방사에 의하여 그 실효성이 방해받고 있다. 또한 Festgabe für Fleiner 1937 36, 40, 44, 46f.; Fleiner, Tradition, Dogma, Entwicklung 15f.; Rappard ZschwR n. F. 53 105ff.; Dubs, Oeffentliches Recht der Schweiz 80f., 118과 II 92의 "입법부의 전권"에 대한 의미 있는 예측도 참조.

Barthélemy/Duez 902 상단, 905; Tocqueville, De la Démocratie en Amérique I 258. Giraud, Le pouvoir exécutif 86f., 194f., 246f., 389f.; Jèze, Annuaire 1929 174; Pitmac in der Festschrift für Kelsen, 특히 302ff.

이러한 두 가지 견해는 또한 실제의 헌법정치에서도 몇 번이고 되풀이하여 교대적으로 등장하였다.

법관의 심사권의 고전적 국가인 미국에서는 특히 20세기 초부터 여러 차례에 걸쳐 "법복귀족"(aristocratie de la robe)에 대한 맹공격이 있었다. 법관의 심사권에 대한 이러한 반대운동은 민주주의원리를 원용하여 법관이 장차 법률을 준수하도록 하는데 대한 보장책을 마련할 것을 요청하였다. 주권자, 즉 국민은 한계를 유월하는 법관의 왕국에 대하여 법관에 대한 (직접민주정적) 소환권제도(법관소환 Recall of Judges)와 결정의 파기(결정소환 Recall of Decisions)에 의하여 다시금 본래의 권리를 행사할 수 있어야 한다는 것이다. 개별 주들에서 돌진은 성공적이었다. 오레곤 주는 1908년에 최초로 법관소환을 도입하였고, 콜로라도 주는 1912년에 심지어 결정소환까지 도입하였다. 그러나 사법과 함께 헌법을 위협하는 위험에 대한 인식이 결국 폭넓게 대중을 지배하였고 급진민주적 원리의 공세를 중지시켰다.[51]

그와 반대로 유럽에서는 사람들이 특히 1914/18년의 세계대전 이후에 법관의 심사권을 도입함으로써 의회의 독재에 대한 평형을 만들어내고 이러한 방법으로 헌법, 특히 기본권을 더 잘 보장하려는 시도를 하였다. 그러므로 이곳에서는 (주의주의적으로 해석되는) 민주주의원리에 대하여 헌법의 규범적 의미를 보호하는 것이 중요하게 여겨졌다.[52] 그래서 사람들은 독일에서도 민주적 다수결원리의 논리에 기초

---

51) Lambert, Le Gouvernement des Judges 92ff.; Bryce, Moderne Demokratien II 165ff., 특히 169; Barthélemy/Duez 216ff., 100, 119; Triepel, Wesen und Entwicklung der Staatsgerichtsbarkeit VVdDStRL Heft 5 9.

하는 제1부에 대하여 "제국헌법 제2부의 돌진", 즉 기본권의 돌진을 확인하였고,[53] 법관의 심사권을 긍정한 1925년 11월 4일의 제국재판소의 판결(RGZ Bd. 111 320ff.)에서 헌법국가를 확립하는 결정적 전환을 인식하였다.

입법자의 독재에 대한 반대운동이 진행되면서 심지어는 규범적인 것의 그 어떤 자주성이 보이기까지 하였다.[54] 예컨대 (화폐가치 인상문제를 해결하기 위하여) 계획된 법률의 공포는 "신의성실에 위배되며, 비도덕적이고 그 비도덕적인 결과 때문에 … 무효이기" 때문에 법률에 복종을 거부하려는 의도에서 발표된 제국재판소 재판관회의 의장단의 유명한 선언에서 그러하였다.[55] 즉 심사는 실정법을 근거로 하는 것이 아니라 초실정적 헌법규범들을 근거로 한다는 것이다. 입법자에 대한 법관의 이러한 저항권(ius resistendi)을 배경으로 우리는 법과 민주

---

52) 이러한 사실은 또한 1936년 6월 29일 헌법재판의 확장을 위한 국민발안(연방헌법
　　제113조의 개정)에서 그런 것과 같이 사람들이 "연방의회의 전능"에 대하여 국민투
　　표적 민주주의를 수호할 것을 촉구한 곳에서도 마찬가지였다. BBl 1937 III 5ff.,
　　23; Giacometti, Juristische Erläuterungen zu diesem Volksbegehren. - 헌법
　　과 법률이 구별이 약화되는 만큼 또한 법관의 심사권의 의미도 사라진다. Rappard
　　ZschwR 1934 145a.

53) C. Schmitt JW 1929 2313 2315.

54) 규범적인 것의 자주성이 중세적 사고를 여전히 지배했던 것처럼, 철저하게 법관에게
　　심사권을 부여하여 자연법에 위반되는 주권자의 행위를 무효이자 구속력 없는 것으
　　로 선언하고 긴급상황에서는 신민에게 적극적 저항권을 인정하는 Gierke,
　　Genossenschaftsrecht Bd. III 610f. 참조; Althusius 275. 규범의 수호자로서의
　　국민재판소의 권한에 대하여는 새롭게 매우 훌륭한 Knauss, Staat und Mensch in
　　Hellas 122ff., 124f. 참조. 또한 Aristoteles, Politik IV 1289a도 참조.

55) JW 1924 90; v. Hippel, HbdDStR II 549f.와 그곳의 인용.

적 다수의 의지, 민주적 헌법국가에서 규범과 의지의 이율배반의 가능성을 인식한다. 그리고 나서는 학문적 입장표명에서 민주적 헌법의 기본적 견해에서 저 대립이 다시금 전형적으로 표현되었다. 즉 한편에서 일반의지(즉 민주주의의 논리)의 실증주의적, 가치중립적 이론은 이러한 입장표명에서 법관이 위헌적 침해를 하거나 심지어 주권을 찬탈한다고 보아 법원을 이렇게 보는 입장으로부터 "법질서의 해체"를 우려하였고, 다른 한편에서 규범적 노선은 전체법관회의의 발표에 바로 "법발전사에서 하나의 사건"이라는 의미를 부여하고 헌법의 논리를 따라 최고법관들에게 헌법개정법률에 대해서도 "법적 기본명령", 헌법의 기본원리 또는 "헌법의 정신"에 합치되는가를 심사할 권리가 주어져야 한다고 주장하였다.[56]

그러나 또한 그밖에도 일반적 개정이나 형식을 충족한, 헌법개정법률에 의하여 기본권적 규범들을 제거하는 데 대항하여 "법률이라는 채소가 자란 것"은 아니며, 결국 그러한 법관의 저항권이 가지는 "혼란스러운 결과"를 중지시켜야 한다는 견해를 가졌던 다른 저자들도 입법부나 국민이 (형식적으로 정확한) 헌법개정법률을 수단으로 개별적인 경우에 일반적으로 계속하여 효력을 가지는 기본권을 파괴하는 경우에는(개별법률, 특정 상황에서 형성된 법 lex pro re nata, Bill of attainder) 이러한 다수의지에 대한 규범의 우위를 방어하였다.[57]

---

56) Goldschmidt, KW 1924 248f.; 249: 이러한 상황에서는(Rebus sic stantibus) 나는 법률에 무조건적인 복종으로부터 법관을 해방하는 것이 의회의 다수의 독재로부터 법을 안전하게 하기 위한 유일한 국법상의 수단으로 간주한다. W. Jellinek, Grenzen 3: 이로써 국법의 발전은 생각할 수 있는 극점에 도달했다(!); 19.

그러므로 한계상황과 관련하여 "민주주의의 논리"로부터의 논증은 "헌법의 논리"로부터의 논증으로 변화한다. 규범적인 것의 최종적인 우위라는 전제 하에서만 일반의지 일반의 유출을 "위헌"으로 규정하는 것이 가능하다. 다수의 결정이 그렇게 명백하게 자의적이고 모든 이성적인 근거가 결여된 곳에서 다수의 결정은 또한 민주적 결정주의의 철저한(실증주의적) 이론가를 결국 위헌이라고 판정할 수밖에 없다.

그러나 헌법정책적 논증은 원칙적으로 법관의 심사권을 순 법이론적으로 근거짓거나 또는 부정하는 것으로 충분하지 않고 국가마다 매우 상이한 결론에 도달할 수 있는 실제적 고려를 광범위하게 하여 왔다.[58] 그러나 우리가 이곳에서 개별적인 것을 추적할 필요가 없는 순 실제적 고려의 배후에는 - 원칙적으로 분명하게 증명할 수 있는 - 민주적 헌법과 우리가 이곳에서 체계적으로 발전시키고자 했던 법률의 기본적 견해에 있어서의 대립이 있다. 이곳에서 또한 다시 한 번 더 세 가지 문제, 즉 기본권, 법률의 개념 및 법관의 심사권의 내적 연관과 모든 문제에서 나타나는 민주적 헌법의 (가능한) 이율배반성이 노출된다. 민주적 다수결의 원리에는 구속받지 않으려는 절대적 경향이 내재

---

57) Thoma in Nipperdey, Grundrechte Bd. I 47, 53는 이러한 경우에 제국대통령에게, 그리고 제국대통령이 거절하는 경우에는 국사재판소에게 비록 그러한 조치가 국민표결에 근거하고 있다 하더라도 그러한 조치를 적용하는 것을 거부할 권리를 부여하고자 하였다.

58) Giacometti, Verfassungsgerichtsbarkeit 89 각주 15a; Schindler, Verfassungsrecht und soziale Struktur 98f.; Fleiner ZschR n. F. Bd. 53 2a; Rappard, dasselbst 284a, 285a; Kelsen, Staatsgerichtsbarkeit VVdDStRL Heft 5 122; Nawiasky SJZ 1934/35 113f.

하고 있다. 그것은 헌법제정권력으로서 전국가적 규범의 존재를 부정할 뿐만 아니라 또한 국민이나 국민의 대표자가 결정하는 모든 곳에서 이러한 결정에 주권적 성격을 부여하려는 경향이 존재한다. 이러한 ("결정주의적") 일반의지에 성문화된 규범은 양보하여야 하고 형식은 중요하지 않은 것으로서 후퇴하여야 한다. (일반의지가) "바라는 것으로 충분하다. 모든 형식은 바람직하다!"(Il suffit qu'elle veuille. Toutes les formes sont bonnes!) 또한 헌법의 불가침성과 우위도 의문시된다. 법률은 일반의지의 표현으로서 주권적 의지의 도구로 되어 모든 내용이 가능하나 스스로를 규범화하지는 못한다. 또한 "기본권"도 더 이상 한계가 아니며, 법관의 심사권을 위한 자리는 전제에 따라 존재하지 않는다. 전체로서의 모든 최고의 국가기관은 책임을 지지 않는다(Summa sedes a nemine iudicatur)!

그 법칙성이 이곳에서 의도적으로 수정되는 이러한 경향들은 - 그러나 그들이 "의회의 절대적 권력의 끔찍한 행로"(horrible route de l'omnipotence parlementaire)를 경고했다면, 예컨대 이미 *Royer-Collard*와 *Benjamin Constant*은 명확하게 인식하였던 - 민주적 헌법국가의 전개에서 다소간 분명히 나타났다. "행동의 신화"가 또한 민주주의를 구속하였다. 직접적인 행동에의 민주적 의사에 규범적인 것은 양보하여야 한다. 또한 이론도 다소간 철저하게 실제적 발전의 이러한 경향에 의지하였다. 우리는 이곳에서 헌법의 이러한 "결정주의적" 기본견해로부터 결론되는 논증방법을 체계적이고 철저하게 "민주주의의 논리"로 제시하고자 하였다.

그것은 모든 다수의사의 독재에 대하여 규범을 방어하고자 한다.

국민(내지는 그 대표자)의 의사는 자체로서(eo ipso) 주권적 의사가 아니다. 비록 사람들이 국민의 의사를 헌법제정권력으로 - 지배적 견해와 견해를 같이하여 *Siéyès*에 가담하여 - 절대적으로, 규범화할 수 없는 규범창조적인 것으로 관찰하고자 한다 하더라도,[59] 사람들이 도대체 민주적 국가를 위해서도 규범적 헌법을 구출하고자 한다면, 사람들은 국민의 의사를 모든 그 밖의 유출에서도 헌법에 따라서만, 즉 규범화된 권한으로서만 인정할 수 있을 것이다. 규범적 질서로서의 헌법의 논리는 또한 "국민"도 모든 형태에서 주권자로서 활동할 것이 아니라 다양한 헌법적 권한 내에서 활동할 것과 그에 따라 국민의 의사는 모든 경우에 똑같은 힘을 가지지 않을 것을 요구한다. 규범적으로 관찰하면, 일반의지의 교의를 말살하려는 헌법제정권력, 헌법개정권력 그리고 입법권의 구별은 기본적이다. 기본권은 그것이 최소한 단순한 입법자의 침해를 배제한다는 데서 그 규범적 의미를 전개한다. 그 대개념(對概念)이 법관의 심사권이다. 단순한 법률에 대해서도 헌법의 우위를 확보하기 위해서는 객관적 규범질서로서의 헌법은 객관적인, 독립적인 수호자를 필요로 한다. 법관이 헌법을 경계하는 곳에서만 "헌법의 지배"는 가능하다.[59]

국법의 이러한 규범적 기본견해는, 우리 보이고자 시도했던 바와

---

59) =58a) 그러나 이미 "법적 전권"에 관한 이러한 숙명적인 교의에 비판이 가해져야 한다; 그에 대하여는 필자의 논문 "Staatsrecht und Staatsallmacht" 1945 참조.

59) Hauriou, Précis 267: 법관의 심사권은 헌법의 우위의 논리적 결과(conséquence logique de la suprématie de la constitution)이다 ; del Vecchio, Rechtsphilosophie 300은 "논리적 필연성"에 대하여 언급한다; Jellinek AStL 360, 363; Mirkene-Guetzévitsch a. a. O. 33; Giacometti, Verfassungsge-

같이, 우리가 - 민주주의의 논리와는 반대로 - 헌법의 논리로 표현하고
싶어하는 논증방식으로 다루는 데서 표현된다.[60]

*

richtsbarkeit 89 상단; Fleiner, BStR 448: 민주주의에서 헌법과 법에 대한 최후의
보루는 법관이다. -

왜냐하면 입헌주의의 대 전문가의 한 사람인 *McIlwain*은 또한 바로 다음과 같은
문장을 표현할 수 있었기 때문이다: "사법심사는, 미국인의 발견이기라기보다, 입헌
주의 자체와 마찬가지로 오래되었고 사법심사가 없었다면 입헌주의는 결코 유지될
수도 없었다(Judicial review, instead of being an American invention, is as
old as constitutionalism itself, and without it constitutionalism never have
been maintained)." Constitutionalism and the Changing World. Collected
Papers 1939 278. American Historical Review 1941 Bd. 46 602에서 인용; Yale
Law Journal 1940 354. Warren, Congress, the Constitution and the Supreme
Court 1930 4f.; Garner, Annaire 1930 338. *W. W. Willoughby*의 대작 The
Constitutional Law of the United States Bd. I 1 § 1이 "법원과 위헌적 법"(The
Courts and Unconstitutional Laws)으로 시작하고 있는 것도 우연이 아니기 때
문이다! 또한 이미 Hamilton im "Federalist" No. 22: 법원이 그 진정한 의미와
효력을 설명하고 정의하지 않으면 법은 죽은 문자이다(Laws are a dead letter
without courts to expound and define their true meaning and operation)
도 참조. 영국, 프랑스 그리고 미국에서 "위헌적 법률"의 의미에 대하여는 또한
Dicey, Introduction(Appendix) 516 Note III도 참조. Lambert, Le
Gouvernement des Juges 5f.; Kelsen VVdDStRL Heft 5 119, 78f.: (헌법재판
없는) 헌법은 "구속력 없는 바람 이싱의 깃을 의미하지 않는다."; Lassar, VVdDStRL
Heft 2 99; Barthélemy/Duez 225 상단; Wesyphalen Fürstenberg, Das Problem
der Grundrechte 44f.; von Hippel, HbdDStR II 546ff., 특히 556f.; Carl Schmitt
HbdDStR II 580과 각주 24. 사람들이 "민주주의 원리의 우위"에서 출발하기만 한
다면 사람들은 Rappard ZschwR n. F. 105a, 139a와 같이 20세기의 "헌법의 우
위"의 방어를 "불합리"로 간주할 수도 있을 것이다.

60) 바로 이 문제에 대한 입장표명에서 매우 자주 저 전형적인 대립적 사고태도가 나타
    나다. 즉 한편에는 다수의 의사를 그 자체로서 그리고 무조건적으로 최고의 법률로

정립된 규범과 (그때그때의) 다수의사 간의 (잠재적) 이율배반의 위기적 폭발은 특히 민주적 헌법국가에서 다소간 확보된 행위법과 조직규범의 동위(同位)에 근거했던 헌법체계의 통일성이 의문시되었던 데서 표현된다. 헌법에 의하여 자격이 부여된 기관들이 정치적 목표를 추구함에 있어 기본권적 한계와 다소간 충돌을 발생시킨 상황에서 비로소 헌법의 제1부나 제2부의 "우위" 또는 "상위"에 대한 문제가 시급한 것으로 될 수 있었고, 결국은 바로 사람들이 헌법의 한 "부분"을 헌법의 다른 "부분"의 "반대헌법"으로 설명하는 지경으로까지 될 수 있었다. 여전히 사람들은 가끔 또한 모든 조직규범들이 (단순한 수단으로서) 봉사하여야 하는 헌법의 본래의 핵심으로서 기본권의 우위를 주장하려는 시도를 하기는 하였다. 그러나 규범적인 것의 몰락에 직면하여 이러한 우위는 점점 더 의문시되게 되었다. 기본권은 직접적인 행동에 대한 정치적 의사에 양보하여야 했다. 그곳에서 자주 문제된 민주주의의 독재적 경향이 특히 분명하게 등장하였다.[61]

생각하는 자들이 있고, 다른 한편에는 또한 다수의사의 독재에 대하여도 규범적인 것을 주장하는(그리고 확보하고자 시도하는) 사상가들이 있다. 특히 미국적 법사고가 그러하다. 스위스 국법에서는 특히 이곳에서도 또한 *Fleiner*를 언급할 수 있을 것이다. 이러한 사실은 그의 경우 원칙적인, 체계적인 설명에서 나타나지는 않으나 - 이 때문에 그는 반대로 오히려 일반의지의 이론가로 생각된다(BStR 17, 392 참조) - 우연한 언설과 다양한 개별적 문제에 대한 입장표명에서, 특히 헌법재판의 (ZschwR n. F. Bd. 53 27aff.), 행정재판의(BStR 222f., 235), 법원의 선거심사의 (BStR 151), 국민발안에 대한 연방법원의 심사권한의(BStR 299 각주 40, 399 각주 12; 비상명령에 대한 법원의 심사권: BStR 419 각주 32; ZschwR n. F. 53 28a: 최소한 "자의적인 해석") 확장에 대한 그의 찬성에서 나타났다.

그러나 민주주의의 역사는 그러한 경향이 합헌적인 경향으로서만 존재할 수 있다는 명제를 인상적으로 입증하고 있다. "51%"가 이러한 51%를 근거로 모든 것을 해도 무방하다고 생각하는 곳에서는 민주주의를 몰락에서 구해낼 수 없다.[62] 정당한 자부심을 가지고 전문(前文)에서 "500년 이상 된, 자유로운 자결권"을 원용할 수 있는 헌법, 즉 *Uri* 칸톤의 헌법이 그 제48조 제2항에서 다음과 같은 민주주의의 이러한 결정적 생활조건을 규정하려고 시도했던 것은 의미 있다. "국가권력을 행사함에 있어 국민의 원칙은 조국의 법과 복지이어야 하지 자의(恣意)나 강자의 권력이어서는 안 된다."[63] 방해되지 않은, 절대적인, "대중 민주주의"는 언제나 과도적 상태, 민주주의의 타락된 형태,

---

61) Platon, Gesetze 4. Buch(Meiner Ausgabe 131); Aristoteles, Politik 1292a, 1306b 말미(Meiner 131ff., 179); Montesquieu, Esprit des Lois XI 4, 5/6; "Federalist" No. 10(Hamilton) A. de Tocqueville, a. a. O. II 164ff.("다수의 폭정" Tyrannie de la majorité), 182f.; Jellinek AStL 721; Ruggiero, Geschichte des Liberalismus 360f.; 특히 몇 번이고 되풀이하여 Fleiner에 의하여 강조되고 있다. BStR 19("다수의 폭정"), 25, 275, 315("권위적 국가형태로서의 … 순수 민주주의"), 316("독재로 타락하다"), 758, 761("확고한 독재적 경향"); Institutionen 132 각주 4; Annuaire 1930 297; ZschwR n. F. 53 33a; Rappard, dasselbst 144a; Schindler, Verfassungsrecht und soziale Struktur 116, 120, 127, 142, 147; Jagmetti a. a. O. 197f.; Duguit, Mannuel de droit Constitutionnel 2. Aufl. 18; Leibholz, Die Auflösung der liberalen Demokratie 11, 76 상단; VVdDStRL Heft 5 80f.; Verhandlungen des 5. Deutschen Soziologentages 1926: Kelsen 49f., Tönnies 12 주지(主旨) 4, 31 4번; 조야한(옳지 않은) 반대명제 Nelson, dasselbst 176.

62) "(민주적) 헌법의 목표"는, E. R. Huber(Wesen und Inhalt der politischen Verfassung 31)이 요즈음 생각하듯이, 바로 "국가 내의 국민의 다수의사를 무조건적으로 관철하는 것"이 아니다.

(필연적으로) "자기 자신을 파괴하는 최고의 의지"(*Kant*)이다. 그러므로 이미 *Aristoteles*가 분명하게 인식한 바와 같이, 민주주의가 정치를 의사를 규범에 의하여 지도하고 투명하게 하며 제한하는 것, 즉 그곳에서 *Maurice Hauriou*가 정당하게도 모든 헌법정치의 핵심문제를 인식하고 있는 "법적 정당성"(légitimité juridique)과 "정치적 주권"(souveraineté politique) 간의 평형(헌법적 균형 équilibre constitutionell)[64]을 창출해내는 것이 성공하는가 여부야말로 민주주의의 영원한 결정적 문제이다. 현대에 "의지에 대한 법의 투쟁"(struggle of laws versus will)이 민주주의를 위하여 결정적인 의미를 가진다는 것은 전적으로 명확하다. 학문은 이러한 투쟁의 결과에 대하여 어떤 예측도 하여서는 안 되나, 아마도 그 맥락을 전체적으로 엄격하게 보여야 한다.

그러나 몇 안 되는 사람과 마찬가지로 민주주의의 생활조건에 정통하였던 *James Bryce*는 민주주의에 대한 헌법의 오랫동안 지속되는

---

63) 또한 BBl 1871 Bd. III 873: "우리는 저명한 법학자와 견해를 같이하여 다음과 같이 말한다. 국민의 의사는 정의롭지 못한 그 무엇을 정의롭게 만들 수 없다."

64) Précis 237ff.; 또한 *Thomas J. Cook*도 MacIlwain, Constitutionalism, ancient and modern, das Grundproblem des Verfassungsstaates der Gegenwart와 의견을 같이하여 American Historical Review Bd. 46 599에서 비슷하게 표현하고 있다: 통치하는 자와 함께 양자에 대해서 책임을 지고 국민 자신과 함께 이전의 원한과 현재의 부자유를 참아서 법의 지배와 국민의 의사를 조화시키는 것(to reconcile the rule of law and with the people themselves supporting and bowing to the former despite the temporary discomfort). 또한 Barthélemy /Duez 726("합법적 공화국" République légale에 대하여); Le Fur in Mélanges Carré de Malberg 358f.; Waldecker AStL 547; Richard Thoma VVdDStRL Heft 7 201도 참조.

의미를 다음과 같이 해석하였다. "그러나 헌법은 자유의 원칙과 함께 동시에 또한 자기지배의 원칙을 구현한다. 국민은 특정의 규범을 효력 범위 밖에서 격정이나 기분에서 생겨나는 일시적 충동에서 정립하고 그의 냉정한 숙고와 신중한 목적관점을 지속적으로 표현할 것을 결정 하였다. 그 속에는 다수가 언제나 옳지는 않으며 그러한 것에 의하여 스스로를 보호하여야 한다는, 지나치게 서두르거나 격앙된 경우에는 국민이 냉정하게 숙고할 때 받아들인 원칙에서 다시 출발할 의무가 존재한다는 진리에 대한 인정이 포함되어 있다."[65]

그래서 헌법은 바로 민주주의에서도 독재정치로 빠지는 것을 저지할 커다란 과제가 있다. 헌법생활의 "실제"는 물론 근본적으로 변화하였다. 초기 자유주의적 헌법국가는 자유를 중시하여 보장하는 것을 가능한 한 약한 국가권력에서 추구할 수 있었다. 오늘날의 상황은 국내외의 정치적 이유에서 민주주의도 강한 국가가 될 것을 강제한다. 또한 민주주의의 정부도 광범위한 권한을 필요로 한다. 정부의 행위는 더 이상 전반적이고 엄격하게 법률에 의하여 규정될 수 없다. 이러한 새로운 상황으로부터 법에 발생한 위험에 대한 보장은 민주주의를 특히 연방적 구조를 유지하고 그것에 활기를 불어넣는 데서 그리고 민주

---

65) Bryce, Moderne Demokratie Bd. II 13, Studies Bd. I 234ff.; Willoughby Bd. I 9("국민의 진정한 의사"real will of the people로서의 헌법); 미국헌법에 대한 거의 종교적 숭배에 대하여는 Giraud, Le pouvoir exécutif 52의 보고, Beck, Die Verfassung der Vereinigten Staaten 9ff., 382f.; Fleiner BStR 21; Burckhardt Komm. Vorwort VIII; Thoma VVdDStRL Heft 7 201; Benjamin Constant, Esquisse d'une Constitution 117f.("국민의 폭정" tyrannie populaire에 대한 보장으로서의 형식); 또한 Cours I 173ff.; Barthélemy/Duez 183ff.도 참조.

주의의 수호자로서의 전체시민의 복권에서 찾아야 할 것이다.[66] 그러나 그럼에도 불구하고 또한 권위와 자유의 이러한 새로운 균형도 기본법적 규범질서의 명확하고 견고한 형태에서 근거를 가질 수 있고 근거를 가져야 한다.

---

66) 또한 D. Schindler, NSR 1934 200, NSR 1940/41 Abdr. 10ff. Recht und Staat 136; Max Huber, Der Christ und die Politik 18; Walther Burckhardt, Staatliche Autorität und geistige Freiheit 29f.; 또한 "Die Schweiz"(herausgegeben von der Neuen Helvetischen Gesellschaft) 1940/41에 있는 저자의 논문들도 참조: Auf dem Wege zur Staatsreform"; 1942: Gedanken zu einer kommenden Wahlreform(Reaktivierung der Demokratie); 1943: Die Ueberwindung des Parteienstaates als Problem der Demokratie; 1944: Vom Sinn des Föderalismus; 1945: Rechtsstaat, Sozialstaat, sozialer Rechtsstaat.

Zur Entstehung, Wandlung und Problematik des Gewaltenteilungsprinzipes. Ein Beitrag zur Verfassungsgeschichte und Verfassungslehre. Diss. Zürich, 1937.

Sinn und Gefahren der dringlichen Bundesbeschlüsse. Der Freisinninge Nr. 284, 4. 12. 1937.

Ende des Verfassungsstaates? Basler Nachrichten Nr. 290 (Beilage), 21. 10. 1940.

Auf dem Weg zur Staatsreform (Vom Sinn der Verfassung). Jahrbuch NHG 11-12/1940-41. S. 191-205.

Über die Krise des vergleichenden Staatsrechts. NZZ Nr. 957, 22. 6. 1941.

Gedanken zur kommenden Wahlreform (Reaktivierung der Demokratie). Jahrbuch NHG 13 /1942, S. 55-69.

Zaccaria Giacometti. Zum 50. Geburtstag am 26. September 1943. Rätia 7/1943, S. 10f.

Die Unabhängigkeit der Justiz. NZZ Nr. 1509, 28. 9. 1943.

Gerechtigkeit. Zu einem Buch von Emil Brunner. NZZ Nr. 2083, 22. 12. 1943.

Die Überwindung des Parteienstaates als Problem der Demokratie

(Möglichkeiten und Grenzen staatsrechtlicher Reform). Jahrbuch NHG 14/1943, S. 49-65.

Vom Sinn des Föderalismus. Gedanken zur Verfassungspolitik. Jahrbuch NHG 15/1944, S. 44-59.

Von den Gefahren der "Politischen Justiz". Neues Winterthurer Tagblatt Nr. 67, 21. 3. 1944.

Sinn und Gefahren der Amnestien. Neues Winterthurer Tagblatt Nr. 246, 20. 10. 1944.

Die abendländische Rechtskrise und die großen Rechtsprobleme der Gegenwart. In: Der Grundriß, Schweizer reformierte Monatsschrift 6/1944, S. 335-358.

Die Verfassung als rechtliche Grundordnung des Staates. Untersuchungen über die Entwicklungstendenzen im modernen Verfassungsrecht. Habilitationsschrift, Zürich 1945(Neudruck Darmstadt 1971, mit einem Vorwort zum Neudruck)

Richtpunkte der Nachkriegspolitik. Neues Winterthurer Tageblatt Nr. 75, 29. 3. 1945, und Nr. 77, 3. 4. 1945.

Rechtsstaat - Sozialataat - sozialer Rechtsstaat! Jahrbuch NHG 16/1945, S. 129-146.

Demokratie zwischen Individualismus und Kollektivismus (Schlagwort und verpflichtendes Ideal). Jahrbuch NHG 17/1946, S. 62-75.

Probleme des Rechtsstaates. Universitas 2/1947, S. 909-914.

Der Sinn der Freihietsrschte. Volkshochschule Zürich, Mai 1947, S. 117.

Widerstandsrecht und Rechtsstaat. NZZ Nr. 1027 und Nr. 1030, 29. 5. 1947.

Zurück zur Verfassung! Von der Bedeutung der Verfassungstreue im Staatsleben. Jahrbuch NHG 18/1947, S. 40-56.

Persönliche Freiheit, Demokratie und Föderalismus (Vom Verhältnis der drei grundlegenden Freiheiten unserer Rechtsgemeinschat). In: Die Freiheit des Bürgers im schweizerischen Recht, Festgabe zur Hundertjahrfeier der Bundesverfassung, herausgegeben von den juristischen Fakultäten der schweizerischen Universitäten, Zürich 1948, S. 53-73.

Hundert Jahre Bundesstaat. In: Dem Zürichervolks zum Gedenken an die Errichtung des Schweizerischen Bundesstaates 1848, Zürich 1948, S. 21-23.

"Zurück zur Verfassung". NZZ Nr. 342, 17. 2. 1948.

Unsere Bundesverfassung und die großen Aufgaben unserer Zeit. Evangelische Volkszeitung Nr. 21, 21. 5. 1948.

Die Schweiz hält durch! Buch zur Volksumfrage der Neuen Helvitischen Gesellschaft über die Nachkriegspolitik (auch in französischer und italienischer übersetzung erschienen). Zürich 1948 (Redaktion des Texteils: S. 10-137).

Zur Gestaltung des Rechtsstudiums. ZSR NF 68 (1949) S. 152-158.

Das Problem der Gewaltenteilung im allgemeinen. In: Die Durchführung der Gewaltenteilung in der Schweiz, Veröffentli-chungen der schweizerischen Verwaltungskurse an der Handels-Hochschule St. Gallen Band 12, Einsiedeln/Köln 1949, S. 10-19.

Zur Lage der Schweiz im bedrohten Europa - Von den geistigen Grundbedingungen des Widerstandes. Jahrbuch NHG 20/1949, S. 3-13.

Dietrich Schindler. Jahrbuch NHG 20/1949, S. 196-201.

Wie soll unsere Kuturlandschaft vom politsch-staatsrechlichen Standpunkt aus gestaltet sein? Referat vom 12. 2. 1945 vor der Arbeisgruppe für Landesplanung der Akademischen Studiengruppe Zürich. Thesen abgedruckt in: Städte, wie wir sie wünschen, herausgegeben von Hans Carol und Max Werner, 1949, S. 40-42.

Gesetzesinflation - eine Gefahr für Freiheit unf Recht. NZZ Nr. 1011, 12. 5. 1950.

So kann es nicht weitergehen! - Bemerkungen zum Abkommen mit Ungarn vom 19. Juli 1950. Basler Nachrichten Nr. 368 (Beilage), 30. 8. 1950.

Der Ausbau unseres Rechtsstaates - ein imperatives Gebot. NZZ Nr. 2354, 5. 11. 1950. Unité eruopéenne et neutralité suisse. In: Les Cahiers Protestants 1951, S. 338-346.

Das Grundgesetz. NZZ 2. 6. 1951, unnummerierte Festausgabe : Zürich 600 Jahre im Bund der Eidgenossen.

Der Rechtsstaat als Bollwerk der Freiheit. Vortrag vor der Schulsynode des Kantons Zürich vom 4. Juni 1951, Sonderdruck aus der Schweizerischen Lehrerzeitung.

Der Rechtsstaat als Bollwerk der Freiheit. Schweizerische Arbeitgeber-Zeitung. - 47(1952), Nr. 6-7, S. 107-110, 130-132

An den Grenzen der Demokratie? Zu einem Grundproblem unserer

Verfassungspolitik. Jahrbuch NHG 22/1951, S. 53-66.

Zur Entwicklung des schweizerischen Rechtsstaates seit 1848. ZSR NF 71 (1952) I, S. 173-236.

Eine Festschrift für Hans Fritzsche. ZSR NF 71 (1952) II, S. 513-523.

Von den Grundlage reformierter Politik - Zur politischen Krise unserer Zeit. Reformatio 1/1952, S. 195-202.

Politische Umschau - Neuer Anlaß zu einer alten Klage. Reformatio 1/1952, S. 277-279.

Grundsätzliche Bemerkung zu den Bundersrichterwahlen. NZZ Nr. 2357, 26. 10. 1952

BV Art. 91: "Die Mitglieder beider Räte stimmen ohne Instruktionen". Ein antiquierter Verfassungsartikel? Jahrbuch NHG 23/1952, S. 54-61.

Rechtsstaat und Demokratie (Antinomie und Synthese). In: Demokratie und Rechtsstaat, Festschrift zum 60. Geburtstag von Zaccaria Giacometti, Zürich 1953, S. 107-142 (Neudruck Darmstadt 1973 durch die Wissenschaftliche Buchgesellschaft; weiterer Neudruck in Mehdi Todhidipur [Herausgeber], Der bürgerliche Rechtsstaat, Frankfurt 1978, S. 127-158).

Demokratie zwischen falscher und wahrer Gleichheit. NZZ Nr. 1128, 16. 5. 1953.

Demokratie, Relativismus, Toleranz. NZZ Nr. 1559, 5. 7. 1953.

Von der falschen Verabsolutierung der Demokratie. Reformatio 2/1953, S. 275-281.

Zwischen Staatsvergötzung und Staatsverketzerung. Vom Ringen um die echte Staatsautoriät. Jahrbuch NHG 42/1953, S. 77-89.

Europa und das Problem der Souveränität. In: Europa in evangelischer Sicht, Stuttgart 1953, S. 136-154.

Falsche und wahre Gleichheit im Staat der Gegenwart. Universitas 7/1953, S. 735-742.

Die Opposition in der Referendumsdemokratie. Volksrecht Nr. 49, 27. 2. 1954.

Christen im Ringen um eine gerechte Ordnung der Völkergemeinschaft. Reformatio 3/1954, S. 286-295 (überarbeitete Fassunf eines im Oktober 1953 in "Ecumenical Review" in englischer Sprache erschienen Artikels).

Rechtsgutachten über Probleme des Finanzreferendums. Teilabdruck in St. Gallische Gerichts- und Verwaltungspraxis 1954, S. 112-119.

Der Absolutismus des modernen Staates und die Krise im Staats- und Völkerrecht. Universitas 2/1954, S. 135-143.

Das Evangelium und das völkerrechtliche Souveränitätsproblem. Universitas 6/1954, S. 607-612.

Demokratie, Gleichheit und Egalitarismus. Jahrbuch NHG 25/1954, S. 36-45.

Humanistische Kontinuität im konfessionellen Zeitalter : ein Vortrag Schriften der Freunde der Universität Basel ; Heft 8 Basel, 1954

Vom verpflichtenden Sinn der Rheinau-Abstimmung. Basler Nachrichten Nr.4/1955 und NZZ Nr. 32, 5. 1. 1955.

Aktuelle Verfassungsprobleme. ZSR NF 74 (1955) I, S. 111-116.

Die Bundesverfassung, der Rechtsstaat und der Jesuitenartikel. Reformatio 4/1955, S. 68-81.

Was kann die christliche Gemeinde für den Weltfrieden tun? - Zu den Vorschlägen der Genfer Kirche für eine Friedensaktion. Reformatio 4/1955, S. 373-382.

Der Anspruch der Schweizerfrau auf politische Gleichberechtigung. Gutachten, mit einem Vorwort von Max Huber. Zürich 1956 (Französische Ausgabe Genf 1956).

Rechtsfragen der Volksinitiative auf Partialrevision (Ein Beitrag zur Lehre der inhaltlichen Schranken). ZSR NF 75 (1956) II, S. 739a-885a.

November 1956- Folgerungen für den zukünftigen Weg der Eidgenossenschaft. Reformatio 5/1956, S. 600-612.

November 1956- Folgerungen für den zukünftigen Weg der Eidgenossenschaft. Allgemeine Offizers-Gesellschaft Zürich und Umgebung, Mitteilungen 24/1956, Heft 6, S. 110.

Zur Verfassungsentwicklung der Schweizerischen Eidgenossenschaft seit dem Ende des Zweiten Weltkrieges. Jahrbuch NHG 27/1956, S. 135-148.

Zur Abstimmungsvorlage vom 2./3. 3. 1957 über das Obligatorium für die Frauen im besonderen und den Zivilschutz im allgemeinen. Die Weltwoche Nr. 1213, 8. 2. 1957.

Wo stehen wir (zum Frauenstimmrecht)? Schweizer Frauenblatt Nr. 7, 22. 2. 1957.

Zwingende Schlüsse. In: Ungarns Freiheitskampf - Betrachtungen aus der Distanz eines Jahres.

Herausgeber: Peter Sager (Sammlung von Aufsätzen, die im "Bund" erschienen). Bern 1957, S. 17-21.

Das Massenproblem in der direkten Demokratie (ursprünglicher Titel, der vom Herausgeber abgeändert wurde: Entwicklungstendenzen der direkten Demokratie). In: Masse und Demokratie, Erlenbach/Stuttgart 1957, S. 85-114.

Freiheit im Atomzeitalter. Reformatio 6/1957, S. 664-668.

Neubesinnung auf unsere "dauernde Neutralität". In: Neutralität und Mitverantwortung, Zürich 1957, S. 48-56.

Demokratie als dauernde Aufgabe - Von alten und neuen Gefahren. Son derabdruck aus den Schaffhauser Nachrichten, Schaffhausen 1957 (Hauptreferat der Bodensee-Juristen-Tagung).

Verantwortung für das Ganze im Ringen um die freie Gemeinschaft. In: Verantwortung, Festschrift Willy Bretscher, Zürich 1957, S. 45-70.

Stadien im Prozeß der Demokratie. Das ewige Problem im Wandel der Problematik. Schweizer Monatshefte 37/1957-58, S. 99-111.

Gegenwartsprobleme der Demokratie (Werner Kägi et al.) Schweizer Monatshefte 1957Heft 2. Sonderheft Umfang S. 97-160.

Direkte Demokratie in Gefahr? Schriften des schweizerischen Lehrereins Nr.32, Zürich.

Menschenwürde und Recht. In: Das Wort als Gabe, kleine Anthologie der Dankbarkeit, Saffa-Publikation 1958.

Max Huber. Reformatio 7/1958, S. 647-654.

Der Kampf um den Rechtsstaat als universale Aufgabe. Der Kongreß der Internationalen Juristen-Kommision in Delhi. Universitas 14/1958, S. 799-812.

Hat die Demokratie eine Zukunft? Zürichsee-Zeitung Nr. 286, 5. 12. 1958.

Justizmord in Budapest. Schweizer Monatshefte 38/1958-59, S. 313-316.

Gewalt - Recht - Ethos - Liebe. In: Der Auftrag der Kirche in der modernen Welt, Festgabe für Emil Brunner, Zürich 1959, S. 107-131.

Die Gesetzesinitiative - eine Notwendigkeit? NZZ Nr. 617, 2. 3. 1959.

Der Kampf um den Rechtsstaat als universale Aufgabe - Der Kongreß von Delhi und die Tätigkeit der Internationalen Juristen-Kommission. NZZ Nr. 1171, 17. 4. 1959, und Nr. 1181, 18. 4. 1959.

Der Weg unseres Kleinstaates im Atomzeitalter (Rede an der Ustertag-Feier vom 23.November 1958). Reformatio 8/1959, S. 3-12.

Konzentration und Dekonzentration in der Gesellschaft und Saat. Gewerbliche Rundschau 2/1959, S. 53-65.

Die Friedensaufgabe der Schweiz im Konflikt der Großmächte. Reformatio 8/1959, S. 766-782.

Freiheit - eine heilige Verpflichtung! Zum 1. August 1959.

Der Schweizer Arbeiter, Offizielles Organ des Landesverbandes freier Schweizer Arbeiter 39/Nr. 15, 23. 7. 1959.

Föderalismus und Freiheit. In: Erziehung zur Freiheit, Erlenbach.Stuttgart 1959, S. 171-193.

Demokratie und Minderheit. Die Schweizer als offene Gesellschaft. Jahrbuch NHG 30/1959, S. 11-30.

Selbstbestimmung und Mitverantwortung - Zur Kernfrage des Föderalismus. Schweizer Monatshefte 39/1959-60, S. 686-696.

Föderalismus in der heutigen Welt (Beitrag von Werner Kägi et. al.) Schweizer Monatshefte, 1959, Heft 8. Sonderheft Umfang S. 681-848.

Die Verpflichtung bleibt. Nemzetör-Freiheitskämpfer 4/1, Januar 1960.

Der Staat sind wir alle. (Gute Vorsätze für 1960). Wir Brückenbauer, Januar 1960.

Prof. Max Huber 1874-1960. ZSR NF 79(1960) I, S. 1-16.

Abschied von Max Huber. Reformatio 9/1960, S. 1/2.

Die Aufgabe der Gemeinnützigkeit im modernen Wohlfahrtsstaat. Schweizerische Zeitschrift für Gemeinnützigkeit 99/1960, S. 217-224.

Schweiz - Europa - Menschheit. Selbstbehauptung und Mitverantwortung. Schweizer Monatshefte 40/1960-61, S. 741-759.

Folgende Artikel. In: Strupp/Schlochauer, Wörterbuch des Völkerrechts, 2 Bände, Berlin 1960/61: Garantie, S. 608-613; Garantievertrag, S. 613-615; Genfer Zonenfrage, S. 655-658; Kodifikation, S. 228-237; Pacta sunt servanda, S. 710-716.

La mission de la Suisse dans le Conflit des grandes puissances.
In: Au service de la paix (Verfasser: Max Huber / W.Kägi / F.T. Wahlen),
Céligny 1961, S. 17-30.

Die Voraussetzungen der europäischen Einigung. NZZ Nr. 1524, 24. 4.
1961.

Von der klassischen Dreiteilung zur umfassenden Gewaltenteilung
(Erstarrte Formeln - bleibende Idee - neue Formen). In: Verfassungsrecht
und Verfassungswirklichkeit, Festschrift zum 60. Geburtstag von Hans
Huber, Bern 1961, S. 151-173.

Hans Huber - Zum 60. Geburtstag. NZZ Nr. 1936, 24. 5. 1961.(Zusammen
mit Werner Peyer) Was haben wir zu verteidigen? Wie Männer - ein
Standpunkt. Schriften des Schweizerischen Aufklärungs-Dienstes, 3.
Auflage Bern 1961.

Ein Wort des Dankes (zum 60. Geburtstag von Bischof Dr. F. Sigg).
Schweizer Evangelist Nr. 11, 18. 3. 1962.

Die rechtliche Entwicklung vom Kolonialregime zur nationalen
Unabhängigkeit. In: Europa und der Kolonialismus, Zürich/Stuttgart 1962,
S. 123-164.

Rechtliche Zuständigkeit, Sachkenntnis, Verantwortung - ein Grundpro-
blem der Demokratie. Sonderdruck aus Industrielle Organisation 1962,
Heft 12.

Das "Arztrecht" und das Recht des Arztes. NZZ Nr. 832, 4. 3. 1963.

Der Föderalismus im technischen Zeitalter - Ein grundsätzliches Wort zur Nationalstraßengesetzgebung. NZZ Nr. 1234, 29. 3. 1963.

Handlungsfähige Demokratie! (Empfehlung, die Atominitiative II zur verwerfen) Tages-Anzeiger, 22. 5. 1963.

Handlungsfähige Demokratie! NZZ Nr. 2131, 25.5. 1963.

Auf dem Weg zum vollen Recht der Schweizer Frau (zum Erwachsenenstimmrecht in kirchlichen Angelegenheiten). Wir Brückenbauer Nr. 27, 5. 7. 1963.

"Gerechtigkeit erhöhet ein Volk" (Spr. 14,34). Kirchenbote für dem Kanton Zürich Nr. 7, Juli 1963.

Zaccaria Giacometti - Zum 70. Geburtstag am 26. September. NZZ Nr. 3846, 26. 9. 1963.

Ein Unhaltbarer Kompromiß im Arztrecht. NZZ Nr. 5148, 10. 12. 1963.

Dank an unseren Chefredaktor. Reformatio 12/1963, S. 718-720.

Die Grundordnung unseres Kleinstaates und ihre Herausforderung in der zweiten Hälfte des 20. Jahrhunderts. In: Das schweizerische Recht, Besinnung und Ausblick, Festschrift des Schweizerischen Juristenvereins zur Schweizerischen Landesausstellung in Lausanne, Basel 1964, S. 1-30.

Noch einmal: Das Arztrecht und das Recht des Arztes. NZZ Nr. 132, 13. 1. 1964.

Tibet und das Weltgewissen. NZZ Nr. 1156, 18. 3. 1964.

Das Verbrechen am tibetanischen Volk und das Weltgewissen. Tibet im Exil Nr. 2, März 1964.

Abendländisches Rechts- und Staatsdenken und europäische Einigung. Reformatio 13/1964, S. 7-15 und 108-116.

Zum Geleit (Religiöse Orden und klösterliche Gemeinschaften). Reformatio 13/1964, S. 267-269.

Gruß und Dank an Emil Brunner. Reformatio 13/1964, S. 667-669.

Der Föderalismus hat auch eine Zukunft. Jahrbuch NHG 35/1964, S. 104-122.

Demokratie und Minderheit. In: Ausgewählte Gegenwartsfragen zum Problem der Verwirklichung des Selbstbestimmungsrecht der Völker, München 1965, S. 232-238.

Der Verfassungsmäßige Weg zum Frauenstimmrecht. NZZ Nr. 3526, 29. 8. 1965.

Totalrevision als Weg aus dem "helvetischen Malaise"? Reformatio 14/1965, S. 668-675.

Prof. Werner Niederer - Zum 60. Geburtstag. NZZ Nr. 3288, 2. 8. 1966.

Die Argumente der Gegner - Notwendige Bemerkungen zu einem Flugblatt (Erwachsenenstimmrecht). NZZ Nr. 4913, 15. 11. 1966.

Erwachsenenstimmrecht! 1869-1911-1966. NZZ Nr. 4953, 17. 11. 1966.

Der neueste Stand des Erwachsenenstimmrechtes - Zum 1. Februar 1967.

NZZ Nr. 421, 1. 2. 1967.

Der Kleinstaat in der Gegenwart - Ein Wort zum Bettag 1967. Schweizerische Traktatmission, Berlingen 1967.

Ein Marktstein im Kampf um die Gleichberechtigung der Frau - Die große Rede John Stewart Mills vom 20. Mai. 1867. NZZ Nr. 4932, 18. 11. 1967.

Vom bleibenden Sinn der Verfassung in einer veränderten Welt. Jahrbuch NHG 38/1967, S. 35-51.

Why defend our small state? Swissair Gazette 1967/4, S. 2.

Die Menschenrechte und ihre Verwirklichung. Unsere Aufgabe und Mitverantwortung. Mit einem Vorwort von alt Bundesrat F.T. Wahlen. Aarau 1968 (französische übersetzung Faire des droits de l'homme une realité, Neuchâtel 1968; Inzöienische Übersetzung: I diritti dell'uomo e la loro realizzazione, Bellinzona 1969).

Der Kampf um das Frauenstimmrecht in der Schweiz. Pro Helvetia, 1967.

Menschenrechte heute - Zum 10. Dezember 1968. Genossenschaft Nr. 49, 7. 12. 1968 (auch in französischer und italienischer Sprache erschienen.)

Jesuiten, Protestanten, Demokratie. Polis 30, Evangelische Zeitbuchreihe, Zürich 1968, S. 11-35.

Gewährleistung der "neuen" Tessiner Verfassung? - Ein Diskussionsbeitrag zum Glaubensartikel. NZZ Nr. 492, 12. 8. 1968.

Die Menschenrechte heute. Akademiker-Information, Bulletin der

Vereinigung Vorarlberger Akademiker Nr. 4 1968, S. 2-11.

Der Kampf um das Frauenstimmrecht in der Schweiz. Weltschweizer. Bern Juli 1968, Nr. 61/62, S. 6-12.

Hundert Jahre direkte Demokratie - Vom gewagten Experiment zur politischen Lebensform. Vortrag an der Gedenlfeier vom 28. April 1969 zum 100jährigen Bestehen der Züricher Staatsverfassung im Großmünster Zürich.

Unsere Verpflichtung im "Jahr der Menschenrechte". In Asylrecht als Menschenrecht (Herausgeber: Theodor Veiter), Abhandlungen zu Flüchtlingsfragen Band V, Wien/Stuttgart 1969, S. 106-123.

Vom Kampf um das Recht in der Gegenwart. In: Das Problem des Fortschrittes - Heute, Darmstadt, S. 164-182.

Zaccaria Giacometti gestorben. NZZ Nr. 368, 11. 8. 1970.

Zaccaria Giacometti, 1893-1970. ZSR NF 89(1970) I, S. 335-341.

Ein großer Kämpfer um das Recht (Würdigung von Leben und Wirken Zaccaria Giacometti). Thurgauer Zeitung Nr. 197, 24. 8. 1970.

Zaccaria Giacometti - Das Lebenswerk des schweizerischen Staats- und Verwaltungsrechtlers. NZZ Nr. 413, 6. 9. 1970.

Rückblick auf ein aufgewühltes Jahr. Woche Nr. 52/53, 23. 12. 1970.

Zu Peter Dürrenmatt: Evangelische Existenz und Fortschrittsidee. Reformatio 19/1970. S. 332-336.

Warum noch Föderalismus? Stiftung für eidgenössische Zusammenarbeit, Solothurn 1971 (ins Französische übersetzt).

Zur letzten Phase des Kampfes um das Frauenstimmrecht. NZZ Nr. 51, 1. 2. 1971.

Kurzschluss in der Demokratie? - Bemerkungen zum Strickhof-Projekt. NZZ Nr. 117, 11. 3. 1971.

Ansprache anlässlich der Verleihung des Doktors beider Rechte h.c. an Herrn alt Regierungsrat Rudolf Meier, 6. Juli 1971 (hektographiert).

Vom Recht der Juden in der Sowjetunion. NZZ Nr. 97, 27. 2. 1972.

Der Kampf ums Recht - Hundert Jahre nach der berühmten Rede Rudolf von Jherings. NZZ Nr. 164, 9. 4. 1972.

Emanzipation - wozu? Reformatio 21/1972, S. 461-469.

Gutachten zuhanden des Bundesrates zum Jesuiten - und Klosterartikel der Bundesverfassung. 1973.

Ein Gebot des Rechts und der politischen Klugheit - Zur Abstimmung über die Aufhebung der Ausnahmeartikel. NZZ Nr. 224, 16. 5. 1973.

Keine Sicherheit ohne Menschenrechte. Die Weltwoche Nr. 28, 11. 7. 1973.

Zum Beitritt der Schweiz zur Europäischen Menschenrechtskonvention (Interview). In: Menschenrecht 1973, S. 47/48.

Votum über Sozialrecht an der Tagung des schweizerischen Juristenvereins. ZSR NF 92 (1973) II, S. 1117-1122

Tierschutz und Sch?chtartikel - Ein Ja zu einer halben Lösung. NZZ Nr. 556, 29. 11. 1973.

Der Schwangerschaftsabbruch und das Recht auf Leben. NZZ Nr. 71, 12. 2. 1974.

Eine hundertjärige Verfassung vor den Herausforderungen einer neuen Zeit (1874-1974) - Reform oder Revolution? Bulletin der Schweizerischen Kreditansalt April/Mai 1974, S. 7-10 (ins Französische übersetzt).

Zum Rücktritt von Prof. Karl Oftinger. NZZ Nr. 363, 8. 8. 1974.

Menschenrechte und Rechtsstaat las dauernde Aufgabe. Reformatio 23/1974, S. 326-335.

Was heißt heute für uns "evangelisch-reformiert"? - Eine Umfrage unter Mitarbeitern der "Reformatio". Reformatio 23/1974, S. 534-541.

Die Bibel, die Kirche und die Menschenrechte (Interview). Die Tat Nr. 244, 19. 10. 1974.

Der Weg ist frei für eine bessere Lösung - Nach der Ablehnung der Fristenlösung im Nationalrat. Reformatio 24/1975, S. 212-221.

Demokratie gegen den Rechtsstaat? - Die Herausforderung von Kaiseraugst als Episode oder als Modell. NZZ Nr. 129, 7./8. 6. 1975.

Hebräische Universität Jerusalem - freie Hochschule in einem bedrohten Staat. NZZ Nr. 224, 27./28. 9. 1975.

Züricher Studien zum internationalen Recht (Hrsg. von Hans Fritzsche; Werner Kägi; Werner Niederer) Zürich, 1975 (s.u.d.T.: Schweizer Studien zum internationalen Recht)

Föderalismus als Grundlage staatlicher Aufgabenverwirklichung.
DISP Nr. 41 (April 1976), S. 5-9.

Die Freiheit des Arztes im Staatsdienst - Von Rechten und Pflichten und
Treu und Glauben im Rechtsstaat. Helvetica Chirurgica Acta 43/1976, S.
395-402.

Der Wiedervereinigungsartikel ist überflüssig - Dynamischer Föderalismus
oder föderalistische Loyalität? Zürichsee-Zeitung Nr. 298, 21. 12. 1976.

Rechtsstaat und Demokratie: Fundament und Schranke. Der Bund Nr.
70, 24. 3. 1977.

Bemerkungen zum Vortrag von Ulrich Scheuner: Von der europäischen
zur weltweiten Gemeinschaft der Völker. In: Die Schweiz in einer sich
wandelnden Welt, Zürich 1977, S. 155-161.

Der Rechtsstaat als Fundament und Schranke der Demokratie und des
Sozialstaates. Reformatio 26/1977, S. 270-279.

Das Recht auf Leben, die Abtreibung und die Verantwortung der
medizinischen Berufe. Vaterland Nr. 220, 21.9. 1977 (gleichnamiger Titel
eines Werner Vortrag vor der Federation of Doctors who respect Human
Rights, 1977).

Die Untersuchungskomission in der rechtsstaatlichen Demokratie - Sinn
und Gefahren. NZZ Nr. 5, 7./8. 1. 1978.

Professor Dr. Karl Oftinger - 8. August 1909 bis 8. Juli 1977, Jahresbericht
1977/78 der Universität Zürich, S. 89-91.

Herausforderung und Chance für einen schöpferischen Föderalismus. In: Ja zum Kanton Jura. Jahrbuch NHG 49/1978, S. 242-252.

Ehrendoktor der Universität: Arthur Emsheimer. NZZ Nr. 255, 2. 11. 1978.

La police fédérale de sécurité. Tribune de Geneve, 29. 11. 1978.

"Zur schweizerischen Identität". Bemerkungen zu einem Band von Schriften und Vorträgen Eberhard Reinhardts. Bulletin der Schweizerischen Kreditanstalt, Dezember 1978, S. 3.

Das Recht des Flüchtlings, die Entwicklung des internationalen Sozialrechtes und des sozialen Rechtsstaates. Vortrag am Kongreß der Word Federation for the Study of the Refugee Problem, Interlaken 1977.

Der Kleinstaat, die Helsinki Charta (KSZE) und die Menschenrechte. Vortrag in Bern im November 1977.

Macht und ihre Begrenzung im Kleinstaat Schweiz (hrsg. von Werner Kägi und Hansjörg Siegenthaler). Zürich, 1981.

"Christliches Abendland"? -christliche Existenz in Europa! Lausanne, 1982

Selbstverwirklichung oder Nachfolge Christi? : vom Mut, der aus der Demut kommt Schaffhausen, 1982

Recht auf Leben (mit Beiträgen von Emil Egli und Hans Jenny) hrsg. von der Stiftung für abendländische Besinnung (STAB) zur Erinnerung an die Verleihung des STAB-Preises 1982 an Professor Dr. iur Werner Kägi Zürich, 1983

Das Recht und das Böse - Vom Dienst des Juristen in der Nachfolge Christi
Schaffhausen, 1983